신투자국가론

포스트 통상국가 시대와 한국의 성장전략

나남
nanam

나남신서 1423

신투자국가론
포스트 통상국가 시대와 한국의 성장전략

2009년 12월 5일 발행
2009년 12월 5일 1쇄

지은이_ 任爀伯 外
발행자_ 趙相浩
발행처_ (주) 나남
주소_ 413-756 경기도 파주시 교하읍
출판도시 518-4
전화_ (031) 955-4600 (代)
FAX_ (031) 955-4555
등록_ 제 1-71호(79. 5. 12)
홈페이지_ http://www. nanam. net
전자우편_ post@nanam. net

ISBN 978-89-300-8423-9
ISBN 978-89-300-8001-9 (세트)
책값은 뒤표지에 있습니다.

나남신서 · 1423

신투자국가론

포스트 통상국가 시대와 한국의 성장전략

임혁백 외 지음

나남
nanam

Building a Ubiquitous Investment State in Korea

by

Im, Hyug Baeg and Associates

nanam

머리말

2007년 말의 제2차 평화적 정권교체 이래 세계와 한국은 충분히 변화하였다. 한국에서는 이명박 정부가 선거유세시의 약속과는 달리 실용주의가 아니라 매우 근본주의적인 신자유주의 정책과 이념을 일방적으로 밀어붙이고 있다. 그러한 한국판 일방주의가 한때는 다양한 정체성을 가진 '다중'(*multitude*)의(Negri and Hart, *Empire*) 촛불시위에 의해 저지되거나 완화되는 듯했으나 보수세력이 전열을 정비하면서 현 정부는 다시 부자감세, 민영화, 금산분리, 부동산규제철폐, 4대강 정비, 교과서 수정, 대북강경정책 고수 등의 정책을 밀어붙이고 있다.

지구촌의 반대편에서는 다른 흐름이 일어났다. 21세기에 들어서도 지속적으로 세계 유일의 헤게모니 국가였던 미국의 월가에서 금융위기가 터지고 미국발 금융위기는 전 세계로 번지면서 글로벌 금융위기, 글로벌 경제위기로 확산되고 있다. 1997년의 동아시아 외환금융위기는 지역적인 위기였고 글로벌자본주의의 센터인 미국은 동아시아 금융위기에 전염이 되지 않았기 때문에 글로벌 자본주의의 본점인 미국에서 지점이라 할 수 있는 한국, 태국, 인도네시아에 조건부 구제금융을 제공하여 금융위기의 불을 끌 수 있었다. 그러나 이번에는 본점에서 위기가 발생하였기 때문에 본점은 자신이 살아남기 위해 한국과 같은 지점에 투자한 자본을 무조건 회수하려 하고 있고 이에 따라 펀더멘털이 튼튼하다고 여겨졌던 한국이 다른 나라보다 달러 상승, 주가 폭락, 자본 유출, 수출, 수입 축소를 더욱 심하게 겪고 있는 것이다. 지금 한국이 겪고 있는 곤경은 1997년 외환금융위기시 IMF의 자본자유화 권고를 100% 수용한 데서 기인한다. 자본이동에 관한 모든 규제를 철폐한 자본자유화 조치로 한국은 외국자본이 아무런 장애 없이 자유롭게 드나들 수 있는 나라가 되었고, 글로벌 금융위기가 발발하였을 때 월스트리트의 금융자본이 가장 쉽게 자본을 다시 회수할 수 있는 나라로 선정되었으며, 그 결과 다른 나라보다 더 원화 대비 달러 가치가 급상승한 나라가 되었다.

그렇다면 어떻게 위기를 헤쳐 나갈 것인가? 우리는 이번 금융위기의 진원지인 미국이 선택한 위기극복 방식을 타산지석으로 삼아야 할 것이다. 미국인들은 신자유주의를 근본주의적으로 추진하고, 일자리 만들기보다는 부자들에 대한 감세를 통해 소비와 투자를 유인했으며, 환경보다는 개발을 우선시했던 부시 정권에 대해 선거를 통해 책임을 물었고 '보호주의' 녹색성장, 녹색일자리를 내건 최초의 흑인 오바마를 대통령으로 선출하였다. 역시 미국은 가장 오래된 대의제 민주주의의 나라답게 선거를 통해 전임 정권의 실정에 대한 책임을 묻고(회고적 책임성: *retrospective accountability*) 새로운 정책과 정부를 선택하는(전망적 투표: *prospective voting*) 대의제 민주주의의 기본원리가 작동한다는 것을 보여주었다. 금융위기 직후 한 프랑스의 정치학자(사피르)가 '제국은 몰락하였다'고 성급한 결론을 내렸으나 2008년 11월 대선에서 미국이 내린 선택은 위기에도 불구하고 미국의 세기가 지속될 것이라는 것을 보여주었다. 미국은 잘못된 길을 걸었으나 미국의 민주주의는 잘못된 길(정책)과 잘못된 지도자(부시)를 교체할 수 있는 자정능력을 갖고 있었던 것이다. 이것을 프랑스의 사피르는 간과하고 있었다. 미국이 역사상 존재했던 여러 제국과 다른 점은 미국은 민주주의 제국이라는 것이고, 바로 민주주의가 미국제국의 지속성과 내구성을 설명해준다.

그렇다면 오바마가 내건 위기 해결책은 무엇인가? 무엇보다도 신자유주의의 시대에 '공공의 적'처럼 불렸던 '보호주의'(*protectionsism*)를 부활시키는 것이다. 여기서 이야기하는 보호주의는 단순한 무역보호주의를 의미하는 것은 아니라, 인간과 그 주위의 환경, 자연을 파괴하는 자기파괴적 시장에 대한 반운동(*counter-movement*)으로서의 보호주의를 의미한다. 고삐 풀린 시장의 운동을 제어하기 위해 자본이동, 금융의 건전성에 관한 규제를 강화하고, 글로벌한 경쟁에서 낙오한 자동차 3사를 비롯한 전통적인 제조업을 보호하고 회생시켜 일자리를 보호하며, 질주하는 세계화에 제동을 걸고 '자유무역'이 아닌 '공정무역'을 통해 미국의 수출상품을 보호하려는 것이다.

그러나 보호주의만으로는 미국이 21세기에 헤게모니를 유지할 수 없다. 새로운 성장동력을 구축해야 하는 것이다. 1980년대 미국쇠퇴론이 한창 유행할 때 미국은 금융과 IT로 다시 세계를 재패하였다. 이번에 오바마는 녹색성장동력으로 미국의 경쟁력을 회복하고 새로운 세계질서를 구축하려 한다. 친환경 녹색대체에너지(수소에너지의 실용화, 상용화, 태양광 발전, 하이브리드 자동차)를 개발하여 석유와 가스를 대체하면 계속적으로 반복해서 일어나는 석유위기를 극복하고, 교토의정서에 가입하지 못하는 초강대국의 굴욕에서 벗어나 환경의 세계화를 주도할 수 있게 되며, 사실 석유를 빼면 별 가치가 없는 여전히 토후국 수준에 머물러 있는 중동국가들에 대한 외교에 미국이 힘을 빼는(이란전쟁을 포함하여) 일이 없어지고, 중동의 석유자원을 계속 장악하기 위해 지나치게 친이스라엘 정책을 펴서 전 세계의 비난을 받을 필요도 없게 될 것이다. 친환경 녹색에너지가 석유와 가스를 대신할 수준에 이르면 미국이 안고 있는 많은 비합리적인 외교적 고민의 원천을 제거해 어느 한 지역, 특정 국가에 치우진 외교를 하지 않으면서 전 세계의 평화를 유지해나가는 팍스 아메리카나 체제를 다시 복원할 수 있을 것이다.

이러한 오바마의 비전은 지금 당장 실현되지는 않을 것이다. 그러나 위기시에 이러한 원대한 국가비전을 국민들에게 제시하는 것은 매우 중요하다. 미국은 이러한 방식으로 20세기뿐 아니라 21세기에도 지구상 유일한 헤게모니 국가가 되었다. 소련이 스푸트니크호를 발사했을 때 케네디는 '달로 가자'는 비전을 제시하였고(뉴 프런티어), 케네디의 피살 이후 미국이 분열되었을 때, 존슨 대통령은 '위대한 사회'의 비전을 제시하여 복지국가의 기틀을 세웠고, 미국이 일본에 추월당할지 모른다는 위기감이 팽배했을 때, 클린턴 대통령은 IT강국과 금융 패권의 비전을 제시하였다.

그렇다면 위기를 기회로 바꿀 수 있는 한국의 비전은 무엇인가? 이것이 이 책이 답변하고자 하는 질문이다. 한국은 1986년에 국민소득 1만 달러를 달성하였다. 박정희 대통령이 1961년 통상국가를 통한 근대화를 추진한 지 15년 만이었다. 아마 세계에서 가장 단기간에 1만 달러를 돌파한 기적 같은 사례였을 것이다. 그러나 그 후 13년이 넘도록 한국은 1만 달러의 덫에 걸려 2만 달러 국가로 정착하지 못했다. 우리의 노력이 부족해서 그런 것은 아니다. 수출은 계속 증가하여 4천억 달러를 넘어섰고 머지않아 1조 통상대국이 될 것이다. 그럼에도 불구하고 환율의 변동에 따라 2만 달러 턱걸이를 간신히 넘었다가 다시 1만 달러로 떨어지는 것을 보면서 우리는 상품무역을 통해 3만 달러가 넘는 선진국이 된다는 것이 불가능하다는 것을 깨닫게 되었다. 우리가 3만 달러, 4만 달러의 선진국이 되기 위해서 통상국가의 틀을 넘어서는 새로운 국가발전의 비전이 필요하다.

이 책은 그러한 질문에 대해 “투자국가론”으로 대답하고 있다. 한국과 같은 강소국은 과거 중세에서 르네상스까지 천 년 동안 지속되었던 해양 투자공화국인 베니스에서 해답을 찾아야 한다. 인구 15만의 작은 규모의 바다 늪지대에 위치하고 있던 베니스가 부를 창출하기 위해서는 베니스 섬 내에서가 아니라 베니스 섬 밖에 있는 드넓은 세계에서 부를 창출해서 들여와야 했다. ‘베니스 상인’들은 밖에서 부를 창출하여 베니스로 들여옴으로써 베니스는 번영과 자유, 그리고 안전을 누릴 수 있었고 바깥에서 투자와 무역을 통해 들어온 부는 베니스에 사는 시민들이 고통스런 세금의 압박에서 벗어나게 해주었다. 무역, 투자, 조세, 국가서비스, 사회투자의 모범적 모델을 베니스에서 발견할 수 있다.

21세기에 1만 달러의 늪에서 벗어나 3만 달러, 4만 달러의 선진국으로 도약하기 위해서는 대한민국도 투자국가의 비전을 마련해야 한다. 투자국가는 밖으로 나가 투자하여 부를 창출하여 국내로 들여오는 ‘해외투자국가’(*outbound investment state*)와 바깥의 해외자본을 국내로 유치하여 한국에 투자하도록 하여 국내에서 부를 창출하게 하는 ‘투자유치국가’(*inbound investment state*)가 있다. 그러나 투자국가의 비전은 사회투자국가(*social investment state*)로 보완되었을 때 완성된다. 사회투자국가를 통해서 해외투자로 인해 발생하는 산업공동화, 해외자본의 투자유치로 인해 발생하는 세금, 환경 · 노동조건의 양보로 인해 발생하는 비용을 사회화하여 투자국가로 인해 발생하는 이득과 비용을 공평하게 나눔으로써 사회통합을 유지하여야 지속가능한 투자국가가 될 수 있다.

현실적으로 우리는 투자국가의 비전을 가지고 오바마의 녹색성장 프로젝트에 적극 동참함으로써 미국의 거대한 규모의 녹색성장산업 프로젝트에 참여 · 투자할 수 있는 기술과 인력을 개발해야 하고, 이를 바탕으로 우리가 안고 있는 환경과 성장 간의 모순을 해결할 수 있는 모델을 개발하여야 한다.

투자국가의 비전은 현 정부의 고용창출 정책에 대한 대안이 될 수 있다. 현 정부의 고용창출 정책은 토건국가형, 뉴딜형, 구케인즈주의형 고용창출 정책이다. 그러나 토건사업을 벌일 때 거기서 삽질할 수 있는 한국인들은 많지 않다. 대부분 저임의 외국인 노동자로 채워질 것이다. 국민의 혈세가 토건업자를 배불리고 외국인 노동자의 고용을 위해 쓰여서는 안 될 것이다.

오바마의 뉴-뉴딜에는 낡은 고속도로를 잇고 수리하는 사업과 같은 구-뉴딜도 포함되지만 기본적으로는 녹색산업이라는 신성장산업에 국가가 대규모의 자금을 투자해 일자리를 창출하겠다는 비전이 들어있다. 오바마의 뉴-뉴딜을 가지고 4대강 정비, 각종 부동산 규제해제 등의 토건국가사업을 정당화하는 것은 어처구니없는 논리의 비약이다.

투자국가의 비전은 녹색산업, 녹색에너지의 상용화 프로젝트에 외국인 투자를 유치하고 녹색에너지를 개발해 외국에 투자하여 부를 국내에 들여오는 방식이 될 것이다. 또한 투자국가는 사회투자국가가 토건국가보다 고용창출에 우위에 있다는 것을 전제한다. 토건국가 사업보다 사회투자 사업이 훨씬 고용창출효과가 크다는 것은 여러 자료에서 이미 증명된 바 있다. 고용창출 정책에서 우선적으로 고려해야 할 것은 자신의 책임이 아닌 시장의 운동에 의해서 시장에서 낙오한 자들에게 삶의 터전을 보호해 주어야 한다는 점이다. 따라서 지금 당장 필요한 것은 경제위기로 생존의 위기에 빠진 노인, 빈민, 비정규직을 보호하고 보살피는(*care*) 일자리를 창출하는 것이다. 그리고 해고된 노동자들이 다시 시장에 진입할 수 있도록 노동자들의 능력을 높이기 위한 교육을 시키면서 동시에 그들의 생계비가 포함된 교육비를 국가가 부담하는 학습복지(*Learnfare*), 사회복지(*Social Welfare*), 근로복지(*Workfare*)의 '황금삼각형 모델'을 확립하는 것이다. 덴마크가 황금삼각형 모델로 노동유연성과 복지를 동시에 달성하여 자유와 풍요 그리고 안전을 동시에 누리고 있다는 데서 우리는 교훈을 얻어야 한다. 우리의 사회투자국가 모델은 사회복지, 고용, 그리고 성장을 동시에 추구하는 투자친화형 복지모델이다.

둘째, 투자유치국가는 녹색산업에 주목해야 한다. 1997년 외환금융위기 이후 우리는 IT에서 새로운 먹거리를 발견하였고 이를 통해 세계 11~13위의 경제대국으로 다시 올라설 수 있었다. 그런데 포스트 IT 시대의 먹거리를 찾고 있는 지금 떠오르고 있는 차세대 먹거리는 수소에너지의 상용화, 조력발전, 태양광에너지, 풍력에너지의 개발 등 녹색에너지 산업이다. 외국인 투자유치를 통해 IT강국을 유지하는 것은 물론 녹색에너지 산업을 발전시키고 이 분야의 해외투자를 통해 우리의 앞선 녹색기술을 전 세계에 확산시킴으로써 부를 창출해야 한다.

현재 글로벌 위기의 주범으로 몰리고 있는 금융분야도 투자국가의 투자, 투자유치의 대상이다. 현재의 금융위기가 진정되면 전 세계적으로 금융의 M&A가 일어날 것이기 때문에 금융의 세계화는 더 거세질 것으로 보인다. 금융의 아웃바운드 투자를 위해서는 은행, 한국형 Temasek Holdings(싱가포르 투자청), 글로벌 은행 인수를 통한 금융의 세계화를 위한 3각 편대를 편성하여 글로벌 금융시장에서 강자가 되어야 할 것이다.

마지막으로 교육부문에서 투자국가의 비전을 실현해야 한다. 자본주의에는 주기적 경기순환이 있고, 주기적 위기를 피할 수 없는 것이 그 숙명이다. 따라서 위기시에도 해고되지 않고, 구조조정시 다른 분야에 언제라도 취업이 가능한 다기능 노동자, 언제라도 피고용이 될 준비가 되어있는(*employability*) 유비쿼터스 노동자를 양성하는 것만이 자본주의와 민주주의가 공존할 수 있는 길이고 위기시에 일자리를 창출하고 노동자들을 노동시장의 변덕으로부터 보호하는 길이다. 투자국가는 특히 교육부문에 투자의 우선순위를 두어야 한다. 교육에의 투자를 통해 '창조적 인간'(*creative man*: Johan W. Paludan), 창조적 사회, 항상 피고용이 가능한 준비된 노동자, 유비쿼터스 노동자를 교육·양성하는 동아시아의 교육허브가 되어야 한다. 먼저, 교육 허브의 구축을 통해 미국, 싱가포르, 중국에 뺏긴 우리 유학생들을 다시 데려오고, 외국인 학생을 유치함으로써 대한민국을 동아시아의 교육허브로 육성해야 한다. 동아시아 교육강국이라는 비전은 우리의 기술수준을 높여서 궁극적으로는 한국 경제를 업그레이드하는 데 있어 주춧돌이 될 것이다.

이 책이 탄생하는 데 수고를 아끼지 않은 많은 분들에게 감사를 표하고 싶다. 먼저 이구택 전 포스코 회장님은 투자국가론 연구프로젝트를 지원하는 데 물심양면으로 도움을 주셨다. 다시 한 번 감사드린다. 한덕수 전 국무총리님은 필자와 포스코를 연결시켜 주셨다. 필자가 북경에서 회의를 하고 있는데 국제전화로 포스코 연구소에 한 번 찾아가서 김준한 소장님께 연구프로젝트에 관해 설명하라고 일러주셨던 기억이 새롭다. 정말 마음에서 우러나오는 감사를 드린다. 그리고 김준한 전 포스코경제경영연구소 소장님께도 감사드린다. 김준한 전 소장님은 우리 프로젝트에 대해 공감과 호의를 표시해 주셨을 뿐만 아니라 연구프로젝트의 예산, 일정, 내용, 보고서제출 등에서 항상 우리의 입장을 이해해 주셨고, 연구소가 줄 수 있는 모든 것을 최대한으로 주시는 관대함을 보여주셨다. 다시 한 번 감사드린다.

이 책은 여러 학자들이 공동으로 만든 집단적 저작(*collective work*)이다. 우준희 고려대 정치외교학과 BK21 연구교수는 이 책이 나오기까지 실무와 집필을 담당하였다. 이 책의 서장이라 할 수 있는 한국형 투자국가 모델을 본인과 공동으로 집필하였고 결론 장에 해당하는 한국형 투자국가전략에 관해 공동집필하였다. 우 박사는 필자가 배출한 고려대 박사 제1호이다. 그동안의 노고에 대해 위로와 격려를 보낸다. 이 밖에 일본은 배정호 통일연구원 통일연구소 소장이 집필하였고, 한국의 에너지투자국가에 관해서는 윤성학 대외경제정책연구원(KIEP) 박사가 담당하였다. 그리고 지은주 고려대 정치외교학과 평화연구소 연구실장은 싱가포르 투자국가를, 박용수 연세대 국가관리연구원 연구교수는 두바이 투자국가를 분석하였다. 마지막으로 김윤태 고려대 세종캠퍼스 사회학과 교수는 사회투자국가의 이론과 실제에 관한 논문을 작성하였다. 필자와 공동 저자들은 인터뷰, 서면조사, 문헌조사, 현지방문 등 다양한 방법을 통해 여러 대표적인 투자국가들을 조사하였고 다른 투자국가들의 성공과 실패를 통해 한국형 투자국가의 길을 찾으려 하였다.

필자는 이 책이 투자국가에 관한 본격적인 비교연구로는 최초의 저작이 될 것으로 자부한다. 앞으로의 과제는 여기에서 발견된 연구결과를 바탕으로 좀더 체계적인 투자국가의 이론과 실행계획(*action plans*)을 찾는 것이 될 것이다. 마지막으로 언제나 그랬던 것처럼 흔

쾌히 이 책의 발간을 허락해 주신 나남출판사의 조상호 사장님께 감사드리고 거친 내용을 예쁜 책으로 만들어 주신 방순영 편집장님께도 고마운 마음을 전한다.

만추의 끝자락에서 겨울을 준비하는 2009년 11월 11일에
안암동 연구실에서 필진을 대표하여
임 혁 백

나남신서 · 1423

신투자국가론

포스트 통상국가 시대와 한국의 성장전략

차 례

• 머리말 _5

서 장 **한국형 투자국가의 비전과 전략** 임혁백 _17

1. 천년의 해양 투자공화국인 베니스에서 무엇을 배울 것인가 _19
2. 역사적으로 본 투자국가의 사례들 _23
3. 해외투자국가 : 일본 _24
4. 투자유치국가 1 : 싱가포르 _28
5. 투자유치국가 2 : 두바이 _31
6. 사회투자국가 _34
7. 한국형 투자국가 _39
8. 맺는말 _54

제 1 장 **한국형 투자국가 모델의 필요성과 의의** 임혁백 · 우준희 _57

1. 한국 경제의 패러다임 변화요인 _57
2. 왜 한국형 투자국가 모델인가 _76

제 2 장 **해외투자국가의 사례연구 1: 일본의 해외투자에 대한 분석** 배정호 _91

1. 문제제기 _91
2. 일본의 해외투자 동향과 특징 _92
3. 일본 해외투자의 주요사례 분석 _97
4. 일본의 투자입국과 전략구상 _113
5. 맺음말 _122

제 3 장 **해외투자국가의 사례연구 2: 한국의 대외 에너지 투자와 에너지 확보 전략** 윤성학 _125

1. 서론 _125
2. 에너지 투자의 정치경제학 _129
3. 에너지 안보와 에너지 확보 전략 _133
4. 에너지 투자와 확보전략의 신패러다임 _148

제 4 장 **해외투자유치국가의 사례연구 1: 싱가포르의 해외투자유치에 대한 분석** 지은주 _163

1. 서문 _163
2. 싱가포르 경제현황과 경제발전 전략 _164
3. 싱가포르의 해외직접투자 유치현황 _173
4. 해외직접투자 유치를 위한 조건들 _178
5. 해외직접투자 유치의 성공요인 _187
6. 성공적인 해외직접투자 유치의 의의 _191

제 5 장 **해외투자유치국가의 사례연구 2 : 두바이의 해외투자유치에 대한 분석** 박용수 _193

1. 두바이 '투자국가'에 대한 접근법 _193
2. 두바이의 경제성과 _195
3. 해외투자유치를 위한 전략 _203
4. 두바이의 해외투자 _211
5. 두바이의 사회투자 _212
6. 두바이 정부의 주도성 _215
7. 기타요인 _218
8. 결론 : 두바이의 취약점 및 과제 _220

제 6 장 **사회투자국가의 사례연구** 김윤태 _227

1. 사회투자란 무엇인가? _227
2. 복지국가의 새로운 변화 _230
3. 사회투자전략의 등장 _233
4. 사회투자정책의 주요 내용 _240
5. 유럽 사회투자정책의 새로운 방향 _255
6. 한국의 사회투자정책 _259
7. 맺음말 : 사회투자전략의 새로운 방향 _264

제 7 장 한국형 투자국가를 위한 구체적 전략 및 개혁과제

우준희 _269

1. 해외투자정책의 전략 및 개혁과제 _269
2. 해외투자유치정책의 전략 및 개혁과제 _273
3. 사회투자정책의 전략 및 개혁과제 _278

• 참고문헌 _287

• 찾아보기 _297

• 필자약력 _303

서 장

한국형 투자국가의 비전과 전략

임 혁 백

2007년 가을 한미FTA가 체결됨으로써 한국의 통상국가는 정점에 도달하였다. 신중상주의적 통상국가의 비전은 고 박정희 대통령이 마련하였고 그 후 군부 권위주의 독재시대나 민주정부시대를 막론하고 대한민국의 경제적 국가비전이 되었다. 이러한 일관성 있는 통상국가의 비전과 전략이 한국을 세계 최빈국에서 일인당 GNP 2만 달러의 나라로 올라서게 하였다. 대한민국은 선진국이 되기 위한 1단계라 할 수 있는 1만 달러 시대를 1996년에 달성하였고, 이를 바탕으로 OECD라는 선진국 클럽에 들어섰으나 고도성장 시대는 막을 내렸다. OECD 회원이 된 지 1년 만에 외환금융위기를 맞이하였고, 한국은 IMF의 관리하에 신자유주의적 구조조정의 세례를 받았고 그 후 10년 만에 간신히 2만 달러시대로 올라섰다. 그러나 2만 달러는 통상국가의 비전으로 달성할 수 있는 최대치이다. 우리가 상품을 만들어 세계시장에 수출하여 부를 창출할 수 있는 한계가 2만 달러인 것이다. 그러나 세계일류 선진국가가 되기 위해서는 적어도 3만 달러에서 4만 달러의 나라로 올라서야 한다. 수출로는 성장의 임계점

* 고려대학교 정치외교학과 교수, 좋은정책포럼 공동대표.

에 도달한 대한민국이 어떻게 3만 달러, 4만 달러의 나라로 올라설 수 있는가?

이 보고서는 세계일류 선진국이 되기 위해서는 투자국가의 비전을 마련하고 실행에 옮겨야 한다고 주장한다. 투자국가에는 대체로 두 가지 유형이 있다. 해외투자국가(*outward investment state*)와 해외투자유치국가(*inward inverstment state*)가 있다. 이러한 두 가지 투자국가가 사회투자국가(*social investment state*)에 의해 보완, 보상, 보장될 때 투자국가의 비전은 완성된다. 투자국가는 토건국가나 유효수요의 창출을 통해 부를 만들어내는 케인지언 복지국가가 아닌, 밖에서 그리고 바깥의 외국인이 국내에서 부를 창출하도록 격려하고 도와주고, 협력하는 국가이다.

첫째, 해외투자국가는 기업이 해외에 투자하여 국내로 부를 끌어오도록 장려하고 도와주는 국가이다. 에너지, IT 및 서비스 산업이 해외투자의 최적 분야이나, 자동차, 조선, 가전 등 제조업 부문에서도 우리의 대기업은 해외에 글로벌 생산 네트워크를 구축하여 부를 창출하고 국내로 들여올 수 있다.

둘째, 투자유치국가는 해외자본의 투자를 유치하여 외국자본이 국내에서 부를 창출하도록 규제를 완화하고 인센티브를 제공하여 한국인들의 고용, 소득, 복지를 향상시키도록 유도하는 투자국가이다. 이를 위해서 토지의 이용 및 부동산과 관련된 규제를 완화하고, 교육, 의료, 주택, 교통 등 중요한 부분에서 개방친화적인 사회인프라(*social infrastructure*)를 구축해야 한다.[1)]

이제 해외투자를 통해 과거 1000년 전의 베니스 공화국처럼 부를 밖에서 만들어 와야 하는 시대가 도래하였다. 우리의 기업이 해외에 나가 부를 창출하도록 지원을 아끼지 않을 뿐 아니라(*outward investment state*) 해

1) 그런데 우리는 이러한 개방친화적인 사회인프라(특히 교육인프라)가 미흡하고 국민들의 동의가 약하다.

외의 자본을 유치하여 우리나라에 투자하도록 하여 부를 창출하고 고용을 창출하도록 해야 한다(*inward investment state*). 그러나 해외투자국가, 투자유치국가만으로는 투자국가의 비전이 완성되지 않는다. 왜냐하면 투자국가는 엄청난 비용과 사회적 희생을 수반하기 때문이다. 해외투자는 산업공동화와 일자리의 감소를 동반할 수 있다. 해외자본의 유치를 위해 사회간접자본의 제공, 세금혜택, 노동권의 유보와 같은 특혜를 제공해야 할지 모른다. 만약 투자국가가 엄청난 사회적 비용을 수반한다면 이 문제를 어떻게 해결하여 사회적 통합을 유지할 것인가에 대한 해답이 제시되어야 투자국가의 비전이 완성된다. 이 문제에 관해서는 진보와 보수의 견해가 갈릴 것이다. 보수는 시장에 해결을 맡기라고 할 것이고, 진보는 사회투자국가(*social investment state*)를 통해 해외투자로 인해 발생하는 산업공동화, 고용의 감소, 해외자본의 투자유치과정에서 양보된 환경과 노동조건으로 인해 발생하는 비용을 보상하는 방안을 찾으려 할 것이다.

투자국가론은 국부가 반드시 국내에서 만들어지는 것은 아니라는 데서 출발한다. 부는 국내에서도 창출할 수 있지만 바깥에서 창출하여 국내로 가져오는 방법도 있는 것이다. 또한 대한민국의 부는 반드시 대한민국의 기업과 노동자, 상인들만이 만드는 것이 아니다. 대한민국의 부는 외국인, 다국적기업들이 대한민국에 투자하여 창출할 수도 있는 것이다.

1. 천년의 해양투자공화국인 베니스에서 무엇을 배울 것인가

중세와 르네상스를 거쳐 근대국가의 시대까지 자유와 번영을 지속한 아드리아 해안에 위치한 작은 해양공화국이 있었다. 베니스 공화국이다. 베니스는 섬으로 구성된 도시국가였다. 인구는 15만을 넘은 적이 없었다. 그러한 소국인 베니스가 지중해와 아드리아해의 제해권을 장악했다는 것은 놀라운 일이다. 비잔틴 제국의 황제가 아예 베니스에 동지중해와 아드리아해의 바다의 방어를 맡긴 것이다(시오노 나나미, 1996: 95~144). 베니스는 밖에서 부를 창출하여 엄청난 번영과 자유를 구가하였다. 인구 15만에 지나지 않는 소규모의 도시국가가 안에서 부를 창출하여 지중해에서 가장 부유한 나라가 될 수는 없었다. 베니스는 밖으로 눈을 돌렸다. 상선대를 조직하여 원거리 무역을 통하여 엄청난 부를 창출하였고 상선대를 보호하기 위한 호위함대를 구축함으로써 군사적으로 안보를 지키고 자유를 지킬 수 있었다. 그러나 베니스는 단순한 통상국가, 무역국가가 아니었다. 베니스는 투자국가였다. 베니스 도시국가에서 생산한 상품만을 수출해서는 베니스는 가장 부유한 공화국이 될 수 없었다. 베니스는 지중해, 아드리아해, 터키, 중동, 인도에 거점을 확보하고 거점도시에 투자함으로써 중계무역, 현지생산(*outsourcing*), 무역네트워크 구축을 통하여 부를 창출하고 이를 베니스로 가져옴으로써 유럽에서 가장 부유한 국가가 될 수 있었다. 밖에서 부출 창출하여 이를 국내로 반입했기 때문에 베니스 시민들은 부유한 국가가 제공하는 각종 공적 서비스와 복지, 금융혜택을 제공받을 수 있었다. 이처럼 밖에서 만들어 온 부는 베니스 공화국이 국가 서비스를 제공하기 위한 징세를 늘리지 않아도 되게 하였고, 베니스 시민들은 복지국가에서 발견되는 고율의 세금고통에서 해방될 수 있었다. 전통적인 복지국가에서 발견되는 고율의 세금과 양호한 국가서비스, 사회복지 간의 상쇄관계(*tradeoff*)의 딜레마가 베니스에서는 발견되지 않았던 것이다.

베니스 공화국이 성공한 요인은 무엇인가? 첫째, 베니스는 바다 위의 섬에 위치한 도시국가였다. 자연히 뛰어난 선원과 항해꾼들이라는 해양유목형 투자국가가 요구하는 인적 자원을 풍부하게 보유하고 있었다. 둘째, 베니스인들은 해외투자의 불확실성을 줄이고, 위험부담(*risks*)을 분산시킬 수 있는 제도를 디자인하였다. 베니스 상인들은 행상융자와 신용조합인 콜레간자(*Colleganza*)에서 융자를 받을 수 있었고(Lane, *Venice*,

A Maritime Republic), 합작회사 등 자본확보와 위험분산을 가능케 하는 제도를 고안하였다. 정부는 잘 정비된 항로와 안전한 수송을 공급하는 인프라의 구축에 힘을 쏟았다. 베니스 상인에게 안전한 항로를 공급하기 위해 베니스 공화국은 다양한 형태의 폭력(해적, 다른 국가의 조직폭력)으로부터 보호를 제공하였고, 다른 경쟁자들(다른 왕국, 라이벌 도시국가, 특히 제노아)보다 더 낮은 가격으로 상선대의 안전한 운항을 보장함으로써 지중해와 아드리아해의 패자가 될 수 있었다(임채원, 2007: 122). 안보국가와 투자국가, 그리고 민주주의는 양립 불가능한 것이 아니라는 것을 베니스가 보여주었다. 시민의 의해서 통제되는 안보국가는 베니스 상인들의 항로와 자유, 그리고 번영을 보장해 주었다. 셋째, 베니스는 자유롭고 관용적인 공화국이었기 때문이다. 천년의 공화국 베니스 경제사의 대가인 프레데릭 레인(F. Lane)에 의하면, 장기간에 걸친 베니스와 제노아의 대립 끝에 베니스가 승리한 것은 해군의 힘 또는 해전기술이 아니가 베니스가 공화주의적 국정운영을 할 수 있는 뛰어난 능력을 보유하고 있었기 때문이다. 베니스는 민주정, 귀족정, 군주정의 장점을 결합한 혼합정체(*mixed constitution*)를 통해 파벌의 문제를 해결하고 공화국의 공동체를 유지할 수 있었다(임채원, 2007: 112~113). 반면 제노아는 끊임없는 정쟁을 벌임으로써 스스로 몰락하였다.[2] 공화국 정부는 베니스

2) 비슷한 시기에 지중해와 대서양이 만나는 스페인의 안달루시아 지역에 칼리프가 수도로 삼은 코르도바(Cordova) 왕국이 있었다. 코르도바는 당시 유럽에서 가장 크고 번영하는 도시였다. 번영의 키워드는 톨레랑스(관용, *tolerance*)였다. 칼리프는 그리스 사상, 유태교, 기독교를 모두 허용하는 종교의 자유, 사상의 자유, 학문의 자유를 보장하였다. 그 결과 코르도바에서는 아랍어로 의사소통을 하고, 그리스어로 철학을 논하고, 히브리어로 기도를 했다. 세계의 뛰어난 창의력을 가진 뛰어난 은행가, 시인, 의사, 학자, 상인들이 모여들었고 그들은 코르도바를 세계에서 가장 부유한 도시로 만든 주역이었다. 아프리카의 금, 아시아의 향신료, 유럽의 밀 등 세계의 부가 코르도바에 집중되었다. 당시 칼리프의 도서관의 소장도서는 유럽 전역에 있는 도서관의 장서보다 많았다(아탈리, 2007: 62~63).

상인을 비롯한 시민들의 공익을 수호하는 정부였다. 정부는 베니스 상인들의 활력을 억누르지 않으면서 동시에 그들의 활동에 적극적으로 개입하여 투자의욕을 자극하였다. 천 년 전에 이미 베니스공화국은 자본에 대해 정부가 규제와 탈규제를 어떻게 조절해야 하는가에 관한 지혜를 터득하고 있었다.

베니스공화국의 투자국가의 경험은 반도라는 지리적 유사성과 주변 강대국(오스만터키제국, 동로마 또는 비잔틴제국 등)에 둘러 싸여 있다는 지정학적 유사성을 가진 우리에게 투자국가 구축을 위한 좋은 시사점을 제공해준다.

첫째, 베니스는 바닷가의 개펄 위에 세워진 섬 도시국가가 지닌 자원부족의 한계와 주변강대국의 위협이라는 지정학적 시련을 극복하고 지중해와 아드리아해를 중심으로 원거리 해상무역을 독점하면서, 지중해에서 인도양에 이르는 항로의 주요 거점도시마다 투자중추를 건설함으로써 경제적으로 유럽에서 가장 부유한 나라가 되었고, 막강한 상선호위함대를 구축함으로써 아드리아와 지중해의 최강의 군사강국이 되었다.

한국은 3면이 바다로 둘러싸인 반도국가이고, 미국, 중국, 일본, 러시아라는 세계의 4강이 압축적으로 몰려 대한민국을 압박하고 있으며, 북한과 군사적 대치상태가 계속되고 있음에도 불구하고 세계에 유례없는 압축적인 경제성장을 달성하였고, 세계에서 가장 군사화된 지역에서 민주화를 이룩하였다. 베니스는 지정학적으로 그리고 지경학적으로 한국과 유사성을 지닌다. 그러나 적당한 정도의 외부의 위협은 한국인들과 베니스 상인들을 발전을 위한 긴장상태로 몰아넣음으로써 부와 자유, 그리고 안전을 누릴 수 있게 하였다.

둘째, 대한민국은 주어진 자원의 부족으로 수출위주의 통상국가로서의 한계를 지니고 있다. 수출국이 몇몇 국가에 한정되어 있는 가운데 주요 수출국인 미국이나 일본, 중국이 차지하는 비중이 매우 크다. 이는 한국이 수출대상국의 경제적 상황에 따라 통상과 경제가 좌우될 수 있는 수동적 위치에 있음을 시사해 준다. 베니스도 10만의 자그마한 섬나라로서 자국에서 만든 상품을 수출하여 부를 창출하는 데 한계가 있었다. 그러나 베니스는 이러한 지경학적, 지정학적 불리를 중추국가, 가교국가 전략으로 대처함으로써 여러 나라의 상품을 중계하는 거점을 구축하여 대처하였다. 한국은 해양세력인 미국과 일본, 대륙세력인 중국, 러시아, 동남아시아가 교차하는 십자로에 위치한 관문이라는 유리한 지정학적 위치를 활용하여 해양국가와 대륙국가를 연결하는 중계국가, 매개국가, 가교국가, 중추국가로서의 위상을 확고히 함으로써 지정학적 불리를 오히려 역으로 이용하여 지정학적 이점으로 활용함으로써 한국의 미래를 개척해야 한다.

2. 역사적으로 본 투자국가의 사례들

투자국가의 성공사례는 베니스에서만 발견되는 것이 아니다. 네덜란드는 땅이 바다보다 낮은 데 위치하고 있는 베네룩스 저지대국가(*low countries*) 중의 하나이지만 일찍이 동인도회사를 설립하여 인도, 인도네시아 등 인도양에서 부를 창출하여 본국으로 들여왔다.

또한 프랑스의 지성 자크 아탈리(Jacques Attali)가 이야기한 세계의 중추(*global hub*) 도시는 모두 투자국가의 전진기지이다. 벨기에 플랑드르 지방의 거점도시 부르게(Bourge)가 그랬고, 베니스(Venice), 앤트워프(Antwarf), 제노바(Zenoa), 암스테르담(Amsterdam), 런던(London), 보스턴(Boston), 뉴욕(New York), 로스앤젤레스(Los Angeles)와 같은 자본주의의 시대가 시작된 이후의 중추도시들이 모두 투자국가의 허브였다(아탈리, 2007: 45~154). 이 중 런던, 뉴욕, 로스앤젤레스를 제외하고는 자체적인 생산품을 가지고 세계를 제패할 수 있는 '규모의 경제'를 가지고 있지 않았다. 생산기지의 땅은 너무 협소했고, 국내 시장은 자국의 상품을 소비하기에도 충분치 않았으며, 인구는 근대 국민국가가 아니라 고대 도시국가의 규모에 지나지 않아서 국민국가(*nation states*)의 시대에 영토를 방어하고 물산을 생산하여 자급자족적인 공동체를 만들기에 충분치 않았다. 그래서 그들은 바깥에서 활로를 찾았다. 해외에 생산전진기지를 건설하고 투자하여 부를 창출한 뒤 국내로 유입시키는 "밖으로 나가는 해외투자 국가"(*outbound investment state*), 전 세계의 자본을 유혹하여 국내에 투자하게 함으로써 국내의 고용, 생산, 소득의 증대를 노리는 "해외자본을 안으로 끌어들이는 투자유치국가"(*inbound investment state*)라는 양면전략을 통하여 세계자본주의의 전환기적 국면마다 세계경제의 중추(*hub*)가 됨으로써 세계에서 가장 부유한 나라가 되었고 그 부의 힘으로 자유와 안전을 확보하였다.

3. 해외투자국가 : 일본

1970년대와 1980년대 초반까지 미국쇠퇴론이 비등하였다(길핀 · 크래스너 · 케네디). 미국은 군사비의 과중, 산업시설의 해외이전, 과학기술두뇌의 해외유출로 20세기 패권국가로서의 지위를 유지하기 어려울 것이고 이미 미국을 따라잡은 고기술 제조업의 강국인 일본에는 일인당 국민소득에서 밀리고, 2020년 이전에 새로운 '세계의 공장'으로 떠오를 중국에 경제규모면에서 추월당할 것이라는 비관론이 팽배하였다.

그러나 20세기가 저물고 21세기의 여명이 밝았는데도 미국은 여전히 패권국가로 군림하면서 '미국에 의한 평화'(Pax Americana), 미국의 표준(*American Standard*)이 세계의 표준(*global standard*)이 되는 세계화를 추진하였다. 윈텔(Window + Intel)은 컴퓨터의 표준이 되었고, 실리우드(Silicon Valley + Hollywood)라는 말에서 볼 수 있듯 실리콘벨리의 IT기술과 할리우드의 예술, 문학, 음악, 미술 콘텐츠가 결합한 미디어, 영상

산업, 예술산업은 세계를 재패하고 50년대 할리우드의 영광을 재현하였다. 쇠퇴학파의 예언은 실현되지 않았다.

오히려 쇠퇴한 나라는 일본이었다. 일본은 1985년 '플라자합의' 이후 세계경제의 기본룰이 산업자본에서 금융자본, 서비스자본이 주도하는 경제로 바뀜에 따라 하루아침에 그전까지만 해도 최고의 경쟁력을 자랑하던 분야가 부실해져버렸다. 일본의 '잃어버린 10년'이 시작되었다. 엔화는 강세를 보여 통상국가 일본의 수출상품의 가격경쟁력이 약화되었다. 현금유동성과 투자은행이 새로운 금융기법으로 떠오름에 따라 개미처럼 저축한 돈을 비축하고만 있었던 일본의 대형은행들이 하루아침에 부실은행으로 전락하고 말았다. 경기침체와 부동산 버블의 폭발로 일본 소비자들의 구매력이 떨어지면서 일본은 장기불황에 들어갔다. '잃어버린 10년'은 10년으로 끝나지 않았고 새로운 '잃어버린 10년'이 다시 시작되었다.

1980년대 말부터 시작된 '잃어버린 10년' 동안 해외투자는 급격히 감소하였다. 일본상품의 수출경쟁력이 떨어진 것과 동시에 해외투자를 통해 부를 창출하지 못함으로써 일본의 장기불황은 더 깊어지고 더 구조적인 문제가 되었다. 제조업의 최강자로 군림하면서 미국을 '따라잡은' 일본이 이제 '따라잡는' 학생이 아니라 세계를 지도(*lead*)하는 '선생'의 위치에 올랐을 때, '좋은 학생이었으나 좋은 선생이 될 수 없었던' 일본은 정체성의 위기에 직면하였고 국가의 진로와 비전에 대한 방향감각을 상실하였다. 무엇보다도 산업화 시대가 지나가고 세계화와 IT혁명의 시대에 진입한 새로운 세계경제와 정치 환경 하에서 어떻게 선두주자의 지위를 유지할 수 있을 것인가에 관한 아이디어가 없었다.

이러한 아이디어의 빈곤에 서광을 던져준 것은 투자국가이다. 일본 내에서 생산하는 상품의 가격경쟁력이 떨어지자 일본의 기업들은 동남아, 중국, 대만, 한국으로 생산기지를 이전하였다. 이른바 '나는 기러기 모델'(*flying geese model*)이 탄생한 것이다. 일본은 제조업 중심의 '나는 기러기 모델'을 비제조업 분야로 확대하여 이른바 해외투자국가 전략으로 국내불황을 이겨내려 하였다. 일본의 해외투자는 1990년을 기점으로 급격히 감소하다가 2004년부터 급격히 증가하는 추세를 보였고 2006년의 경우 502억 달러로 과거 최고치인 1994년의 480억 달러를 상회하고 있다. 통상국가 일본은 이제 새로운 성장동력으로 해외투자 국가를 발견한 것이다. 투자국가의 효력은 금방 나타났다, 2006년의 경우 무역수지가 8.5% 감소했음에도 불구하고 해외투자를 통한 소득수지가 20%넘게 상승하여 경상수지 흑자는 8.7% 증가한 19.8조 엔이 되었다(배정호, 2008). 일본 글로벌기업의 해외거점수입이 증가하면서 2006년 일본기업의 해외직접투자는 전년대비 10.8% 성장한 502.9%에 달한다.

일본이 투자국가의 발전전략을 수정하면서 그간 여타 선진국에 비해 저조했던 일본의 해외투자 유입이 서비스 등 비제조업에 대한 투자증가에 힘입어 1990년대 후반 이후 크게 증가했다. 연간 외국인 직접투자규모(누계기준)는 98년 3조 엔에서 2002년 6.6조 엔, 2006년에는 13.2조 엔으로 매 4년마다 2배 가까이 증가하고 있다. 해외투자유치의 증가에는 관련규제의 완화, 정부의 적극적인 투자유치 노력과 함께 구조조정 등에 따른 국내 기업환경의 변화가 유인으로 작용했다.

투자유치와 함께 일본의 대기업을 중심으로 해외투자를 활성화하는 해외투자국가(*outward FDI*)의 건설이 이루어지고 있다. 열심히 일해서 만든 상품〔중후장대(重厚長大), 경박단소(輕薄短小)에 관계없이〕을 해외로 수출하여 1억이 넘는 섬나라 사람들을 먹여살려왔던 '꿀벌국가'의 대변신이 시도되고 있는 것이다. 일본의 투자국가의 성격도 변화하고 있다. 과거 '나는 기러기 모델'에서는 일본상품의 해외생산기지로서 태국, 말레이시아, 인도네시아에 생산공장을 세우는 외판형 대형 생산기지 투자를 했던 데 반해, 지금은 거대한 프로슈머(*prosumer*) 시장인 중국이 등장하자 중국시장 내에서의 소비를 목적으로 하는 내수판매형(내판형) 완제품, 물류, 부품, 서비스산업에 대한 대형 투자를 하고 있는 것이다(배정호,

2008).

그러나 일본의 대 중국투자는 중・일 간 정치적 마찰, 인건비 상승, 가격경쟁력 약화, 환율의 변동, 사회 인프라 미비 등 많은 투자리스크가 있다. 일본은 이를 해결하기 위해 '차이나+1' 전략을 구사하고 있다. 중국리스크를 분산시키기 위해 중국에 생산거점을 두면서 동시에 생산 거점을 ASEAN 지역에도 두고 있는 것이다. '차이나 +1'의 첫 번째 투자대상국은 베트남이다. 베트남은 노동력이 저렴하면서도 질이 높다. 유교문화권인 베트남의 노동자들은 생산성이 높고, 이직률이 낮으며, 성취도가 강하다. 정부는 외국자본을 우대하는 정책을 쓰고 있고, 지정학적으로 제3국으로 재수출하기에 유리하고, 다른 아세안 국가와 달리 정치적으로 안정되어 있다. 중국 리스크를 분산시키기 위한 대체 투자국가로 최적지인 것이다.

두 번째 투자대상국은 인도이다. 1991년 인도가 '신경제정책'을 수립, 시도한 이래 인도는 눈부시게 발전하였다. BRICs라는 용어가 나왔고, 미국 IT산업의 메카인 실리콘벨리에서는 인도의 방가로르가 미국인 일자리를 뺏어가고 있다고 아우성을 치고 있다. 어떤 인도예찬론자들은 인도가 머지않아 중국을 능가할 것이라고 예언했으며, 그 이유로 인도의 높은 교육수준과 교육열, 그리고 세계에서 가장 큰 민주주의를 지적하였다. 현세보다 내세에 관심이 많았던 인도, 소와 사람이 공존했던 종교적이고 농촌적인 인도가 깨어나고 있다. 그렇기 때문에 일본의 투자국가가 인도를 놓칠 리 없었다. 2006년 현재 GDP 8,261억 달러로 세계 12위, PPP(실질구매력 평가기준)에 의한 GDP 세계 4위인 인도에서 일본은 중계무역 생산기지로서보다는 현지 내수시장 판매를 목적으로 하는 생산과 분배기지로서의 가능성을 보았다. 일본은 인도를 '차이나 + 1'을 넘어서는 '포스트 차이나' 투자국가로 인식한다. 따라서 일본은 장기적으로 포스트 차이나로서의 인도에 대비하고 준비했다. 일본 정부는 ODA 최대 원조국으로 인도를 지원했고, 일본의 대기업도 이에 상응하여 인도에 대한 투자를 급격히 늘렸다.

또 다른 BRICs 국가는 러시아이다. 러시아는 원래 냉전기에는 미국과 세계패권을 다투던 강자이다. 사회주의 몰락 이후 국세가 위축되었으나 지금은 세계 에너지가격의 폭등으로 현금이 많은 부자나라가 되었다. 해외에서 부출 창출하려는 투자국가의 투자품목 가운데 가장 매력적인 품목은 에너지이다. 해외에서 국내에 부존하고 있지 않은 에너지를 개발, 전 세계에 판매하여 부출 창출하고 이를 자국에 들여옴으로써 자국의 에너지의 안정적 공급을 보장할 수 있다면 이보다 더 매력적인 투자 품목이 있겠는가? 일본 역시 석유와 천연가스가 풍부한 에너지 강국 러시아에 눈을 돌리지 않을 수 없었을 것이다. 그러나 러시아 에너지를 둘러싼 세계열강의 각축으로 러시아는 그렇게 호락호락하게 일본에 에너지 자원을 넘겨줄 것 같지 않다. 그래서 현재 일본은 가전, 자동차, 부품 등 일본이 세계에서 가장 잘 만드는 전통적인 제조업 분야에서 상트페테르부르크, 모스크바 등에 공장을 건설하는 투자를 하면서 에너지와 IT 분야에 진출하는 데 장애요인인 정치적 문제(북방 4개도 문제 등)와 문화적 이질성, 갈등을 해소하기 위해 준비하고 있다.

4. 투자유치국가 1: 싱가포르

밖으로부터 부를 창출하는 방식에는 우리가 해외로 나가 투자하여 부를 창출하여 국내로 들여오는 방식(*outward investment state*)과 외국의 자본을 유치하여 국내에서 부를 창출하도록 하는 방식(*inward investment state*)이 있다. 일본과 중세·근대 르네상스 시대의 베니스가 해외투자국가라면 싱가포르와 두바이는 현대의 해외투자 유치국가의 전형적인 사례로 보인다.

싱가포르가 말레이시아 연방에서 탈퇴하여 화교중심의 도시국가로 독립했을 때부터 국가의 운명은 결정되어 있었다. 싱가포르는 서울보다 약간 큰 699.4㎢의 면적에 서울의 절반에 지나지 않는 468만 명의 인구를 가지고 있는 말라카 해협의 요충지에 위치한 해양 도시국가이다. 이러한 인구와 국토가 작은 조그마한 소국이 선진국이 되기 위해서는 제조업보다는 물류, 금융, 관광과 같은 서비스업과 신유목형 IT산업이 중심이 되어야하고, 이러한 산업에 대한 투자자본은 국제적 화상네트워크, 일본, 미국의 글로벌 자본을 유치하여 해결해야 했다. 말하자면 글로벌 자본과 화상들이 싱가포르에 투자하여 싱가포르에 부를 창출해 준 것이다.

그러나 싱가포르는 아무런 준비 없이 이러한 거대한 글로벌 자본과 화상을 초대하지 않았다. 싱가포르는 해외자본을 유치하기 위해 필요한 규제는 모두 풀었다. 글로벌 자본의 지역본부(*regional headquarters*) 지정우대제도, 국제무역회사 조세감면제도, 국제물품구매사무소, 국제원유취급회사에 대한 조세감면제도를 시행하고 있다. 여기에 더 나아가 싱가포르는 경제개발청(EDB)을 법정기관으로 설립하여 정부차원에서 적극적으로 해외직접투자를 유치하기 위해 뛰고 있다(지은주, 2008). EDB는 노동부, 통상산업부, 주롱공단공사, 국립과학기술원, 싱가포르항만공사(Port Authority of Singapore), 싱가포르 생산성 및 표준원, 무역개발원(TDB) 등 관련기관과 유기적 협조관계를 구축하여 외국인투자의 원스톱서비스를 실시하고 있다.

이러한 투자유치를 위한 규제완화로 싱가포르는 해리티지 재단과 월스트리트가 조사한 경제자유도에 있어서 12년간 홍콩에 이어 2위를 달렸고, 월드뱅크가 조사한 기업하기 좋은 나라 1위로 선정되었다(지은주, 2008).

싱가포르의 성공요인은 첫째, 중계무역중심으로 일찍이 투자유치국가의 개념을 터득하고 이를 말라카 해협의 요충, 동남아의 십자로라는 지정학적, 지경학적 이점과 결합함으로써 다른 동남아뿐 아니라 동아시아 국가들과의 투자유치 경쟁에서 우위를 나타낼 수 있었다. 둘째, 경제적 자유주의에 있다. 싱가포르는 일인당 소득 3만 달러가 넘는 국가 중 유일하게 정치적으로 연성 권위주의에 머물러 있음에도 불구하고 경제적 자유의 측면에서는 미국과 같은 자유주의 국가보다 더 높은 수준의 자유를 부여했다. 즉 각종 규제의 해제는 다국적 글로벌 자본을 유인하는 데 커다란 힘으로 작동하였다. 셋째, 그러면서도 싱가포르는 국가가 공공재의 생산과 공급에 최선을 다해야 한다는 고전적 자유주의 이론에 충실하였다. 물가안정은 공공재이다. 싱가포르 국가는 싱가포르 통화청, 중앙연금기금, 국가임금위원회 등을 통하여 국내 유동성을 관리하여 물가안정이라는 공공재의 달성에 충실하였다. 또한 비즈니스 인프라 구축, IT-2000계획과 같은 정보의 섬으로서의 기반구축, 영어 공용화, 외국인을 위한 병원, 학교 건축을 통하여 외국인에게도 비즈니스하기 좋은 나라를 만들기 위해 노력하고 있다.

이제 싱가포르는 해외투자 유치국가를 넘어서 1990년대 이후부터 해외투자국가(OFDI: *Outward Investment State*)로의 전환을 꿈꾸고 있다. 초기에는 주변 동남아 국가에 진출하여 주변 국가들의 낮은 임금을 이용, 그것을 바탕으로 제조업에 주로 투자하였고, 2002년 이후에는 아시아를 넘어 한국, 미국, 일본 그리고 EU 지역으로 투자범위를 확대하고 있다. 싱가포르는 지역 투자국가에서 글로벌 투자국가로 부상하기 위해 노력하고 있는 것이다(지은주, 2008). 투자대상 국가를 세계로 확대하기 위해서는 투자의 품목도 다양화하고 투자의 방식도 다양화하는 신유목형 투자국가가 되어야 한다. 싱가포르는 투자품목을 부동산, 금융, 관광과 같은 21세기형 서비스산업 투자로 다양화하고, 투자방식도 단독투자뿐 아니라 합작, 조인트벤처, 전략적 동맹, M&A 등으로 다양화하여 언제, 어디서나 해외에서 부를 창출할 수 있는 기업과 물건이 있으면 투자할 준비를 갖춘 유비쿼터스, 신유목 투자국가로 발전적 변신을 하기 위해 노력한다.

5. 투자유치국가 2 : 두바이

두바이는 21세기 사막의 기적으로 불린다. 그러나 그 기적은 기적처럼 오지 않았다. 두바이의 기적에는 사막을 원더랜드로, 산유국을 관광, 물류, 금융 일류국가로 바꾸어 놓겠다는 원대한 비전을 가진 지도자, 꿈을 현실로 바꾸어 놓은 두바이형 '드림사회'(*dream society*)의 디자이너들, 그리고 무엇보다도 황량한 사막을 동화의 나라로 바꾸어 놓은 '스토리텔러'(*storytellers*)들이 있었다. 스토리텔러들의 이야기는 끝이 없다. 사막에서 스키를 탄다는 이야기를 들려주었고, 사막에서 물 위에 떠 있는 집에 사는 동화이야기를 팜 주메이라를 시작으로 팜 제벨알리, 팜 데이라, The World, 해저호텔 하이드로폴리스와 같은 인공섬 개발로 실현하고 있고, 세계 최고의 호텔 버즈 알 아랍 호텔, 세계 최고층 빌딩 버즈 두바이, 세계최대 쇼핑몰 두바이 몰을 건설하고 있다. 디즈니랜드의 10배에 달하는 대규모의 동화의 나라(디즈니랜드와 같은 오락동산, 유니버설 스튜디오와 같은 가상현실을 실제로 체험하고 느끼는 위락공원, 수상, 육상, 공중 스포츠센터, 에듀테인먼트, 세계 여러 민족들의 먹을거리 체험 타운, 극장, 쇼핑)를 디자인하고 있는 스토리텔러가 두바이에는 있었다.[3)]

두바이는 꿈을 현실로 바꾸는 드림사회의 청사진을 들고 어떻게 사막이 동화의 나라가 될 수 있는가를 설명하는 '이야기 들려주기'를 가지고 전 세계를 상대로 투자를 유치했다. 원래 두바이는 산유국이었다. 그런데 두바이의 지도자 셰이크 모하메드는 두바이의 석유가 20년 내에 고갈될 것이라는 것을 예측하고 석유 없는 두바이가 어떻게 번영할 수 있는가에 관한 원대한 비전을 그렸다. 그것은 외국의 자본을 유치하여 두바이를 21세기 산업의 총아인 관광, 금융, 도시건설, 물류, 도소매업의 글로벌 중추, 중동의 허브로 만든다는 것이었다. 이야기는 이미 충분히 만들

---

3) IT사회에서 '이야기 들려주기'(*storytelling*)에 관해서는 Rolf Jensen, *Dream Society*(1999) ; Claus Mogensen(ed.), *Creative Man*(2006)을 볼 것.

어졌고, 현재 두바이는 이야기를 현실로 만드는 대역사에 들어갔다. 기존의 두바이공항보다 4배나 큰 공항을 만들고, 중동의 허브항을 건설하고, 크리크를 준설하여 운하를 만들어 물류와 교통, 관광을 위한 수상인프라를 구축했다. 세계 대형 건설크레인의 30%가 좁은 두바이에 몰려있다. 두바이는 도시전체가 거대한 공사장이다. 물론 자금은 해외투자로 충당하고 있다. 두바이의 투자유치국가로서의 특징은 해외자본이 직접 투자하고 있다는 점이다. 해외직접투자는 두바이 총투자유치액 160억 달러의 60%를 상회하고 있다. 투자국가의 비전은 벌써 결실을 맺고 있다. 2003년부터 두바이의 관광수입이 석유수출 수익을 상회하였다.

꿈을 현실로 만드는 스토리텔링 디자인만으로 투자국가로서 두바이의 성공 스토리는 만들어지지 않는다. 두바이의 성공스토리 뒤에는 외국인 투자를 유치하기 위한 치밀한 제도개혁과 혁신이 있었다. 두바이는 폐쇄적인 다른 중동국가와는 비교할 수 없는 자유주의적인 투자개방 정책을 실시했다. 두바이는 투자개방을 넘어서 적극적인 투자유치 정책을 시행했는데 그 핵심은 '경제자유지역'(*free zone*)이다(박용수, 2008). 경제자유지역에는 법인세와 소득세가 없으며, 투자자의 100% 지분 소유가 가능하다. 또한 노동자와 관련하여서는 반노동자적이다. 두바이에서는 노동쟁의가 법적으로 금지되어 있다. 원래 신자유주의적 세계화 시대에 투자를 유치하기 위해서는 더 열악한 조건하에서도 일할 수 있는 노동력을 글로벌 투자자에게 공급해야하기 때문이다.

현재 아랍에미리트연합(UAE)의 27개 경제자유지역 중 21개가 두바이에서 운영되고 있으며, 2005년 말 현재 119개국에 혼다, 필립스, 소니, 노키아, 삼성 등 5,000개 사가 입주해 있다. 입주는 신청 후 2주 후면 결정된다. 국제금융센터는 이미 2004년에 개장되어 운영하고 있고, 두바이 증권거래소는 2006년에 개장해 뉴욕, 도쿄, 런던과 경쟁하는 지역증권시장 센터를 꿈꾸고 있다. Dubai Internet City, Dubai Media City, Dubai Knowledge Village가 입주해 있는 두바이 Technology and Media Free

Zone는 중동에서 최초로 글로벌 미디어 허브를 꿈꾸고 있다. Dubai Logistics City는 해운, 항공, 육상 서비스를 제공하기 위한 복합운송거점이고 Dubai Flower Center는 중동과 아프리카 지역의 화훼전문 물류허브이다. 이 밖에도 Gold & Diamond Park, DMCC, Dubai Textile Village, Dubai Carpet Free Zone, Healthcare City는 귀금속, 고급직물, 카펫, 의료와 같은 전문 허브이다.

동시에 두바이 셰이크 모하메드 토후는 종교적, 문화적 관용정책을 시행함으로써 중세 스페인 회교통치지역에서 종교적 관용으로 번영을 누렸던 코르도바 왕국의 영광을 21세기 중동의 사막에서 재현하려 했다. 개신교, 가톨릭, 불교, 힌두교 등 각종 종교를 허용하고 술과 돼지고기를 허용했다. 이슬람 국가에서는 파격적인 것이었다. "상인에게 좋은 것은 두바이에게도 좋다"(*What is good for the merchant, good for Dubai*) 라는 셰이크 모하메드 지도자의 문화 다원주의적이고 상인정신에 충실한 실용주의 세계관이 오늘의 두바이를 현대의 코르도바로 만든 것이다(박용수, 2008). 관용과 다원주의는 다중적 정체성이 공존하는 21세기 세계화 시대에 자유와 번영을 누리기 위해서 필수적이다. 중동의 사막에서 어떻게 글로벌 허브국가를 만들겠는가? 그것은 외국의 자본과 우수한 인재, 노동자 그리고 두바이에 와서 물건을 사주는 외국관광객들과 투자자들이 만드는 것이다. 그렇기 때문에 두바이는 번영하기 위해서 이슬람의 엄격한 율법주의를 버리고 외국인, 외국문화, 외국종교를 관용할 뿐 아니라, 수용하여 두바이의 번영을 구축하는 데 적극적으로 활용했다.

두바이의 해외투자국가(*outward FDI*)는 투자유치국가(*inward FDI*)에 비해서 아직 그 규모가 미미하다. 2000년 이후 UAE의 해외투자는 투자유치의 2분의 1 또는 3분의 1에 지나지 않는다(박용수, 2008). 그러나 최근 두바이는 투자유치로 쌓은 부를 해외투자로 돌렸다. Dubai Holdings (ICD: *Investment Corporation of Dubai*)는 두바이 경제, 사회발전을 위한 인프라 건설과 투자를 위한 기업집단이며 GSEF(*Global Strategic Equity*

Fund), DIC(*Dubail International Capital*)를 운용한다. 두바이 포트 월드는 두바이 항만 운영회사로서 세계 30여 개국에 51개의 터미널, 4개 자유무역지역, 3개 물류센터를 운영중이며, Borse Dubai는 세계의 주요 증권거래소를 사들이거나 투자하여 뉴욕, 런던, 도쿄에 버금가는 증권거래소를 꿈꾸고 있다. 이와 같이 두바이는 투자유치국가와 해외투자 국가의 병행발전을 통해 중동지역뿐 아니라 동양과 서양을 잇는 가교국가를 꿈꾸고 있다.

두바이는 외국인이 건설하고 있는 투자유치 국가이다. 자본뿐 아니라 사람까지 유치하여 번영의 두바이를 건설하고 있는 것이다. 자연히 외국인에 대한 사회문제의 해결에 나서지 않을 수 없다. 지금까지는 내국인이 외국인에 비해 사회, 공적 서비스 제공에서 우대를 받았으나 앞으로는 내국인과 외국인 간의 조화를 위한 사회투자정책이 강화될 전망이다. 2008년 7월 지역발전청(CDA: *Community Development Authority*)을 설립하여 사회발전, 국민정체성 강화, 다양한 국적자 간의 조화, 시민과 거주자 간의 연대강화를 추진하고 있다.

6. 사회투자국가

해외투자국가와 투자유치국가가 모두 우리에게 이로운 결과만을 가져다주는 것은 아니다. 해외투자국가는 산업, 특히 제조업 부문에서 국내산업의 공동화(*hollowing out*)의 문제를 발생시킬 수 있으며, 투자유치국가는 외국인에게 교육, 주택 등에 대한 혜택을 제공함으로써 내국민, 내국기업에 대한 역차별이 발생할 수 있다. 외국투자기업을 유치하기 위해서 더 낮은 임금, 더 열악한 노동조건, 더 느슨한 환경규제, 동시에 더 양호한 물류와 사회 인프라를 제공하기 위해 경쟁하는 이른바 '낮은 곳을 향한 경쟁'(*race to the bottom*)이 일어나면서 대규모의 빈곤, 저소득계층(*underclass*)이 형성되고 투자국가로 혜택을 보아야 할 중산층이 오히려 글로벌 자본과 부유층을 위해 더 많은 세금부담을 해야 하는 일이 일어나는 것이다.

그러므로 어떻게 투자국가로 인한 비용을 부담해야 할 빈민, 저소득층, 노동자, 중산층에게 투자국가의 이득을 골고루 나누어 주고 그들의 손실과 비용을 보상을 해줌으로써 투자국가의 통합을 유질할 수 있는가가 투자국가의 성공과 투자국가의 완성의 핵심이다.

이러한 형평성 있는 성장(*growth with equity*)을 할 수 있는 투자국가를 완성하기 위한 핵심은 '사회투자국가'(*social investment state*)이다. 사회투자국가는 해외투자국가와 투자유치국가의 기능적 갭(*functional gap*)을 메꿈으로써 투자국가의 비전을 완성시킬 것이다. 사회투자국가는 케인지언 복지국가와는 달리 불평등을 제거하는 역할을 최고의 목표로 삼는 것이 아니라 기업활동에 대한 국가의 적극적 장려와 인적 자본에 대한 사회적 투자를 통하여 사람들이 언제나 고용될 수 있는 능력을 갖추도록 하는 '사회보험으로서의 복지'를 강조한다(Giddens, 1998; 김윤태, 2008). 사회투자국가는 ① 전통적 복지국가의 조세와 지출을 대체하는 사회투자라는 새로운 개념을 만들고, ② 인적 자본과 사회적 자본에 대한 투자를 강조하며, ③ 아동을 미래의 시민노동자로 우선적으로 고려하여 성인의 사회적 시민권은 노동의 의무로 규정하고, ④ 미래지향적 사회정책을 추진하며, ⑤ 평등을 촉진하는 소득재분배보다 사회통합을 촉진하는 기회의 재분배에 초점을 두며, ⑥ 국제경쟁력을 강조하고 지식경제를 발전시키기 위해 노력하며, ⑦ 사회정책과 경제정책을 통합적으로 고려한다(Perkins, Nelms and Smyth, 2004; 김윤태, 2008).

그런데 우리의 복지수준은 선진 사회투자국가(덴마크, 영국, 네덜란드, 스웨덴, 핀란드)에 비해 매우 낮은 수준이다. 우리는 산업화를 통해 이미 시장을 배웠고 97년의 외환금융위기를 통해 미국식의 기업지배구조, 주주자본주의, 민영화, 대외적인 시장개방 등을 배웠으며 IMF 관리

체제하에서 자의반 타의반으로 이를 제도화하고 실행에 옮겼다. 그러면서 동시에 민주화가 진행되면서 시민들에게 복지를 제공한다는 복지국가가 영국의 기든스(A. Giddens)가 이야기한 '제 3의 길'을 본 뜬 '생산적 복지'라는 형태로 한국 역사상 최초로 시도되었고 이는 노무현 정부에 이어져 계속 발전했다. 그런데 만약 신자유주의적인 새 정부가 복지의 민영화라는 이름하에 국가에 의한 복지제공을 축소하려한다면 이는 국민적 저항을 유발할 것이다. 유럽의 복지국가 역사를 보면, 복지는 일단 제공한 뒤에는 다시 복지가 없는 과거로 돌아갈 수 없는 '비역전성'(*irreversibility*)의 성격을 갖고 있다. 복지를 주었다가 뺏는다면 아예 복지를 주지 않았을 때보다 더 큰 저항에 직면한다는 것이다(임혁백, 2008).

따라서 산업화, 민주화 이후의 한국의 시대정신, 즉 민족시간은 복지화이다. 선진화가 선진국처럼 되는 것이라고 했을 때 우리가 선진국에 비해 모자라는 것은 시장이 아니라 복지다. 그렇다면 선진화를 위해서는 복지를 확충해야한다. 민주화는 프리덤하우스가 정치자유등급에서 한국을 1등급으로 올려준 바와 같이 거의 선진국 수준으로 올라섰다.[4] 우리가 선진국 수준에 가장 못 미치는 낙후된 분야가 복지이다. 그런데 한국의 보수주의자들은 복지국가를 도입하기도 전에 영국병, 네덜란드병, 독일병하면서 복지국가의 실패, 폐해를 이야기하며 복지국가 도입을 반대하였다. 그러나 유럽의 복지국가에 문제가 있으면 '후발자의 이점'을 살려 관료주의가 배제되고, 효율적인 복지전달체계를 갖춘 성장을 저해하는 것이 아니라 성장을 촉진하는 혁신적인 복지체제를 만들어야지 복지국가 도입 자체를 반대한다는 것은 반민주적이고 반시장적이다. 왜냐하면 복지는 시민들이 시장에 의존하지 않고도(시장에 참여하지 않고도) 받을 수 있는 '사회적 임금'(*social wage*) 또는 시민이기 때문에 시민으로서

4) 다만 시민적 자유부문에서 여전히 2등급에 머물러 있는데 이는 보안법을 유지하고 있고 언론자유에 문제가 있기 때문이다(Freedom House, 2005).

의 존엄성을 유지하기 위해 국가가 시민에 제공하는 시민임금(*citizen wage*)이기 때문이다. 때문에 복지는 평등주의에 기초한 민주주의와 불평등주의에 기초한 시장의 공존을 유지하기 위한 필수불가결한 장치이다. 또한 복지는 시장경제의 유지를 위해서도 필수적이다. 폴라니가 이야기한 바와 같이 시장의 횡포, 시장의 과잉은 인간과 자연, 환경을 황폐화시키며, 자연과 인간은 자신을 보호하기 위해 시장에 복수한다. 이때 복지와 보호주의는 시장과 인간 그리고 자연을 이어주는 연대재(*solidarity goods*)의 역할을 하고 시장과 인간, 시장과 자연의 공존을 가능하게 해준다(임혁백, 2008).

그러므로 우리에게는 사회투자국가를 건설하기 이전에 전통적 복지체제를 완성하는 것이 급선무일지 모른다. 따라서 사회투자국가를 건설하는 데 선진 사회투자국가들의 사회투자 경험을 교훈으로 삼되 우리의 현실에 맞게 창조적으로 흡수하는 것이 바람직하다.

해외투자국가와 투자유치국가에서 국가의 역할은 규제완화에 있다. 그러나 사회투자국가는 사회안전망, R&D, 재훈련 등을 통해 개방에 따른 이익뿐 아니라 비용까지도 공유하려는 적극적인 역할을 수행한다. 사회투자국가는 투자가 복지를 보장해주고 분배가 성장을 촉진하게 하는 역할을 담당하게 한다.

한국형 투자국가는 적극적인 해외투자와 투자유치로 글로벌 투자네트워킹을 구축하는 과정에서 투자국가로 이익을 보는 자와 손해를 보는 자간에 이익과 비용을 공정하게 공유하기 위한 사회적 대타협을 주도해야 하고 그를 위한 사회적 인프라를 구축해야 한다. 사회투자국가의 핵심은 사회적 경제(*social economy*)의 달성이다. 사회투자를 담당하는 것은 국가의 몫만이 아니라는 것이다. 복지, 환경, 육아, 간병, 교육훈련 등에서 국가와 관할영역을 공유하는 사회적 기업(*social enterprise*, 제3섹터)을 창출하여 사회적 경제(*social economy*)를 달성해야 한다(임혁백 편, 2008).[5] 제러미 리프킨(J. Rifkin)에 따르면, IT혁명으로 인해 노동자의 90%는 기존의 생산력과 생산성을 유지하고 제고하는 데 필요 없는 '불필요한 노동력'(*redundant labor*)이다. 현재 노동력의 10%만으로 현재 수준의 생산이 가능하다면 나머지 불필요하게 된 90%는 노·사 간의 힘겨루기가 아니라 기술의 힘에 의하여 시장에서 퇴출되게끔 되어있다.

그렇다면 어떻게 불필요해진 90%의 노동력을 보살펴서 사회적 통합의 틀을 유지할 것인가가 IT, 세계화 시대의 복지국가가 수행해야 할 기본적인 과제이다. 과거에는 국가가 배타적으로, 독점적으로 사회적 복지를 담당해 왔다. 그러나 재정위기와 국가 간 경쟁이 치열해짐에 따라 국가는 더 이상 복지영역을 확대할 수 있는 동기, 정당성, 효율성, 합리성을 잃어가고 있다. 그렇다고 세계화 시대의 신군주(*new prince*)인 기업이 담당할 수도 없다. 글로벌 기업은 국적이 없으며 국내기업도 기본적인 행위의 동기가 이윤극대화이기 때문에 사회적 배려, 보살핌을 담당하기에는 맞지 않다. 따라서 사회적 포용, 배려, 보살핌은 사회적 경제(*social economy*)의 영역이고 이 영역은 비이윤추구적이고(*non-profit*), 이타적이며, 사회적 포용을 추구하는 사회적 기업이 담당해야할 것이다.

사회투자국가로 벤치마킹할 수 있는 성공사례는 덴마크이다. 덴마크는 유연안정성(*flexicurity*)으로 요약되는 사회경제모델을 통해 분배와, 성장, 일자리 창출이라는 세 마리 토끼를 동시에 잡는 데 성공하였다. 유연안전성은 'flexibility'(유연한 노동시장)와 'security'(사회안전망)의 합성어이다. 덴마크는 2006년 EU 평균보다 높은 3%의 실질경제성장과 실업률 3.8%라는 사실상의 완전고용을 실현하였다. 덴마크 기업은 해고와 신규고용을 원활하게 함으로써 환경변화에 신속하고 효율적으로 대응할 수 있었고, 노동자들에게는 생활급 수준의 실업급여를 제공하고 실업수당대상자는 정부가 제공하는 재취업교육훈련을 받을 수 있게 하였다. 이

5) 사회적 기업은 경제적 효율을 높이는 시장의 힘과 사회적 정의를 높이는 국가개입 사이의 접점에 위치하는 경제의 일부로서 NGO로 구성되며 시장이나 복지국가에 의해 충족되지 않는 욕구에 부응하는 것을 목적으로 한다(OECD, 2000).

를 통해 노동시장의 유연성과 고용안정성을 동시에 달성하였다.[6] 덴마크 모델 성공의 핵심은 시민사회, 기업, 노동자, 정부 간 신뢰의 선순환 구조를 확립한 데 있다. 이러한 신뢰를 바탕으로 자유주의적 개방경제와 사민주의적 사회복지국가 간의 화기애애한 공존을 이룩한 것이다.

7. 한국형 투자국가

왜 한국형 투자국가인가? 첫째, 박정희 대통령 이래 우리나라는 선진국을 모방하고 따라잡는 발전전략을 취해왔으나 세계화 시대에 지속가능하고 질 높은 성장을 위해서는 우리의 조건에 맞는 발전전략을 창조할 필요가 있기 때문이다.

1960년대 박정희는 실적에 의한 정통성을 확립하기 위해 조국 근대화, 산업화를 추진하였고 초기에는 수입대체화 전략을 채택하였으나 국제 분업질서의 요구에 따라 1964년 산업화 전략을 수정하여 정책금융과 전략산업 육성 등의 수단을 동원, '정부주도'에 의한 수출지향 산업화 전략으로 방향을 전환하여 20년 만에 산업화를 완성하는 압축적 성장 또는 '한강의 기적'을 이룩하였다. 박정희 모델은 전형적인 정부주도의 수출지향형 통상국가 모델이다. 그러나 박정희 정권 이후, 민주화가 이루어진 후에는 이른바 규제되지 않은 시장(*unregulated market*)의 힘에 의해 정실자본주의적(*crony capitalism*) 성장이 이루어졌다(김병국·임혁백, 2000). 1996년에는 1인당 국민소득을 압축적으로 달성한 한국의 기적이 국제사회의 인정을 받아 선진 부국의 클럽인 OECD에 가입할 수 있었다. 그러나 세계화가 진행되면서 국가주도의 수출중심 통상정책하에서 서비스부문의 수출이 취약하였고, 외국인의 직접투자는 부족하였으며, 개방으로

6) '실직 후 6개월 내 재취업 기대율'에서 덴마크는 10점 만점에 7.7점으로 EU 27개국 중 가장 높은 수치를 기록.

인해 발생하는 사회적 갈등의 조절능력은 부족하였다.

유럽의 강소국들은 달랐다. 스위스, 스웨덴, 핀란드, 오스트리아, 네덜란드 등 유럽소국들은 내수시장의 협소함으로 인해 대외적 개방을 수용할 수밖에 없었다. 그래서 적극적으로 대외의존도가 큰 개방형 강소국 경제 모델을 만들었다. 그러나 개방에 따른 대내적 충격과 불안정성을 통제하고 조절할 제도들을 동시에 마련함으로써 지속적으로 투자를 유치하면서 노동자들의 삶의 수준을 유지시켜주는 지속가능한 발전모델을 구축하여 세계에서 가장 부유하고, 자유로우며, 형평성 있는 나라들을 만들었다(Katzenstein, 1985).

한국은 97년 외환위기 이후 구제금융을 제공한 IMF의 신자유주의적 처방에 따라 기업, 노동, 금융, 공공부문 등 4대 부문에서 신자유주의적 구조개혁이 실시되었다. 미국모델의 수용이 불가피하다는 인식이 확산되어 주주이익을 중시하고 노동시장을 유연화한 미국식 구조조정 방식을 채택하였으나, 노사타협을 중시한 유럽의 구조조정 모델은 유럽이 노동시장 경직성과 무거운 사회복지비용으로 국가경쟁력이 추락했다는 것을 들어 거부하였다. 미국식 신자유주의 구조조정으로 해외시장이 전면 개방됨으로써 해외수출과 국내산업보호를 결합한 모델인 한국형 통상국가가 가지고 있던 한계를 심각하게 노정시켰다. 신자유주의 모델은 경제성장과 고용, 그리고 사회통합을 만족스럽게 결합시키지 못하였다.

2007년에 체결된 한미 FTA로 한국은 신자유주의적 통상국가의 정점에 올라섰다. 한미 FTA는 단순한 자유무역의 확대를 의미하는 것이 아니다. 그것은 미국이 주도하는 경제시스템으로의 포괄적인 통합을 추진하는 개혁을 의미한다. 말하자면, 한미FTA는 단순한 무역자유화를 넘어 한·미 간의 포괄적 경제통합을 요구하고 있는 것이다. 그러므로 우리의 과제는 어떻게 친투자, 반복지적인 미국 시스템에 완벽하게 포섭되지 않으면서 이윤을 창출한 것인가이다. 즉, IT, 세계화, 자유화 시대에 '지속가능한 성장'이 가능하게 하는 조건을 창출하는 모델을 만드는 것이다.

그것이 한국형 투자국가를 만들어 나가는 출발점이다.

우리가 일인당 소득 3만 달러, 4만 달러의 선진국이 되기 위해서는 통상국가의 비전에 더하여 투자국가의 비전을 그리고 실현하여야 한다. 왜냐하면 세계 일류 선진국은 모두 예외 없이 투자국가에서도 일류국가이기 때문이다. 미국은 내수중심의 경제로 알려져 있지만 해외 투자국가로서도 일등 국가이다. 1980년대에 전통산업의 지속적인 경쟁력 저하와 저성장, 달러 가치의 하락, 일본의 추격, 제조업 공동화 등으로 초일류 국가로서의 위상이 흔들리자 이에 대한 대응전략으로 IT 혁명을 통한 생산성 향상(신경제), 서비스 부문의 지식 집약적 산업으로 전환, 창의력 위주의 교육, 지식기반경제로 발전전략 수정 등을 감행하였다. 미국의 해외투자 역시 이 같은 맥락에서 적극적으로 진행되었다. 자동차, 항공기, 신발 등 제조업 부문뿐 아니라 IT 및 서비스 산업 등에서도 적극적으로 글로벌 생산 네트워크를 구축하여 해외투자에서 압도적으로 세계 1위(2003년 기준 1,519억 달러)를 고수하고 있다. 또한 금융부문의 해외투자를 활성화하여 해외부실채권시장을 비롯한 M&A 투자 확대, 전략적 제휴, 해외프로젝트 파이낸싱에 적극적으로 참여하고 있다.

대영제국의 영화를 간직하고 있고 일찍이 해외투자의 노하우를 갖고 있는 영국도 투자국가의 선진국이다. 영국은 산업구조조정과의 연계 속에서 해외투자를 진행하였다. 국내 산업의 산업구조조정을 촉진하고 국내 잉여자금을 생산적으로 활용하는 방법으로서의 해외투자를 활용하였다. 1970년대까지 영국은 전통적으로 강한 제조업과 금융 산업을 바탕으로 복지국가체제를 유지하였다. 그러나 1980년대 전후 과도한 규제와 노동시장 경직성 등으로 영국은 미국, 독일, 일본 등에 뒤지는 이류 국가로 전락하였다. 영국은 이에 대응하여 국내 사양산업을 정리하고 해외에 생산기지를 이전하였다. 영국의 해외투자는 생산기지의 해외 이전과의 연계 속에서 효과적으로 이루어졌고 엄청난 국부를 해외에서 창출하여 다시금 독일을 능가하는 유럽의 강자가 되었다.

미국과 영국의 사례에서 보듯이 투자국가는 미국, 일본, 영국과 같은 강대국의 미래 발전모델일 뿐 아니라 싱가포르, 두바이, 덴마크와 같은 강소국의 모델이기도 하다. 따라서 한국과 같은 강중국에서도 투자국가의 모델은 소망스러울 뿐 아니라 유효하고 실현가능성이 충분하다. 그러나 강소국과 강대국의 투자국가모델이 다른 것처럼 한국과 같은 강중국의 투자국가모델도 달라야 한다. 맹목적으로 어떤 특정 투자국가모델을 베끼기보다는 한국의 현실과 지정학적·지경학적 위상에 걸맞은 투자국가모델을 디자인해야 한다.

한국형 투자국가의 핵심은 투자를 통한 성장과 분배, 그리고 사회적 대타협의 선순환구조를 만드는 것이다. 한국형 투자국가 모델은 지속적인 성장동력으로서의 우리 자본의 해외투자, 외국자본의 투자유치와 성장잠재력 및 사회통합의 달성 수단으로서의 사회투자를 핵심요소로 한다. 여기서 해외투자와 해외투자유치는 세계화의 시대에 능동적이고 전략적으로 세계시장에 참여하는 것을 통해 지속적인 성장동력을 확보하기 위해 필수적이다. 또한 사회투자는 개방의 긍정적 효과를 극대화하고 개방이 가져올 수 있는 부정적 영향을 최소화하기 위한 사회적 연대 및 사회통합의 의미를 지니고 있으며, 동시에 사회정책이 분배뿐 아니라 경제성장의 잠재력 향상과 새로운 성장을 위한 투자라는 신개념을 담고 있다.

현재 한국은 밖으로부터 신자유주의적 세계화의 충격이 밀려들고 있고 이를 적극적으로 수용하려는 신자유주의적 정부가 들어섰다. 이러한 상황에서 유효수요를 창출하기 위해 국가기간산업 혹은 SOC 등에 직접투자를 함으로써 고용을 확대하는 정책은 신자유주의자들에 의해 국가의 낭비로 인식되었고 국민들에게는 세금폭탄을 가져올 위험물로 받아들여졌다. 따라서 적극적 해외투자 및 해외투자유치를 통해 지속적인 수익구조를 창출함으로써 지속가능한 성장모델을 만들어야 한다(임혁백·우준희, 2008). 이것이 한국형 투자국가 모델의 출발점이다.

1) 해외투자국가전략

한국의 해외투자는 OECD 가입 이후 해외투자 규제완화로 본격화되었으나 외환금융위기 이후 감소했다가 최근 급증하는 추세다. 1990년부터 2006년까지 GNP는 3.4배, 수출은 5배 증가한 반면 해외직접투자는 11배 증가하였다(산업연구원, 2008). 특히 2006년에는 해외투자 신고금액이 185.5억 달러로 전년대비 104% 이상 급증하였다. 그러나 한국의 해외직접투자는 선진국과 비교할 때 아직 낮은 수준이다. 2005년 한국의 해외투자는 694억 달러로 GDP대비 해외직접투자 비중은 6.8%로 미국 17.2%, 영국 56.2%, 프랑스 38.1%, 독일 30.8%, 일본 7.9%보다 낮은 수준이다(임혁백 · 우준희, 2008).

한국의 해외투자 내용을 보면(2005년 기준), 제조업(56%), 도소매(15%), 서비스업(9%) 순으로 제조업에 집중되어 있고 21세기 해외투자의 스타영역인 에너지, 서비스, 금융, 물류에 대한 투자가 미흡하다. 지역별로는 전통적으로 미국, 유럽 등 선진국의 투자비중이 높았으나 2000년대 이후 선진국 비중이 감소하면서 중국, 베트남 등 아시아 국가의 비중이 큰 폭으로 증가세를 보였다.

해외직접투자는 세계화 시대의 총아이다. UNCTAD에 의하면 1999년부터 2005년까지 전 세계 수출은 3.1배, GDP는 2.0배 증가한 반면, 해외직접투자는 3.4배 증가하였다(UNCTAD, 2006). 다국적 글로벌 기업에 의한 해외직접투자가 세계경제의 글로벌화를 주도하고 있는 것이다. 이론적으로 해외직접투자는 자본스톡이 풍부한 국가에서 자본스톡이 부족한 국가로 자본이 이동하는 것을 의미하기 때문에 투자국과 투자대상국 양자의 생산과 후생을 모두 증대시킨다. 그러나 현실적으로는 해외투자가 국내산업의 공동화(*hollowing-out*)를 야기한다는 비판도 만만치 않다.

해외투자가 단순히 국내투자를 대체하는 효과만 발생시키는 것은 아니다. 해외 판로 개척에 의한 수출증가, 자본재 혹은 중간재, 부품의 수출증가, 연구개발 등 고부가가치부문의 생산 및 고용증가뿐 아니라 국내 산업구조의 고도화와 같은 거시적 효과도 부수적으로 발생시킨다(임혁백·우준희, 2008). 한국의 경우에도 해외투자는 국내 모기업과 해외진출기업 간의 기업 내 무역을 통해 1차적으로 무역수지 흑자 효과가 나타나며, 2차적으로는 국내 모기업의 수출과 생산을 확대시키고 그 결과 국내 관련 산업을 자극하여 생산과 고용을 늘리는 효과를 거둘 수 있다(산업자원부, 2003). 그러므로 해외투자와 국내투자는 대체관계, 상쇄관계에 있지 않다. 따라서 해외투자를 통상국가 시대 이후의 한국의 부를 창출할 기본적인 원천으로 삼고 이를 바탕으로 세계일류 선진국으로 진입해야 할 것이다.

둘째, 해외투자국가로 인해 발생할 제 문제를 해소할 수 있는 방안을 강구해야한다. 한국 투자국가의 1차적 과제는 해외투자로 국내투자가 해외투자에 비해 열등재가 되지 않도록 국가적 차원에서 노력하는 것이다. 그리고 해외투자로 인해 발생할 산업공동화의 우려를 씻어주는 조치를 정부가 강구해야 한다. 그러므로 한국이 추진해야 할 해외투자정책의 기본방향은 해외투자확대로 인한 국내의 부정적 파급효과를 방지하고, 그 피해를 최소화하기 위한 제도적 조건의 마련과 국내투자의 활성화를 병행하여야 하며, 해외투자의 확대가 국내경제에 미치는 긍정적 기능을 최대한 이용하는 것으로 구체화되어야 한다(우준희, 2008).

(1) 산업공동화 우려해소

해외직접투자에 반대하는 논리 중의 하나가 산업공업동화의 우려이다. 해외직접투자가 국내 생산 축소를 가져오고, 국내 공장을 폐쇄하고 생산시설을 해외 이전할 경우 성장잠재력의 급속한 상실과 대량실업을 초래할 수 있다는 것이다. 이러한 산업공동화의 우려를 해소하기 위해 정부는 해외투자가 국내 생산시설 및 산업입지에 어떤 영향을 미치는지를 고려해야한다. 특정 산업이나 기업의 비용경쟁력에만 의존하지 말고 대외적 성숙도와 국내 기반, 주변 산업과의 연관성, 대기업과 중소기업의 하청 및 납품 관계, 대기업과 중소기업의 생산성 격차 등을 고려하여 산업발전정책과의 연계하에 추진하여야 한다(우준희, 2008). 현재 중소기업은 대기업의 생산성 격차와 불평등한 하청관계 때문에 해외로 나가려하며, 사양산업도 비용경쟁력의 약화라는 이유로 해외로 이전하려 한다. 그러나 이렇게 비용경쟁력만을 이유로 이전할 경우 중소기업과 사양산업의 역량배양은 후퇴하고 그들의 국내 입지는 더욱 약화될 것이다. 따라서 해외투자정책은 단순히 비용경쟁력에만 의존할 것이 아니라 산업간 균형발전과 중소기업의 역량강화 등 국내 산업발전전략과 연계・확립되어야 할 것이다.

둘째, 한계기업이나 취약기업의 해외진출이 가져올 고용불안정을 해소하기 위해 정부는 취업알선 및 직업훈련 활성화 등을 골자로 한 적극적 노동정책을 실시해야 한다. 생산시설만 해외로 이전하는 '이전적 해외투자'는 국내생산을 위축시킬 우려가 있기 때문에 최대한 억제하고, 국내생산 및 수출을 유발하는 '생산적 해외투자'가 확대되도록 지원해야 한다. 또한 생산시설의 해외이전에 대한 정보공유가 노동과 자본의 관련단체들간에 일상적으로 이루어지도록 지원해야 한다(우준희, 2008).

(2) 국내투자의 활성화

해외투자정책은 국내투자의 활성화 정책과 병행되어야 한다. 그렇지 않을 경우 국내에서 투자처를 상실한 기업들이 해외로 빠져나가 국내 산업의 공동화 문제를 심화시킬 우려가 있다. 첫째, 투자에 걸림돌이 되는 불필요한 기업규제를 개선해야 한다. 기존 상법, 공정거래법 등에서 국내투자의 활성화를 방해하는 요소들을 제거하고, 지역균형발전정책을 통해 전국에 걸쳐 기업하기 좋은 환경을 구축하려는 노력이 병행되어야 한다. 둘째, 노동시장의 유연안정성(*flexicurity*)을 제고해야 한다. 먼저 노동시장 유연화를 위해 법정퇴직금제도는 법정연금제로 개편하고 연공급제를 직무급제로 전환하는 것을 고려해야 한다. 동시에 노동자 개개인의 고용가능성을 높여 직업적 안정성을 향상시키기 위한 적극적 노동시장 정책을 확대해 가야 한다. 셋째, 기업하기 좋은 나라를 만들어야 한다. 국가는 기업의 경쟁력 향상과 세계시장 진출에 관문(*gateway*)이 되어야 하고 기업은 이에 화답하여 경영의 사회적 책임성(CSR)과 투명성, 친환경성을 강화해야 하며, 사회적 공헌을 통해 이윤을 사회적으로 환원하는 환부(還富)의 경영으로 반기업정서를 해소하기 위해 노력해야 한다.

(3) 전략적 해외투자

해외투자 국가를 구축하기 위해 산업별, 지역별, 국가별로 전략적인 투자정책을 마련할 필요가 있다.

첫째, 산업적으로 전략적 투자가 요청되는 분야는 에너지 산업이다(윤성학, 2008). 해외 에너지에 대한 투자는 해외에서 부를 창출하기 위한 해외투자국가의 성격과 에너지 안보를 위한 투자라는 양면적인 성격을 갖고 있다. 왜냐하면 국제 에너지가격의 폭등으로 대외 에너지 의존비중이 높은 인도, 베트남, 우크라이나 등과 같은 모라토리엄 발생 상황에 처할 가능성이 제기되고 있기 때문이다. 에너지는 투자의 문제인 동시에 안보의 문제이다(윤성학, 2008).

한국은 그동안 에너지 안보를 위해 공급의 다변화(*diversification*), 외부 충격에 대한 대응 역량(*resilience*) 강화, 에너지 안보의 외부성에서 기인한 국제적 협조체제의 구축을 에너지 외교의 추진 기조로 삼았다. 한국은 에너지 공급의 다변화를 위해 중동과 중앙아시아, 러시아와의 적극적인 자원 정상외교를 실시하였다.

참여정부는 2006년 말 기준 17개국을 순방하며 에너지 외교를 펼쳤는데, 정부 추산으로 약 88억 배럴의 원유와 약 760만 톤의 가스를 확보하였다고 주장한다. 해외자원개발사업 수가 2002년 말 141개에서 2006년 말 기준 218개(잠정)로 증가하고, 투자액도 18억 달러로 급증하였다. 에너지 산업에의 단순지분참여 패턴을 벗어나 기술과 경험을 바탕으로 운영권을 확보한 사업 수도 2002년 17개에서 2006년 현재 34개로 크게 증가하였다. 그러나 한국은 여전히 심각한 에너지 안보문제에 노출되어 있다(윤성학, 2008).

한국이 에너지 안보문제를 해결하고 에너지 외교의 협상력을 높이기 위해서는 세계 최대의 에너지 공급국가인 러시아와의 전략적 협력이 필요하다(윤성학, 2008). 한국이 직면하고 있는 고유가와 에너지 자원고갈 문제의 당면 해결책이 러시아에 있기 때문이다. 러시아는 2006년 말 기준 확인 석유매장량 795억 배럴로 전 세계 석유매장량의 6.6%의 비중을 차지하는 세계 7대 석유보유국이지만 계속 확인 매장량이 늘어나고 있다. 우리에게 러시아가 더욱더 매력적인 것은 지금 발굴되고 있는 에너지 자원이 한국과 바로 인접한 사할린, 서캄차카, 동시베리아와 극동에 집중되어 있다는 점이다. 에너지 안보 측면에서도 서캄차카산 원유는 중동석유와 달리 이 자원의 운송을 방해할 어떠한 세력도 지도상에 없다는 장점이 있다. 그리고 러시아가 최근 야심차게 추진하는 동시베리아와 극동의 메가 에너지 프로젝트는 위기에 처한 한국경제를 구원할 수 있고 새로운 성장동력을 부여할 수 있다.

지금 극동과 동시베리아 지역에는 원유의 생산과 운송, 가공 못지않게 가스전 개발과 전력사업도 활발하게 진행되고 있다. 최근 사할린에서 하바롭스크로 연결되는 약 502km에 이르는 극동(*Eastern line*) 가스 파이프라인이 4년 만에 완성되었는데, 향후 이 가스관은 북한을 통과하거나 동해안을 거쳐 한국으로 연결될 수 있는 잠재력을 가지고 있다.

현재의 에너지 수급 추세라면 2015~2020년 사이에 세계에 심각한 에너지 위기가 다시 찾아올 것으로 예상된다. 에너지 지정학적 시각에서 볼 때, 한국은 러시아와 북극해에 가까이 위치하고 있다는 축복을 받았다. 러시아도 정치외교적 관계가 껄끄러운 중국과 일본보다는 효율적인 경제협력 파트너로 한국을 희망하고 있다. 한국은 러시아와의 협력을 통해 충분한 에너지 자원공급을 확보하고, 동북아 지표원유와 같은 새로운 시장질서를 만들어, 더 나아가서는 동북아의 새로운 에너지 연결통로를 확보하여 에너지 안보와 자원 확보, 그리고 에너지 투자를 통한 부의 창출이라는 세 가지 문제를 동시에 해결하여야 한다.

둘째, 지역별, 국가별로 전략적인 투자정책을 마련할 필요가 있다. BRICs 국가를 비롯한 급성장하는 신흥시장에서는 시장선점효과가 높은 금융, 통신, 유통 등 서비스분야의 해외투자가 유리하다.

셋째, 북한을 해외투자의 대상으로 적극 활용해야한다. 북한의 노동력과 한국의 자본, 기술결합을 통해 노동집약적 산업 등 국내 산업구조재편의 기회로 북한을 활용하고 장기적으로 7천만 한반도 경제권을 형성하기 위해서도 남북경제 교류, 협력, 투자를 강화해가야 할 것이다(Im, 2008).

2) 해외투자유치 국가전략

한국의 외국인 투자는 오랜 기간 국내기업을 육성하고 경쟁으로부터 보호하려는 정부정책에 의해 크게 제한되었다. 그러나 경제의 세계화가 진행되면서 외국 자본과 기술의 도입이 절실해졌고 이에 금융 및 세제상의 혜택을 제공하면서 외국기업의 국내투자를 장려하는 투자유치국가 전략으로 전환하게 되었다.

투자유치국가 전략의 핵심은 외국기업의 투자가 국내 고용과 기술이전에 도움을 주는 긍정적 효과를 극대화하고 투자유치로 인해 발생할 국내 토착 기업에 미칠 부정적 효과를 극소화하는 것이다. 외국기업 직접투자가 긍정적 효과를 발휘하기 위해서는 산업정책, 지역균형발전정책 등 국가발전전략과의 정합성이 요구된다. 외국인직접투자가 국내 서비스 산업의 경쟁력 향상을 가져올 수도 있지만 국내 서비스 산업을 무차별 퇴출시킬 수도 있다. 따라서 외국기업 투자개방의 폭과 속도는 산업별 특성과 국내에의 파급효과를 고려한 가운데 결정되어야 하며 개방의 비용을 분담할 수 있는 사회적 안전망의 구축이 병행되어야 한다.

(1) 국내기업에 대한 역차별의 해소

외국인직접투자의 유치와 관련해서 국내기업에 대한 역차별의 문제는 국내기업의 활력 및 투자의욕을 떨어뜨리고 자본과 노동의 해외이전을 가속화시켜 국민 경제의 성장잠재력을 훼손시킬 수 있다는 점에서 유치 전략과 동시에 고려되어야 할 중요한 사안이다. 과거 정부는 부실기업의 매매, 공장부지, 세제혜택, 주택 및 교육 등과 관련해서 국내 기업을 역차별하였다. 국내기업에 대한 역차별은 우수한 국내기업들이 해외로 빠져나갈 유인을 제공한다. 따라서 국내기업이 외국기업과 동등한 조건하에서 경쟁할 수 있도록 보장해주어야 한다(우준희, 2008).

(2) 외국인 투자유치 환경의 개선

외국인 투자유치는 국내기업에 대한 역차별 문제 등 부정적 효과를 상쇄하고도 남는 긍정적 효용을 가져다주는 것으로 평가되었다. 자본유입과 고용증진, 기술이전, 국내 시장의 성장, 산업구조의 고도화와 같은 외국기업 투자의 긍정적 효과는 바로 한국이 세계일류 선진국으로 진입하는 데 외국기업 투자가 관건이라는 것을 보여주는 증거이다.[7] 외국인 투자기업 1사당 평균 고용인원이 2002년 370명에서 2005년에는 412명으로 증가했고, 100인 이상 기업의 1사당 평균 고용인원도 국내 기업이 285명인 데 반해 외국인 투자기업은 700명대를 유지하고 있어 외국인 투자기업이 2배 이상 높은 것으로 나타났다. 외국인직접투자는 국내 연관 산업의 발전에도 기여하는 바가 큰 것으로 나타났다. 외국인투자기업은 같

7) 특히 한국의 경우 실제 외국인투자 기업의 고용 및 생산성 향상, 연관 산업에의 발전 기여효과가 국내 기업보다 큰 것으로 나타나고 있다(우준희, 2008).

은 산업은 물론 산업 간 파급효과, 특히 후방효과가 월등하다. 또한 외국기업 직접투자는 해외직접투자로 퇴출된 경쟁력을 상실한 저부가가치업종의 자리를 첨단 고부가가치업종으로 대체함으로써 차세대 경제성장 동력을 확보하는 수단이 되었다.

그렇다면 외국인 투자유치를 확대하기 위해 환경은 어떻게 개선되어야 하는가? 첫째, 친기업적(*Business-friendly*)이고 세계적 관행에 통용되는 비즈니스 환경의 창출이 필요하다. 그런데 세무, 노무 등 경영환경뿐만 아니라 교육, 교통, 주거 만족도에서 외국인 투자기업들의 만족도는 낮게 나타났다. 둘째, 산업경쟁력을 강화해야 한다. 투자유치국은 산업구조고도화를 달성하기 위해 외국인 투자유치를 원하지만 외국투자기업은 한 국가의 산업경쟁력을 보고 투자를 결정한다(우준희, 2008).

(3) 국가별 해외직접투자 유치전략

국가별 해외투자유치 전략이 마련되어야 한다. 현재 한국에 대한 미국의 외국인직접투자는 전체 투자금액의 약 60%가 서비스업에 집중되어 있다. 따라서 미국에 대해서는 한국의 경쟁력이 취약하고 미국의 관심이 높은 서비스 분야 및 고등기술집약적인 부품, 소재 산업의 투자를 유도하는 것이 바람직하다.

또한 최근 들어 중국으로부터의 외국인투자 유입이 늘고 있다. 이는 한미 FTA를 활용하여 대미수출을 증대시키고 중국으로의 역수출을 확보하기 위해서이다. 이에 한국은 중국을 전략적으로 이용할 필요가 있는데, 예를 들면 중국과 입지가 가까운 지역에 중국의 투자를 활성화할 수 있는 투자자유지역을 건설하는 것이다. 투자자유지역에 대해서는 법인세·소득세를 대폭 개선(예: 10년간 면제, 이후 5년간 50% 감면)하거나[8)]

---

8) 현행 감면율은 외국인투자지역이 최초 5년 100%, 이후 2년 50%이며, 자유무역지역·경제자유구역이 최초 3년 100%, 이후 2년 50%이다. 두바이는 경제자유구역 외국인투자기업에게 50년간 법인세 면제를 실시중이다.

관세인하를 검토해야 한다(예: 자본재 10년간 면제).[9] 그러나 외국인 투자기업에 대한 이 같은 유인책에는 내국민에 대한 역차별을 해소할 수 있는 방안이 동시에 마련되어야 한다. 또한 국내 저임금 근로자를 보호하고 고용을 증대시키는 차원에서 일정 비율 이상 내국민을 고용할 때 보조금을 지급하는 방안을 검토하는 것도 바람직하다(우준희, 2008).

3) 사회투자국가 전략 : 투자로서의 사회정책

세계화로 인한 개방화, 서비스 산업화와 지식기반경제로의 이행과정에서 해외투자와 외국인직접투자의 성공적 유치는 새로운 성장동력을 확보할 수 있는 관건이다. 그러나 개방의 피해를 최소화할 수 있는 사회적 안전망과 개방의 효과를 더욱 극대화할 수 있는 인적 자원, 사회적 인프라가 없다면 해외투자와 외국인직접투자의 유치는 소기의 성과를 가져다주지 않을 것이다.

사회투자는 교육 및 인적 자원에의 투자, 근로활성화, 그리고 사회적 안전망의 확충 등을 통해 개방화의 시대에 해외투자와 외국인직접투자가 안고 있는 기능적 갭을 메워주며, 그것들이 지속적인 성장으로 연결될 수 있는 사회적 자본을 형성한다. 나아가 사회적 연대와 사회통합을 달성하게 함으로써 개방으로 인한 비용을 사회적으로 분담하고 이익을 공유케 하는 데 긍정적인 역할을 할 것이다.

아직까지 사회투자에 대한 통일된 개념정의는 없으나, 대체로 '일반적으로 사회구성원의 노동시장 참여의 권리, 기회를 보장하기 위해 이루어지는 인적 자본과 사회서비스에 대한 지출'로 이해된다(Giddens, 1998; Esping-Andersen, 2002; Taylor-Gooby, 2006).

사회투자국가는 사회구성원에 대한 인적 자본투자를 통해 노동시장 참

9) 현재 외국인투자지역·경제자유구역은 3년간 면제이다.

여권리와 기회를 향상시켜 고용율과 생산성을 높이고 경제성장 잠재력의 확충에 기여하도록 해야 한다. 예를 들어 교육이나 직업훈련 등에 대한 정부투자는 양질의 노동력을 공급할 수 있게 하여 경제성장 잠재력을 높일 수 있다. 또한 아동보육 혹은 탁아에 대한 투자는 인적 자본의 확충에 기여하며 여성노동력이 활용될 수 있는 기회를 제공한다. 실업보험제도나 의료보험제도와 같은 사회보험의 재정비 역시 기업구조조정 등으로 소득을 상실한 사람들에게 안정적인 생활이 가능하도록 지원함으로써 노동시장의 유연성을 촉진하는 동시에 산업구조조정이 원활히 진행될 수 있는 사회적 기반을 제공한다. 또한 적극적인 기회의 평등을 제공함으로써 사회적 배제를 극복하고 사회통합을 달성하는 데도 기여할 수 있다. 사회통합의 제고는 시장경제에 대한 사회적 신뢰 및 사회적 자본을 확산시켜 다시 경제의 성장에 기여할 수 있다(임혁백 · 우준희, 2008).

사회투자는 세계화로 인해 개방과 경쟁의 중요성이 확대되고 있는 상황에서, 그리고 저출산, 고령화와 산업구조의 변화라는 대내외적 환경에서 사회지출이 단순한 소득보장에서 머물지 않고 노동공급의 양과 질을 높여 경제성장과 성장잠재력에 기여할 수 있도록 하는 투자적 개념이다. 또한 사회투자는 노동공급의 양과 질을 높이고 잠재적 근로계층의 경제참여를 제도적으로 보장함으로써, 사회통합을 통해 개방으로 인해 치러야 할 비용을 축소함으로써 장기적으로 경제성장에 기여한다.

(1) 경제정책과 사회정책의 연계

해외투자와 해외투자유치는 대내적인 사회개혁과 밀접히 연계되어 추진되어야 한다. 노동, 보육, 육아, 여성, 노인 등의 문제에 대한 사회적 안전망을 갖추기 위한 대내제도의 개혁이 이루어지지 않은 채 해외투자, 해외투자유치 정책을 추진할 경우 투자국가에 대한 사회적 합의 도출이 어렵고 심지어는 사회경제적 위기상황을 초래할 수 있다.

한국의 발전국가는 오랜 기간 경제투자에 자원을 집중하였으며 따라서 사회정책이나 제도에 대한 지출에 소홀하였다. 그러나 97년 외환위기 이후 한국 경제의 개방성이 높아지고 노동시장 유연화가 촉진됨과 동시에 고령화, 저출산, 여성의 사회진출 확대 등이 빠르게 진행됨으로써 신속한 경제·사회정책적 대응의 중요성이 커졌다. 또한 서비스 산업화와 지식기반경제로의 이행이 촉진되면서 다양하고 유연한 근로형태와 근로안정성을 동시에 보장해주어야 하는 필요성도 커졌다.

김대중 정부의 '생산적 복지', 노무현 정부의 '비전 2030'은 이와 같은 시대적 요청하에서 나타난 정부차원의 대응이었다. 그러나 여전히 전통적인 사회적 위험에 기초해 이전의 사회보험 중심의 정책이 확대 혹은 강화되었을 뿐 사회투자적인 관점에서 새로운 사회적 위험과 환경의 변화를 적극적으로 반영하지 못하였다.

투자로서의 사회정책은 전통적인 복지국가와는 상이한 기본원리를 가지고 있다. 첫째, 개방경제나 노동시장유연화 등을 기초로 한 경제적 변화를 받아들이고 이에 대응하기 위한 구체적인 전략들을 포함한다. 투자로서의 사회정책은 시장을 제어하고 대체하려는 것이 아니라 활용하려 한다. 둘째, 결과상의 분배의 평등뿐 아니라 기회의 평등을 추구한다. 사회구성원들에게 실업급여나 연금의 확충 등에 기초한 전통적 차원의 수동적 혜택만을 제공하는 것이 아니라 적극적인 경제행위와 사회권을 동시에 실현할 수 있는 기회를 늘려주는 것이다.

(2) 창조적 인간을 위한 사회투자

오늘날과 같은 지식기반사회에서는 단순히 열심히 일하는 노동자가 아닌 창의적인 노동자를 필요로 한다. 완전고용, 표준화된 생산이 일상화된 산업화 시대에는 열심히 일하는 노동자가 승자가 되었다. 그러나 드림사회(*dream society*)와 창조적 사회(*creative society*)에서는 지식 없이 열심히 일하는 것만으로는 승자가 될 수 없다(Paludan, *Creative Society*). 열심히 일하지만 지식이 없는 노동자가 해고당하는 사회가 드림사회, 창조적 사회의 차가운 모습이다. 창조적 사회에서는 열심히 일하면서 지식도 계속 갱신하는 지식노동자가 영원한 승자이고, 열심히 일하지 않으면서도 창조적 사회가 요구하는 창조적 지식을 갖춘 노동자가 새로운 승자(*new winner*)이다. 그러므로 창조적 지식을 갖춘 노동자는 유연화된 노동시장의 시대에도 쉽사리 직장을 구할 수 있다. 그러므로 드림사회와 창조적 사회가 유연적 노동시장을 기술적으로 불가피하게 만든다면 유연적 노동시장하에서 불안에 떠는 노동자들을 달래고 안전(*security*)을 보장해 줄 수 있는 길을 찾아야한다. 덴마크는 기업이 요구하는 유연화(*flexibility*)와 노동자들이 요구하는 안전(*security*)을 결합한 유연안전성(*flexicurity*) 모델을 성공적으로 실천하고 있다. 그러나 덴마크 유연안정성 모델의 성공의 배경에는 시장열패자들에 대한 '평생'학습과 교육, 훈련, 재훈련을 통해 그들을 창조적 인간으로 변화시키고 그들의 피고용가능성을 높인 국가 차원의 노력이 있었다는 것을 알아야한다.

드림사회의 등장과 창조적 사회로의 변화의 와중에서 항상 고용될 수 있는 능력을 갖춘 창조적 노동자 또는 유비쿼터스 노동자(언제, 어디라도 고용될 수 있는 노동자)를 만들기 위해서는 평생학습과 인적 자본에 대한 투자가 더욱 중요하다. 이는 기존 복지의 시혜적 역할과 고용창출의 이중적 역할을 동시에 수행하는 새로운 복지모델이다. 21세기의 사회투자국가는 유비쿼터스 복지를 통해 창조적 인간, 창조적 노동자를 육성하는 비전을 제시할 수 있어야 한다.

8. 맺는말

세계화와 IT혁명, 저출산과 고령화 사회의 도전, 산업구조, 고용의 양극화, 고용의 위기 등 현재 한국이 직면한 위기상황과 2만 달러 강중국에서 세계일류 선진국으로의 도약이라는, 위기와 기회상황은 새로운 성장과 분배 패러다임을 요구하고 있다. 새로운 모델은 특정 선진국 모델의 단순한 이식이어서는 안 된다. 왜냐하면 선진국에는 미국, 영국과 같은 신자유주의 모델(*Neo-liberal Model*), 유럽대륙 국가들의 기독민주주의 모델(*Christian Democratic Model*), 북유럽 국가의 사회민주주의 모델(*Social Democratic Model*) 등 다양한 모델이 존재하기 때문이다. 따라서 한국은 특정 선진국을 단순 모방할 것이 아니라 한국이 대내외적으로 처해 있는 환경적 변화를 제대로 읽고 나서 디자인하려는 모델과 기존의 제도적 조건의 정합성을 고려해야 한다.

〈그림 1〉 한국형 투자국가 모델의 세 가지 축

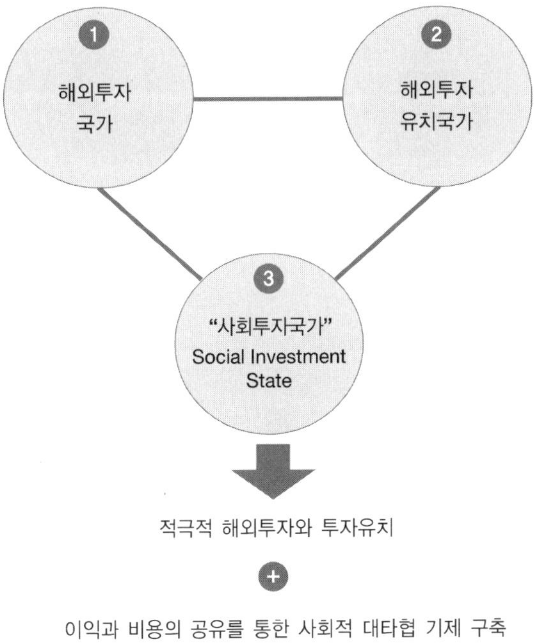

제1장

한국형 투자국가 모델의 필요성과 의의

임 혁 백*
우 준 희**

1. 한국 경제의 패러다임 변화요인

1) 대내외적 환경의 변화와 도전요인

(1) 통상국가 한국의 경제발전과정과 한계

한국은 오랜 기간 산업화와 민주화를 상당 정도 진전시켜왔음에도 불구하고 여러 가지 사회경제적 어려움에 직면했다. 대내적으로 과거의 발전모델을 대체하는 새로운 모델이 자리 잡지 못한 상태에서 세계화 이후 급속히 도입된 신자유주의 모델은 높은 실업률과 고용의 질적 저하, 그리고 계층간 불평등의 심화를 양산하였으며 이 같은 문제들은 한국 경제의 성장잠재력을 위협하고 있다.

한국은 1960년대 초반부터 수출주도형 대외지향의 성장전략을 채택했다. 수출주도형 성장전략은 협소한 국내시장이 가지는 한계를 효과적으

* 고려대학교 정치외교학과 교수, 좋은정책포럼 공동대표.

** 고려대학교 정치외교학과 BK21 한국정치학의 세계화 교육연구단 연구교수.

〈표 1-1〉 수입자유화율 및 평균관세율의 변화 추이

(단위: %)

구 분	1982	1984	1986	1988	1990	1992	1994	1996
수입자율화율	76.6	84.8	91.5	95.3	96.3	97.7	98.6	99.3
평균관세율	23.7	21.9	19.9	18.1	11.4	10.1	7.9	7.9

자료: 박상태, 1997, 《관세정책의 변천과 평가》, 한국조세연구원.

로 극복하도록 함으로써 성장을 이끌었다. 정부는 해외시장을 겨냥한 전략산업의 육성을 위해 보호주의적 장벽과 금융 및 조세지원을 적극적으로 제공하는 대대적 산업정책을 시행하였다. 정부의 수출주도형 산업정책은 수출을 위한 국내 산업의 역량확보에 기여하였으며 성장에서 전략적 수단의 역할을 담당하였다. 취약한 국내산업은 경쟁력을 갖게 될 때까지 고관세 장벽 등으로 보호의 울타리를 보장받았다.

그러나 수출주도형, 국내시장 보호형 성장전략은 80년대 이후 대내외적인 경제환경이 급속히 변화하는 과정에서 수정과 변화가 불가피해졌다. 80년대 초반 이후 한국의 산업들이 국제경쟁력을 어느 정도 확보하게 되면서 국내시장도 개방 압력에 놓이게 되었으며, 관세율의 인하와 수입가능 품목의 확대를 시작으로 한 수입자유화 조치가 요구되었다.

80년대 말부터는 우루과이라운드(UR) 협상이 시작되면서 세계경제가 새로운 국제통상질서에 편입되기 시작했고 한국 경제는 시장개방을 단행할 수밖에 없는 상황에 이르게 되었다. UR협상이 타결되면서 한국은 WTO체제에 가입함으로써 본격적인 세계화 시대를 맞이하게 되었다. 80년대 한국 경제의 개방은 이렇듯 자율적인 것이 아닌 피동적인 성격을 가지고 있었다. 이는 개방의 효과를 적극적으로 인식하기보다는 개방하지 않았을 경우의 피해를 강조하는 수동적인 통상관을 반영하는 것이다.

한국 경제의 역사적 전환기적 상황은 김영삼 정부 출범 이후에 본격적으로 나타났다. 김영삼 정부는 세계화 전략을 기치로 본격적인 문호개방 시대를 열었고, 한국은 96년 1인당 국민소득 1만 3,000달러로 OECD에 가입하였다.

여기서 중요한 점은 고성장과 개방의 압력 속에서 한국 경제가 이른바 규제되지 않은 시장(*unregulated market*)의 힘에 의해 성장했다는 것이다. 갑작스런 OECD 가입 이후 개방체제로의 전환을 제대로 준비하지 못한 상태에서 외형적으로는 민간주도 경제체제로의 전환이 가속화되었다. 그런데 오랜 기간 지속된 국가주도의 수출중심 통상정책에 이은 개방의 압력 속에서 경제의 선도부문과 재벌 대기업의 역량은 강화되었지만 지역간, 산업간, 기업 규모간 성장의 파급효과는 약화되었다. 예를 들어 재벌 대기업의 수출증대 효과가 중소기업이나 영세자영업자에게는 제대로 파급되지 않았으며, 수출도 공산품을 제외한 다른 부문에서는 매우 미흡한 상태에 머물렀다. 또한 개방화의 과정에서도 외국기업이 한국에 공장을 짓고 소유권을 가지는 외국인 직접투자는 사실상 금기시되었다. 1985년부터 90년까지 전 세계에서 일어난 외국인 직접투자는 세계 GDP보다 무려 4배나 빠르게 증가했고 이 시기 ASEAN과 중국은 외국인 직접투자의 적극적인 유치를 통해 자본을 획득하고 선진기술을 유입함으로써 세계적 성장거점으로 성장하였다. 그러나 같은 시기 한국은 외국인 투자유치 실적이 고작 55억 달러에 머물러 고도성장개도국 중 최하위를 기록하였다. 복잡하게 얽힌 인허가제도와 비싼 공장부지, 그리고 고임금과 전투적 노동쟁의는 외국인 투자를 가로막는 장애물로 작용했다. 또한 한국 경제는 개방으로 인해 발생하는 사회적 갈등의 조절 능력도 부족하였다. 이는 스위스, 스웨덴, 핀란드, 오스트리아, 네덜란드 등 내수시장의 협소함으로 인해 대외적 개방을 수용할 수밖에 없음에도 불구하고 그에 따른 대내적 충격과 불안정성을 통제하고 조절할 제도들을 마련한 유럽 국가들의 경험과는 차이가 있는 것이었다(Katzenstein, 1985). 과거 한국 경제가 보여준 이 같은 문제점들은 단순히 불균형 성장과 분배상의 문제를 넘어 지속가능한 성장과 사회통합의 유지를 위협하는 위험요소였다.

규제되지 않은 시장의 힘에 의한 성장은 결국 97년의 외환위기로 이어졌다. 외환위기를 거치면서 한국 경제는 또 한 번 새로운 모델의 필요성을 경험하게 된다. 신자유주의적 처방에 따라 기업, 노동, 금융, 공공부문 등 4대 부문에서의 개혁이 요구되었다. 그러나 제도개혁의 사회적 인프라가 구축되지 못한 상태에서 외부적 압력과 기존 경제 시스템 간의 괴리가 나타났으며 이로 인해 경제성장과 고용, 그리고 사회통합이 만족스런 결합을 이루지 못하였다.

또한 외환위기 이후 한국 경제는 장기적인 성장률 하락에 직면했으며 투자도 매우 부진한 상태이다. 성장잠재력의 위축으로 저성장이 지속되면서 고용의 질이 떨어지고 실업률이 증가하는 등 고용이 생산성 향상과 성장동력으로 이어지지도 못하고 있다. 이렇게 성장과 고용의 불균형은 분배상의 문제도 심화시켰다. 성장은 양질의 고용을 보장하지 못하고 질 나쁜 일자리만을 양산하고 있으며, 따라서 고용은 소득불평등과 빈곤의 문제를 해결하지 못하고 있다. 고도성장기 개발연대의 원리였던 성장의 하적효과(*trickle-down effect*), 즉 성장을 통한 분배의 개선은 더 이상 작동하지 않게 되었다. 그 결과로 나타난 한국 사회의 양극화는 경제성장이나 경기변동에 의해 일시적으로 나타나는 소득불평등과는 차원이 다른 매우 구조적인 것이 되었다. 외환위기 이후 한국 경제는 새로운 성장모델의 필요성에도 불구하고 그것을 만들어내는 데 어려움을 겪고 있으며 그 결과로 성장과 고용, 분배가 선순환을 이루지 못하는 상황에 놓여 있다.

(2) 대외적 환경의 변화에 따른 도전

한국 경제의 발전과정에서 개방과 협력의 중요성은 다른 후발국가들에 비해 뒤늦게 부각된 측면이 있다. 한국은 싱가포르나 대만 등 동아시아 신흥공업국들과 달리 80년대 초까지도 국내기업을 지원하고 외국기업의 투자를 선별하는 보호주의적 산업정책을 택했다. 또한 미국이나 일본이 주도하는 동아시아 생산네트워크에 적극적으로 참여하지도 않았다. 80년대 후반에 이르러서야 대기업을 중심으로 한 독자적인 진입이 이루어졌다. 그러나 최근 더욱 가속화되고 있는 대외적 환경의 변화는 개방과 협력의 중요성을 더욱 부각시키고 있다.

세계화에 따른 국가 간 무역과 투자의 증대는 경쟁과 이동성을 촉진하면서 대외적 불확실성을 확대했다. 국가간, 기업간 경쟁의 가속화로 글로벌 경쟁력을 갖춘 소수의 다국적 기업이 세계 시장을 주도하고, 동아시아 지역의 비즈니스, 물류, 금융, R&D 등 허브를 둘러싼 국가간 경쟁도 치열해지고 있다. 주요 선진국들은 과학기술의 급속한 변화에 따라 기술혁신에 기반을 둔 국가발전전략을 수립하고 경쟁하고 있다. 또한 폐쇄적 발전전략의 결과로 성장이 지체되었던 BRICs 국가들이 개방을 통해 세계 경제에 편입되면서 지형변화를 야기하고 있다. 골드만삭스는 2050년에 BRICs 4개국 모두가 G6에 포함될 것이라 전망한 바 있다. BRICs 국가는 경제규모 면에서도 위협적이지만 지정학적 요인으로 인한 에너지 수급 및 가격의 불확실성도 증대시키고 있어 새로운 도전요인으로 부상하고 있다. 또한 장기불황 이후 엔저와 경기호조에 힘입어 R&D 및 설비투자를 확대하고 있는 일본의 부활과 기술격차를 축소하면서 성장을 지속하고 있는 중국의 추격도 한국 경제를 둘러싼 대외적 도전요인으로 작용하고 있다.

세계경제의 통합과 글로벌 네트워킹의 심화 역시 세계화에 따른 도전요인이다. WTO를 중심으로 한 다자차원에서의 경제통합과 FTA를 중심으로 한 지역통합이 모두 빠르게 진전되고 있는데, 2007년 WTO회원국은 150개국을 넘어섰으며 2008년 2월 현재 발효중인 지역무역협정은 총 197개이다. 특히 FTA의 경쟁적인 확산에 따라 지역주의 불참의 기회비용이 증대되고 있는데 한국이 지역주의에 불참할 경우 상실하게 되는 기회비용은 GDP의 1.3%, 수출의 19.2%(344억 달러)에 이를 것으로 추정된다(KIEP, 2005). 신자유주의의 정점이라 할 수 있는 한미 FTA의 타결은 한국 경제의 새로운 틀을 규정하고 있다.

또한 글로벌화의 진전에 따라 기업들은 상품뿐 아니라 자본, R&D 및 기술, 노동, 입지결정 등 생산과 관련된 모든 활동을 세계적 차원에서 수행하고 있다. 2004년 UNCTAD의 보고서에 따르면 6만 개 이상의 다국적기업과 90만 개의 해외법인이 전 세계 수출의 60% 이상을 차지하고 있는 것으로 나타났다(UNCTAD, 2004). 따라서 글로벌 네트워크를 잘 활용하여 경쟁력을 강화해야 할 필요성이 점점 더 중요해지고 있으며, 각국의 비교우위에 따른 국제분업구조의 형성 속에서 이에 적응하지 못할 경우 투자유치와 고용창출 면에서 위기에 직면할 가능성이 존재한다. 따라서 가속화되고 있는 세계 경제의 변화 속에서 세계화와 지역주의의 흐름에 능동적으로 참여하고 협력하는 것이 수출과 FDI를 활성화하여 지속적인 성장으로 이끌 수 있는 방안이다.

사실 한국은 이 같은 대외적 환경의 변화 외에도 지정학적 위치와 경제규모의 측면에서 개방과 협력을 적극적이고 능동적인 과제로 다뤄야 할 필요가 있다. 한국은 우선 지정학적으로 미국, 중국, 일본, 러시아 등 강대국에 맞닿아 있어 이들과의 관계를 어떻게 정립하고 관리하느냐가 한국 경제에 매우 중요한 환경적 요인으로 작용한다. 다음으로 규모 면에서도 한국은 자립적인 생산구조를 갖추는 데 필요한 기초자원이 부족하고 내수시장이 협소하여 생산과 고용을 국경 밖으로 넓히거나 투자를 안으로 끌어들이는 전략이 필요하다. 개방과 협력은 한국 경제의 성장한계를 극복하고 새로운 투자영역을 발굴하여 성장동력을 자극할 수 있는 수단으로 점점 그 중요성을 더해가고 있다. 물론 세계 경제, 지역 경제와의 개방과 협력이 장기적으로 성과를 거두기 위해서는 사회적 합의를 구축하고 사회적 안전망을 정비하여 개방과 협력으로부터 오는 사회적 비용을 최소화할 수 있어야 할 것이다.

(3) 선진국형 경제 · 사회문제의 등장

경제 · 사회구조의 고도화와 기술의 발전, 그리고 인구학적 변화가 야기하는 이른바 선진국형 문제들은 한국 경제에 압박요인으로 작용하고 있다. 한국의 서비스 산업은 경제 내 비중이 점차 확대되어 2005년에 부가가치의 56%, 고용비중의 64%를 차지하는 국가 기간산업으로 성장하였다.

그러나 한국의 경우 서비스업의 부가가치 비중이 미국, 영국의 3분의 2에 불과하다. 또한 선진국과 달리 부가가치 비중이 고용비중에 비해 낮아 전반적인 생산성 수준이 제조업에 비해 훨씬 떨어지며, 성장기여율 역시 제조업에 비해 턱없이 낮은 수준이다.[1] 저부가가치 업종인 도소매, 음식숙박업의 비중은 매우 높지만 고부가가치인 금융, 사업서비스 등 생산자서비스의 비중이 상대적으로 낮은 것도 문제이다.[2] 저임금과 고용불안정에 기초한 저부가가치의 서비스산업 확대는 산업간 불균형 성장 및 소득양극화를 심화시켜 장기적으로는 복지재정의 문제와 사회통합의 문제를 야기할 우려가 있다.

기술의 발전에 따른 자동화 · 정보화는 고용 없는 성장을 초래하고 있다. 또한 한국은 정규직노동자에 대한 과도한 보호와 높은 임금인상률 등 노동시장의 경직성과 비정규직 노동자의 확대라는 노동시장 유연화가 동시에 심화되고 있어 생산과 고용의 연계성이 약화되는 상황에 놓여 있다(전병유 · 어수봉 외, 2005).

고령화와 저출산이라는 인구학적 변화 역시 한국의 성장잠재력을 훼손할 수 있는 중요한 사안으로 떠오르고 있다. OECD의 보고서에 따르면

---

1) 제조업의 성장기여율은 2002년 28.0%에서 2004년에는 61.5%로 성장한 반면, 같은 기간 서비스업의 성장기여율은 54.9%에서 14.7%로 하락하였다(한은, 2005, 보도자료).

2) 여기에는 97년 외환위기 이후 지속적인 구조조정으로 많은 인력이 제조업과 여타 생산자 서비스업에서 음식, 숙박, 도소매업 등으로 유입된 것도 큰 요인으로 작용했다.

〈표 1-2〉 전 산업대비 서비스 산업의 부가가치 비중

(단위: %)

구분	1980	1990	1995	2000	2005
제조업	24.4	27.3	27.6	29.4	28.4
지식기반서비스	14.4	18.3	20.6	21.8	25.5
서비스업 전체	47.3	49.5	51.8	54.4	56.3

출처: 한국은행, 금융경제연구원.

주: OECD에 따르면, 지식기반서비스는 금융, 보험, 통신, 사업서비스 등의 생산자서비스와 교육 및 보건·의료 등의 사회서비스를 포함한다.

〈표 1-3〉 전 산업대비 서비스 산업 종사자의 비중

(취업자 기준, 단위: %)

구분	1993	1998	2003	2004
제조업	24.5	19.6	19.0	19.0
지식기반서비스	18.3	22.0	24.8	25.6
서비스업 전체	52.5	60.0	63.6	64.4

출처: 통계청 KOSIS.

우리나라의 잠재성장률 하락 정도는 OECD 국가들 중 1위이다(대한상공회의소, 2006). 출산율은 2004년 1.16명으로 급속히 감소했으며, 이는 전 세계 평균인 2.58명뿐 아니라 OECD 평균인 1.58명에도 못 미치는 수치이다. 인구고령화의 속도도 매우 빨라 2050년에는 전체인구의 37.3%가 노인인구가 될 전망이다(전병유 외, 2006). 실제로 자본과 노동 등 요소 투입은 저출산 고령화 추세가 가속화되면서 생산가능인구의 비중이 감소하여 1만 달러 이전에는 4%의 증가세를 보였으나, 1만 달러 이후에는 2%대로 둔화하였다. 저출산과 고령화의 급속한 진행은 생산가능인구의 감소에 따른 경제성장감재력의 쇠퇴뿐 아니라 노후의 소득보장, 가족의 보호기능 약화 등에 대한 제도적 해결책을 필요로 한다. 또한 외환위기 이후 뚜렷이 나타나기 시작한 경제구조와 노동시장의 양극화 추세는 한국 경제의 균형적 발전이 얼마나 어려운 상태에 있는가를 사회

전체에 각인시켜 주었다.

선진국들 역시 국가마다 차이는 있지만 경제발전과 경제사회구조의 변화에 따라 이 같은 문제들을 겪었다. 그러나 한국의 경우 문제가 더욱 심각한 까닭은 바로 이 같은 문제가 압축성장으로 인해 선진국의 경험에 비해 조기에 발생하였고 그 진전속도도 매우 빠르다는 데 있다. 서구선진국들은 복지국가를 통해 경제성장과 안정된 사회체제를 유지한 경험이 있고 따라서 사회정책과 경제정책을 유기적으로 재편함으로써 최근의 변화들에 대응하고 있다. 그러나 한국은 압축적인 고도성장기를 통해 사회정책을 주변적인 것으로 취급하고 경제일변도의 성장전략을 택함으로써 한꺼번에 많은 문제를 해결해야 하는 상황에 직면했다. 몇 해 전부터 더욱 첨예화, 일상화되고 있는 비정규직 노동자들의 쟁의, 개방을 둘러싼 갈등 사례들은 사회전체의 신뢰수준이 매우 낮으며 갈등해결을 위한 제도가 충분히 발달하지 못했다는 것을 보여주었으며, 경제성장과 사회정책의 발전수준상의 괴리가 매우 심각한 수준임을 시사한다.

현재 한국 사회는 새로운 성장모델을 필요로 한다. 그리고 새로운 성장모델은 분배와 선순환을 이루는 것이어야 한다. 한국은 오랫동안 경제우선순위의 국가전략 속에서 사회정책이 매우 미흡한 수준에 머물러 있었다. 그러나 한국 사회가 성숙한 산업사회로 진행하면서 나타난 여러 가지 문제점, 특히 성장잠재력의 문제를 극복하고 저출산, 고령화, 양극화 등 구조적 변화를 초래하는 사회경제적 흐름에 대응하기 위해서는 사회정책이 가지는 경제적 순기능의 측면이 고려되어야 하며 경제성장전략과 사회정책이 긴밀히 연계되어야 한다.

2) 한국 경제의 현황과 과제

(1) 한국 경제의 현황과 문제점

한국 경제는 1960년대 이전의 절대빈곤 시대를 거쳐 60~80년대 한강의 기적으로 표현되는 개발시대, 그리고 90년대 이후의 산업구조고도화 시대를 거치면서 발전했다. 이 과정에서 수출주도형 발전전략은 한국 경제가 비약적으로 성장하도록 견인하였으며 현재 한국 경제는 다양한 측면에서 선진국 진입의 문턱에 있는 것으로 평가되고 있다. 경제규모는 2007년 기준 세계 10위이며 수출은 3,714억 달러로 세계 12위이다. 산업 측면에서도 반도체(DRAM), 조선, 광역통신망 등에서 세계 1위를 차지하고 있고, 철강, 자동차 등 주력산업도 세계 5위로 세계적인 경쟁력을 갖추고 있다. 또한 IT 및 중화학공업분야의 산업기반이 구축되어 있으며, 기업 측면에서도 세계시장을 선도하는 글로벌기업들이 등장하여, 세계 500대 기업에 11개사(국가별 순위 9위)가 포함되어 있다(산업연구원, 2005). 그러나 1인당 국민소득은 2005년 기준 1만 6,291달러로 선진국 수준에는 못 미치는 것으로 나타나고 있으며 무역의존도는 70.3%(서비스를 포함할 경우 86.3%)로 선진국에 비해서 높은 수준이다.

최근 한국경제는 장기적인 성장률 하락에 직면해 성장잠재력이 위축되고 있는 상황이다. 연평균 경제성장률은 1980년대 7.7%에서, 2000년대에는 4.5%로 감소했다.

일반적으로 잠재성장률이란 한 나라의 모든 생산요소인 자본과 노동을 동원해서 이룩할 수 있는 성장의 능력을 의미하며, 이는 요소투입량과 총 요소생산성에 의해 결정된다. 요소투입량은 취업자 수, 인적 자본, 물적 자본 등으로 구성된다. 총 요소생산성은 경제성장률에서 생산요소(노동, 자본)의 투입증가분을 차감하고 남은 값으로, 경제성장률에서 요소투입 증가로 설명되지 않는 부분을 총칭한다. 따라서 총 요소생산성에는 노동, 자본 등 단일요소 생산성 측정에 포함되지 않는 기술, 노

〈표 1-4〉 경제성장률과 생산요소별 기여도의 변화

구 분	경제성장률(%)	요소별 기여도(%)		
		노 동	자 본	총 요소생산성
1975~86년	7.7	1.9	5.5	0.3
1987~97년	7.7	1.9	4.3	1.5
2000~05년	4.5	0.1	2.2	2.2

자료: 삼성경제연구소, 2006, 《한국 경제 20년 재조명》, p.15.

사관계, 제도, 경영시스템 등이 반영되어 있다. 그런데 한국 경제는 요소투입량도 줄고 있을 뿐 아니라 총 요소생산성도 둔화되면서 장기적인 저성장을 경험하고 있다.

특히 최근에는 투자부진 등으로 요소투입의 확대가 원활히 이루어지지 않고 있는데, 설비투자의 증가율은 1990년대 전반에 걸쳐 11.8%였던 것이 1990년대 후반에는 5.5%로 감소하였고 2000년대 들어서는 0.2%까지 떨어졌다.

경제·사회구조가 고도화됨에 따라 나타나는 고용 없는 성장, 고령화, 저출산, 양극화 등 선진국형 문제들은 한국 경제의 압박요인으로 작용하고 있다. 산업구조 고도화에 따른 투자의 고용창출능력 감소, 경제의 온라인화 등으로 고용 없는 성장이 초래되고 있으며, 글로벌화와 기술진보 등의 결과 양극화 현상도 발생하고 있다. 특히 고용 없는 성장과 관련해서는 1990~2000년까지의 산업별 취업유발효과가 지속적으로 감소했다는 사실이 이를 증명해주고 있다.

선진국형 경제문제의 경우, 선진국은 이에 순차적으로 대응할 시간적 여유가 있었으나 한국은 한꺼번에 많은 문제를 해결해야 하는 상황에 놓여 있다는 것이 심각성을 더하고 있다.

특정 산업에 편중된 산업구조도 한국 경제의 취약점이다. 반도체(DRAM), 조선, 광역통신망 등에서 세계 1위를 차지하고 있고, 철강, 자동차 등 주력산업도 세계 5위로 세계적인 경쟁력을 갖추고 있어 5대 성

〈표 1-5〉 산업별 취업유발 효과

(단위: 명, 10억 원)

연도	1990년	1995년	2000년
전 산업	42.7	27.9	20.1
제조업	39	21.5	14.4
서비스업	44.6	34.1	24.3

자료: 한국은행, 2004.3, 《산업연관분석해설》, p.159.
주: 취업유발효과는 각 산업별로 10억 원을 투자 지출할 경우, 산업에서 유발되는 취업자 수를 나타냄.

장주도 업종의 성장기여도는 32.1%에 달한다. 90년대 5대 업종의 기여도는 12.25%였다. 따라서 상위 5대 업종의 성장이 정체될 경우 국가경제성장에 큰 위험이 따를 우려가 있다.

한국 역시 선진국들과 마찬가지로 산업구조의 변화와 함께 경제의 서비스 산업화가 진행되었다. 그런데 앞서 지적한 것처럼 생산성과 부가가치 비중은 선진국에 비해 현저히 떨어지고 있다. 그리고 또 한 가지 문제는 국제교역의 측면에서 교역규모의 수준이 낮고, 서비스업의 적자폭이 확대되고 있다는 점이다. 2004년 총수출과 총수입에서 서비스 수출과 수입이 차지하는 비중은 각각 13.4%와 18.4%로 세계평균 19.1%와 18.9%에 비해 낮은 수준을 보였다(WTO, 2005). 특히 상대적으로 낮은 수준의 수출비중은 서비스산업 대외경쟁력의 취약성을 반영한다. 또한 서비스산업이 발전한 미국, 영국, 싱가포르, 홍콩, 중국 등이 사업서비스에서 흑자를 보이고 있는 반면 한국은 2000년에서 2005년 사이 적자폭이 4.5배 이상 급증했다(IMF, 2005).

경제의 서비스 산업화가 진행되면서 서비스산업의 확대가 성장을 보장하지 못하는 데 대한 대안이 매우 중요하게 부각되고 있다. 그러나 중장기적으로 보았을 때 서비스산업, 특히 사회서비스 분야는 인적 자본뿐만 아니라 사회자본의 축적과 밀접히 관련되어 있다는 점에서 성장잠재력의 확충에 기여할 수 있으며, 중장기적 경제발전모델을 정립하는 데 필수적인 요소가 되어야 한다.

한국 경제는 그간 단기적인 성장주의에 기초함으로써 현재와 같은 문제점을 양산했다. 심화되는 대외 경쟁환경과 국내 산업구조의 취약성, 불균형 성장을 극복하기 위해서는 새로운 성장동력을 확충할 수 있는 방안과 함께 중장기적 경제발전모델의 정립을 모색해야 한다.

3) 국내외 투자 추이와 문제점

한국은 외환위기 이후 국내투자의 장기적 부진현상이 지속되고 있다. 투자부진은 현재의 저성장뿐만 아니라, 장기적으로 잠재성장률을 저하시키는 요인으로 작용한다. 외환위기 이후 1997년부터 2005년까지 설비투자의 연평균 증가율은 1.3%에 불과해 같은 기간의 경제성장률은 물론 소비증가율에도 크게 못 미쳤다. 2005년 설비투자액은 78.2조원으로 1996년 77.7조원과 비슷한 규모에 머물렀다.

외국인직접투자는 지속적인 유치노력에도 불구하고 최근 답보 상태를 겪고 있다. 높은 투자유치 잠재력 대비 부진한 FDI 유치성과를 보이며 2004년 이후 유치실적이 계속 감소했다. UNCTAD에 따르면, 한국의 FDI 잠재력 지수는 17위이나 성과 지수는 123위이다. FDI 유치 순위는 2005년 47위를 기록하였다. OECD 30개 회원국 중에서는 2007년 29위로 노르웨이 다음으로 낮았다(UNCTAD, 2005). 외환위기 탈출구의 하나로 외국인 직접투자를 적극적으로 유치한 결과 투자유치액이 이전 시기에 비해 증가하였으나 고용이나 생산성 증대를 기대하기는 어려웠다. 외환위기 직후 투자유치 내역을 살펴보면 기업 구조조정 과정에서 쏟아져 나온 매물들에 대해 경영권을 취득하는 M&A(인수합병) 형 투자가 주류를 이루고 있기 때문이다. 인수합병형 외국인 투자가 외환위기의 극복과정에서 기업구조조정을 촉진하는 결과를 가져와 경제회복에 도움을 준 측면이 있는 것은 사실이지만 투자가 고용증대나 생산성증대로 이어지기 위해서는 단순한 경영권 취득이 아닌 새로운 공장의 건설이나 서비스 제공을 목적으로 하는 그린필드(*Greenfield*) 형 투자가 확대되어야 한다. 그러나 외환위기 직후 외국인 직접투자에서 그린필드형 투자의 비중은 상대적으로 저조하였다. 2000년대 들어 공장이나 사업장 설립이 인수합병형 투자에 비해 증가되었으나 최근에는 답보상태다. 인수합병형 투자는 국내의 고용창출 효과가 작기 때문에 그린필드형 투자가 지속적으로 확대될 필요가 있다.

한편, 해외직접투자는 2004년을 기점으로 중국, 베트남 등으로 급속히 증가하였다. 그러나 여전히 미국 등 선진국 평균에 크게 못 미치는 수준이다. 2005년 주요국의 GDP 대비 해외투자 비중을 살펴보면 스웨덴 58.9%, 핀란드 43.5%, 프랑스 38.1%, 독일 30.8%, 미국 17.2%, 일

〈표 1-6〉 설비투자증감률

(단위 : %)

구 분	2002	2003	2004	2005	2006
설비투자증감률	7.5	-1.2	3.8	5.7	7.6

자료: 한국은행 경제통계시스템

〈표 1-7〉 외국인직접투자(형태별) 실적

(신고금액 기준)

구 분	M&A형		Greenfield형	
	금 액(백만 달러)	비 중(%)	금 액(백만 달러)	비 중(%)
1998	5,077	57.4	3,775	42.6
2001	2,649	23.5	8,637	76.5
2002	2,084	22.9	7,009	77.1
2003	2,943	45.5	3,528	54.5
2004	6,169	48.2	6,625	51.8
2005	5,268	45.6	6,295	54.4
2006	4,305	38.3	6,927	61.7

자료: 산업자원부.

주: 외국인투자신청시 '투자목적'을 명시(외국투자촉진법시행규칙).

본 7.9%이나 한국은 6.8%에 그치고 있다.

요약하면, 외환위기 이후 한국은 국내투자의 장기적 부진 현상을 극복하지 못하고 있다. 외국인직접투자는 지속적인 유치노력에도 불구하고 한국 경제가 가진 잠재력지수에 비해 턱 없이 부족한 성과지수를 보이고 있으며 해외직접투자는 중국, 베트남 등 새로운 시장으로의 움직임이 활발해지고는 있으나 아직까지 선진국 평균에 크게 미치지 못하는 상태이다.

최근 기획재정부가 발표한 〈2008년 상반기 해외직접투자동향〉에 따르면 국내기업들의 해외직접투자와 외국인의 국내직접투자의 규모 격차는 이전에 비해 크게 확대된 것으로 나타났다.[3] 올 상반기 내국인의 해외직접투자 규모(신고기준, 금융·보험업 제외)는 147억 2000만 달러로, 전년 같은 기간의 103억 1000만 달러에 비해 42.8% 급증한 것으로 나타났다. 투자 지역별로는 미국(20.5%), 중국(16.5%), 홍콩(8.2%), 베트남(7.4%), 캄보디아(5.6%) 등 5개국이 절반 이상을 차지했다. 반면 올 상반기 외국인의 국내직접투자는 소폭 증가에 그쳤다. 지식경제부의 집계에 따르면, 올 상반기 외국인 직접투자(신고기준)는 45억 5000만 달러를 기록했다.[4] 그러나 이는 같은 기간 내국인의 해외직접투자에 비해서는 무려 100억 달러나 부족한 금액이다. 해외 자원개발 확대, 이를 둘러싼 경쟁의 심화, 그리고 기업들의 글로벌 경영 강화로 해외직접투자의 중요성은 점점 더 커지고 그 규모도 확대될 것이다. 그러나 해외직접투자의 확대에는 그에 따른 부작용도 존재한다. 바로 국내의 고용창출 기회가 줄어든다는 점이다. 따라서 외국인의 국내직접투자가 증가하지 않으면, 특히 주식취득형 투자, 인수합병형 투자가 아닌 그린필드형 투자가 확대되지 않으면 국내의 일자리 창출은 요원할 수밖에 없다. 갈수록 심화되는

---

3) 국제경제과, 2008, 〈08년 상반기 중 해외직접투자 동향〉 8월, 기획재정부.

4) http://blog.daum.net/mocie/15052527.

〈표 1-8〉 우리나라의 해외직접투자 추이

(신고금액 기준, 단위: 백만 달러)

연 도	1998	1999	2000	2001	2002	2003	2004	2005	2006	2007 9월	1968~2007 9월
전 체	5,822	4,627	6,115	6,403	6,353	5,944	8,103	9,205	18,550	15,196	121,673
중 국	908	494	1,003	1,012	2,104	2,816	3,708	3,577	4,533	4,865	31,023
미 국	1,224	1,821	1,325	1,868	1,409	781	1,431	1,407	2,168	2,032	22,775
베트남	108	64	98	99	383	723	357	384	775	1,085	6,068
유 럽	1,055	475	356	2,283	1,231	338	884	828	2,875	1,567	16,274
중남미	401	339	1,691	198	397	190	340	898	972	950	8,415
일 본	24	91	141	95	97	52	320	213	289	350	2,104

자료: 수출입은행.

내·외국인 간 직접투자 격차는 성장은 물론이고 고용창출의 기회를 박탈한다는 측면에서도 심각한 사회문제가 아닐 수 없다.

최근 한국은행이 외국인 직접투자가 국내 경제에 미치는 영향을 분석한 자료에 따르면, 1999~2007년 중 외국인직접투자는 연평균 115억 달러가 유입돼 15만 5,000명 정도의 취업효과를 유발한 것으로 추산됐다.[5] 따라서 현재 한국 경제는 해외투자와 더불어 외국인직접투자를 꾸준히 유치하는 전략을 통해 국내 경제의 성장과 고용창출 효과를 제고할 수 있는 방안을 모색해야만 한다.

4) 비용으로서의 사회정책과 문제점

한국 경제는 본격적인 산업화를 시작한 60년대 중반 이후 30여년 이상 압축적인 경제성장을 달성해 왔다. 그런데 압축적인 경제성장은 이른바 '선 성장, 후 분배'라는 인식에 기초한 것이었다. 따라서 사회정책은 투자가 아닌 비용으로 인식되었으며 국가재정을 최소화하는 방식으로 설계되었다.

과거 한국의 사회정책에는 몇 가지 특징이 나타난다. 첫째, 급속한 경제성장에도 불구하고 국가의 사회분야에 대한 재정은 매우 낮은 수준에서 유지되었다. 국가재정이 경제 및 산업부문 등 생산적인 부문에 집중적으로 투자됨으로써 사회부문(노동시장, 교육, 주택, 복지 등)에 대한 지출이 최소한에 한정되었던 것이다. 90년대 초반을 통해 보더라도 한국의 경우 중앙정부의 세출구조 중 사회개발비가 차지하는 비중은 선진국에 비해 비교가 안 될 정도로 낮았다.

둘째, 높은 경제성장률 덕택에 대규모의 일자리와 소득이 창출되었고

---

5) 경제정책팀, 2008, 〈외국인직접투자가 설비투자 및 고용에 미치는 영향〉, 한국은행.

〈표 1-9〉 중앙정부 세출구조 중 사회개발비의 비중(1992~1994)

(단위: %)

한국	캐나다	미국	독일	스웨덴	영국
2.1	11.6	12.1	21.1	25.2	20.3

자료: IMF Government Statistical Yearbook, 1994.

고용은 그 자체만으로도 복지의 효과를 가져왔다. 압축성장기 높은 경제성장은 실질소득의 상승과 소득분배로 연결되었고 따라서 경제성장의 복지적 효과는 재분배를 위한 사회정책의 유인을 약화시켰다. 셋째, 가족구성원의 상호원조기능과 보호기능이 강력하여 극소수의 빈곤층만이 사회복지의 대상이 되었다. 빈곤층에 대한 지원기준은 노동능력이 전혀 없는 아동이나 노인층 등에 한정되었고 노동능력이 조금이라도 있는 경우는 정부의 지원대상에서 원칙적으로 배제되었다.

이 같은 특징은 사회정책에 투입되는 정부지출을 비생산적인 부문에 소비되는 비용으로 인식하려는 지배원리의 시각에 기초한 것이다. 정부가 사회정책에 지출을 많이 하게 되면 생산적인 부문에 지출될 수 있는 자원을 소비하게 되므로 성장잠재력이 약화된다는 것이다. 또한 사회정책에 투입되는 예산을 확보하기 위해 증세를 택할 수밖에 없는데 이것이 기업의 투자의욕과 근로자의 근로의욕을 약화시켜 경제의 역동성을 저해한다는 것이다(김연명, 2007).

그러나 사회정책을 비용으로 인식한 잔여적 사회정책의 문제점은 97년 외환위기와 한국 경제사회구조의 근본적 변화 이후 본격적으로 드러났다. 외환위기는 압축성장기를 지배해 온 과거의 성장전략과 대기업 위주의 경제운용 방식이 더 이상 유효하지 못함을 보여주었고 대량실업과 빈곤층의 증가, 양극화의 확산은 복지사각지대를 확대하면서 사회안전망의 허술함을 노출시켰다. 그리고 저출산과 고령화라는 사회경제적 환경의 변화는 과거와는 질적으로 차별화된 사회정책의 필요성을 더욱 부각시켰다.

선진국들에서는 이미 80년대 이후 기존 사회정책의 투자적 성격을 강화하는 방향으로 사회정책제도를 재편하려는 흐름들이 나타났다. 이른바 케인지언 복지국가를 경험한 선진국들은 고전적 복지국가 모델이 변화하는 사회경제적 환경에 적응하지 못함에 따라 80년대 이후 전환기를 맞이하였다(Esping-Andersen, 2003). 전반적인 경제성장의 둔화, 높은 실업률, 노인인구의 급증 등은 재원마련을 위한 경제적 기반을 축소시켰고 사회정책을 유지하는 데 필요한 비용을 감당하기 어렵게 만들었다. 따라서 사회복지제도의 재정적인 지속가능성을 높이고 취약계층의 고용가능성을 향상시키며, 또한 사회정책의 투자적 성격을 강화하는 방향으로 사회정책을 재편하려는 움직임이 나타났던 것이다.

한국은 오랫동안 경제우선순위의 국가전략 속에서 사회정책이 매우 미흡한 수준에 머물렀다. 그러나 한국 사회가 성숙한 산업사회로 진행하면서 나타난 여러 가지 문제점, 특히 성장잠재력의 문제와 저출산, 고령화, 양극화 등 구조적 변화를 초래하는 사회경제적 흐름들은 사회정책이 가지는 경제적 순기능의 측면이 중요함을 일깨워주었다. 노무현 정부가 추진했던 '동반성장전략'이나 '비전2030'의 핵심목표는 경제정책과 사회정책의 조화였으며, 성장과 복지가 함께 가는 동반성장의 국가발전 패러다임이 필요하다는 내용을 담고 있었다. 그러나 사회투자 개념에 입각한 사회정책은 경제개방의 가시적 성과인 한미 FTA만큼 새로운 발전모델로서 뚜렷한 비전을 담고 있지 못하였고 체계화되지도 못하였으며 국민들에게 각인되지 못하였다.

성장과 분배의 이분법이 강하게 자리 잡은 한국 사회에서 사회정책이 비용이 아닌 투자로 받아들여지는 것은 쉽지 않았다. 한국 사회가 노동시장에서의 소득격차가 적고 민간부문에서의 고용창출이 원활하게 이루고 지고 있으며 가족의 노인, 아동 보호기능이 건재하다면 사회정책에 대한 과도한 지출은 비용으로 인식될 수 있을 것이다. 그러나 한국 사회는 현재 양극화, 고령화, 저출산으로 상징되는 새로운 경제사회구조 속에 놓여 있으며 성장동력과 잠재력을 훼손한 상태이다. 노동시장 유연화로 양산된 대규모의 비정규직 근로자와 영세자영업자들은 사회정책을 통한 보호의 사각지대에 놓여 있으며, 노동시장에서 완전히 퇴출된 근로자의 경우는 더 극한 상황에 놓여 있다. 준비 없이 맞이한 고령화와 저출산은 기존 정책과의 부조화를 양산하고 있다. 생산과 고용, 그리고 복지는 불균형에서 벗어나지 못하고 있어 소득 격차는 사회구조적인 양극화로 자리 잡았다. 따라서 사회정책은 더 이상 비용이 아닌 투자로서 인식되어야 하며 사회정책의 투자적 성격을 강화하는 방향으로 기존 사회정책 프로그램의 재조명과 전환이 이루어져야 한다. 사회정책이 비용이 아닌 투자로서 인식될 때, 사회자본과 인적 자본이 확충될 때, 사회정책의 경제적 순기능이 적극적으로 고려될 때 성장잠재력을 높일 수 있으며, 종국적으로는 분배와 성장이 서로를 돕고 촉진하는 선순환구조가 확립될 수 있을 것이다.

2. 왜 한국형 투자국가 모델인가

1) 새로운 패러다임으로서 지속가능한 성장모델의 필요성과 의미

과거의 수출주도형 발전전략은 경제성장에 기여했다는 점에서 분명 그 긍정적인 측면을 인정받을 수 있는 것이 사실이다. 그러나 자율적이지 못한 피동적인 경제 개방은 국내외의 환경변화에 따른 새로운 모델의 모색을 방해한 측면이 있다. 그리고 성장일변도의 지향 속에서 불균형적인 성장이 나타났으며, 성장이 함께 풀어가야 할 분배와 복지 등 사회경제적인 가치들은 희생되어 왔다. 현재 한국은 한국 경제가 처한 대내외적인 정세와 국내 제도의 특성을 고려하지 못한 채 선진국을 모방하고 따라

잡거나, 개방과 변화의 압력에 피동적으로 대응하려는 방식에서 벗어나 국내 제도, 대내외적 환경과의 정합성을 고려한 자주적이고도 혁신적인, 그리고 무엇보다 지속가능한 성장모델을 구축할 필요성에 직면했다.

이 연구는 한국 경제가 당면한 성장의 위기와 사회통합의 위기를 극복하고 성장과 분배가 장기적으로 선순환을 이룰 수 있는 지속가능한 성장모델로서 해외투자와 외국인직접투자, 그리고 사회투자의 세 축을 기본요소로 하는 한국형 투자모델을 제시하고자 한다.

여기서 지속가능한 성장모델은 과거의 고도성장모델과는 다른 의미를 지닌다. 첫째, 한국형 투자모델에서 의미하는 지속가능한 성장은 압축적이고 단선적인 성장경로를 지향하는 고도성장과 달리 꾸준한 성장궤도를 유지함으로써 안정과 번영을 장기적으로 추구하고자 한다. 둘째, 한국형 투자모델은 과거의 보호주의적, 피동적 경제관에서 벗어난 자율적이고 혁신적인 경제관을 지향하며, 개방과 협력에 적극적이고 능동적으로 대응할 것을 그 내용으로 한다. 현재 한국 경제는 침체되어 있는 저성장의 위기를 극복하고 중장기적인 성장동력을 확보하기 위한 혁신적이고 체계적인 전략을 필요로 한다. 그리고 이것은 생산과 고용을 국경 밖으로 넓히거나 투자를 안으로 끌어들이는 적극적이고 자율적인 경제관에 기초해야 한다. 셋째, 한국형 투자모델에서 의미하는 지속가능한 성장은 성장과 조화를 이룰 수 있는 성장친화적 분배구조를 필요로 한다. 미흡한 분배·복지정책, 성장과실의 불평등한 배분은 지속적인 성장을 위협한다. 공정한 교육의 기회제공, 양질의 일자리 창출 등이 이루어질 수 있어야 하며 사회적 안전망이 확보되어야 한다. 이는 사회정책을 비용 혹은 소비로 인식한 고도성장 모델과 달리 사회정책을 투자로 인식함으로써 사회정책이 인적 자원의 축적과 사회자본의 확충을 통해 경제성장의 동력으로 작용할 수 있어야 함을 의미한다. 교육과 훈련, 고용, 그리고 복지가 유기적으로 연계되어야 하는 것이다.

지속가능한 성장모델로서 한국형 투자국가 모델은 개방과 사회통합

(연대)의 조화를 통한 성장과 분배의 선순환을 내용으로 한다. 해외투자와 외국인투자유치는 개방을 통한 신성장동력으로서 정부의 전략적 산업정책을 필요로 한다. 그런데 세계화 시대 개방이 가져다주는 과실의 이면에는 경쟁력을 상실한 기업과 실업의 문제, 그리고 이로 인한 사회적 불안과 빈곤 등 사회문제가 발생하게 된다. 특히 지식과 근로능력이 떨어지는 계층이 보호받을 수 있는 공간은 사라져 가고 있다. 유럽의 강소국가들은 세계 경제에 직접적으로 영향을 받는 개방경제를 지향하는 과정에서 자국 산업의 경쟁력 강화와 정치사회적 안정, 그리고 개방의 비용을 보상해 주는 복지제도를 발전시켰다. 그리고 최근에는 실업의 문제를 해결하기 위해 고용보호를 강화하기보다는 적극적 노동시장정책을 통해 유연안정성을 확보하는 전략을 강화해 왔다. 하지만 한국의 사회보장제도는 개방체제하에서 사회통합과 비용을 공유하는 기제로 작용하지 못하고 있다.

따라서 개방의 효과를 극대화하려는 전략적 산업정책은 투자로서의 사회정책과 연계되어야 지속적으로 시너지 효과를 발휘할 수 있다. 해외투자와 외국인 투자유치가 확충되어 신성장동력으로 작용하기 위해서는 개방에 따른 이익이 내국민에 대한 역차별을 해소하고 분배·연계될 수 있어야 한다. 선진국보다 낮은 복지수준을 가지고 있는 한국의 경우 개방으로 인한 이익과 비용이 사회적으로 공유되지 못한다면 개방으로 인한 성과는 양극화만 심화시킬 뿐 새로운 지속적인 성장을 유도해내지 못할 것이다. 경제적 투자가 사회정책과 연계되어야 하는 것은 바로 이 때문이다. 개방에 따른 이익과 비용은 사회정책을 통해 공유되어야 한다. 해외투자, 외국인직접투자는 고용창출 및 기술이전과 연계될 수 있어야 하며 사회정책은 R&D와 교육, 사회보장제도의 개선 등을 통해 경제성장을 돕고 촉진할 수 있어야 한다. R&D와 교육, 사회보장제도의 개선도 그 자체만으로 성과를 거두기 힘들다. 인적 자원의 고도화와 사회적 안전망의 확충이 이루어진다하여도 이를 흡수하고 활용할 성장동력이 없다면 정부재정의 낭비라는 비판을 받을 수밖에 없다.

따라서 투자로서의 사회정책은 교육, 기술획득과 일자리 기회의 제공 등이 성장잠재력을 높이고 정부의 전략적 산업정책과 연계되어 경제적 효과를 발휘할 수 있도록 설계되어야 한다. 지속가능한 성장모델은 경제적 개방이 사회통합을 저해하지 않으며 사회정책이 과거와 같은 소극적 수단이 아닌 경제적 순기능을 통해 분배를 촉진하는 실사구시적 대안으로 인식되고 설계될 때 달성될 수 있다.

2) 지속가능한 성장모델로서 한국형 투자국가 모델의 핵심요소

한국형 투자국가 모델은 지속적인 성장동력으로서 해외투자, 투자유치와 성장잠재력 및 사회통합의 달성 수단으로서의 사회투자를 핵심요소로 한다. 여기서 해외투자와 투자유치는 개방의 시대에 능동적이고 전략적인 세계시장에의 참여를 통해 지속적인 성장동력을 확보한다는 의미를 가지고 있다. 또한 사회투자는 개방의 긍정적 효과를 극대화하고 개방이 가져올 수 있는 부정적 영향을 최소화하기 위한 연대 및 사회통합의 의미를 지니며 동시에 사회정책이 분배뿐 아니라 경제성장에 미치는 영향(성장잠재력의 향상)을 고려하여 그것을 새롭게 설계하는 것을 내용으로 한다.

(1) 해외투자

한국의 해외투자는 80년대 후반 이래 점차 규제완화, 절차의 간소화 과정을 거치면서 자유화되기 시작하였다. 90년대에 들어서는 OECD 가입에 의해 규제가 더욱 큰 폭으로 완화되어 본격적인 자유화시대를 맞이했다. 또한 외환위기를 거치면서 해외투자가 다소 감소하는 추세를 보였으나 기업의 글로벌 경영전략, 해외자원개발의 활성화, 그리고 정부의 해외투자활성화정책과 더불어 꾸준한 증가추세를 보였다. 최근에는 증가속도가 더욱 빨라져 1990년부터 2006년까지 GNP는 3.4배, 수출은 5배 증가한 반면 해외직접투자는 11배 증가하였다(산업연구원, 2008). 특히 2006년에는 해외투자 신고금액이 185.5억 달러로 전년대비 104% 이상 급증하였다.

그러나 이러한 추세에도 불구하고 한국의 해외직접투자는 선진국과 비교할 때 아직 낮은 수준이다. 2005년 한국의 해외직접투자 누적금액은 694억 달러, GDP대비 해외직접투자 비중은 6.8%로 미국 17.2%, 영국 56.2%, 프랑스 38.1%, 독일 30.8%, 일본 7.9% 보다 낮은 수준이다. 1인당 GDP 2만 달러 시점에서 각국의 GDP대비 해외직접투자 비중과 비교해보더라도 미국 7%(88년), 영국 28%(96년)로 한국이 낮다.

한국의 해외직접투자를 업종별로 보면(2005년 기준), 제조업(56%), 도소매(15%), 서비스업(9%) 순이다. 최근 고유가로 자원개발투자가 증가하고 있으나 제조업 분야에 투자가 집중되어 다양한 투자가 미흡한 실정이다.

지역별로는 전통적으로 미국, 유럽 등 선진국 투자비중이 높았으나 2000년대 이후 선진국 비중이 감소하면서 중국, 베트남 등 아시아 국가의 비중이 큰 폭으로 증가세를 보이고 있다.

① 해외직접투자가 국내 경제에 미치는 영향

UNCTAD에 의하면 1999년부터 2005년까지 전 세계 수출은 3.1배, GDP는 2.0배 증가한 반면, 해외직접투자는 3.4배 증가하였다(UNCTAD, 2006). 오늘날 다국적기업의 생산규모가 세계 무역규모를 훨씬 상회하고 있을 정도로 해외직접투자는 세계 경제의 글로벌화를 주도하고 있다. 따라서 정책적으로는 종전까지의 단편적인 규제완화 위주의 정책에서 벗어나 해외직접투자의 적극적 활용과 다양한 지원 및 제도화의 추진이 더욱 중요해지고 있다. 이렇게 중요성을 더해가는 해외투자에 관한 정책을 정부가 형성, 집행하고자 할 때 가장 논란이 되는 이슈가 해외직접투자가 투자국의 경제에 미치는 영향일 것이다.

이론적으로 해외직접투자는 자본스톡이 풍부한 국가에서 자본스톡이 부족한 국가로 자본이 이동하는 것을 의미하기 때문에 투자국과 투자대상국 양자의 생산과 후생을 증대시킨다. 그러나 현실적으로 해외투자정책은 국내산업의 공동화(*Hollowing-out*) 문제를 둘러싸고 반론을 양산했다. 실제로 80년대 이후 미국, 일본 등 선진국에서는 해외직접투자의 증대가 자국 내 투자, 고용, 생산의 악화로 이어질 수 있다는 산업공동화의 우려가 제기되어 왔으며 이러한 상황에서 한국도 예외일 수는 없다.

그러나 해외투자는 단순히 국내투자를 대체하는 효과만을 발생시키지는 않는다. 해외 판로의 개척에 의한 수출증가, 자본재 혹은 중간재・부품의 수출증가, 연구개발 등 고부가가치 부문의 생산 및 고용증가뿐 아니라 국내 산업구조의 고도화와 같은 거시적 효과도 발생시킬 수 있기 때문이다. 실제로 한국의 경우 해외투자는 수출증가와 더불어 국내산업과의 시너지 효과가 매우 큰 것으로 나타났다. 해외진출기업과 국내 모기업 간 기업 내 무역으로 1차적으로 무역수지 흑자 효과가 나타나며, 2차적으로는 기업 내 무역으로 국내 기업의 수출과 생산이 확대된 결과 국내 관련 산업을 자극하여 생산과 고용을 늘리는 2차적 효과도 발생한다는 것이다(산업자원부, 2003).

또한 기업은 해외투자와 국내투자를 비교하여 더 효율적이라고 판단했을 때 경영요소의 해외 이전에 따른 비용을 감수하고서라도 전자를 택하게 되므로 양자를 단순한 대체관계로 파악하는 것은 한계가 있다. 따라서 중・장기적 관점에서 보았을 때 해외투자가 국내투자를 대체한다고 보는 것은 바람직하지 못하다.

따라서 정책적 측면에서의 당면 과제는 국내투자가 해외투자에 비해 열등재가 되지 않도록 국가적 차원에서 해외투자에 대해 전략적으로 접근하는 것이다. 우선 자본 및 기업 이탈에 따른 단기적 부정적 영향을 장기적 효과로 대체하려는 정책적 인식전환이 요구된다. 둘째, 규제 개선과 노동시장의 유연안정성 확보 등을 통해 기업의 국내투자에 걸림돌이 되는 환경을 개선하는 것이 바람직하다. 셋째, 지역별, 국가별 산업구조 및 경제발전 수준 등을 고려한 해외진출 전략을 수립하고, 국제생산네트워크의 구축을 통해 국내 산업구조조정을 촉진할 수 있어야 한다. 예를 들어 중국을 비롯해 급성장하는 신흥시장에서는 시장선점효과가 높은 금융, 통신, 유통 등 서비스분야의 해외진출을 적극 지원해야 하며, 국제생산네트워크를 통해 국내 산업의 구조조정 및 차세대 성장동력 산업의 육성을 해외투자와 연계시켜야 한다. 넷째, 에너지 자원을 둘러싼 경쟁의 확대 속에서 해외자원개발 투자 확대를 통해 에너지 자원을 안정적으로 확보할 수 있는 방안을 강구해야 한다. 아울러 해외직접투자의 촉진과 함께 그로 인해 발생할 수도 있는 국내의 산업공백을 신산업, 고부가가치 산업으로 대체하려는 산업정책적 효과에 노력을 기울여야 한다. 따라서 해외투자정책은 국내 투자 활성화정책과 동시에 추진되어야 하며 산업공동화에 대한 우려를 근거로 해외투자정책을 소홀히 하는 것은 바람직하지 않다.

한국의 해외투자정책은 오랫동안 발전해 온 과거의 수출정책, 대외무역정책과 비교할 때 그 제도화 수준이 미미하다. 우선 해외진출기업에 대한 지원제도와 예산이 부족한 실정이다. 해외투자를 촉진하기 위한 조직과 기능도 아직 태동단계에 불과하다. 산업정책, 통상정책, 무역정책 등과의 정합성과 연계도 부족하다. 현재 한국은 국내투자와 성장이 부진한 가운데 대외무역, 수출중심의 경제구조에서 탈피하여 새로운 성장동력을 확보해야 할 필요성에 직면했다. 해외투자는 국내 산업구조의 재편성과 산업고도화를 달성하는 수단으로 활용될 수 있으며 국제 분업체계를 활용하여 국내 산업의 경쟁력을 제고 가능케 한다. 또한 규제개선과 노동의 유연안정성 제고 등 국내 투자활성화정책과 맞물려 진행될 때 더욱 시너지 효과를 발휘할 수 있다. 해외투자는 에너지 및 자원의 안정적 확보를 도와주며, EU와 같이 경제블록화된 지역에 대해서는 수출이 가지는 한계를 극복할 수 있는 방안이 된다.

(2) 외국인직접투자유치

외국인직접투자정책은 경영활동에 외국인 투자자의 참여를 활성화하여 기술이전(선진기술습득의 기회제공), 설비확충 등을 이루고 이를 통해 국내 기업의 경쟁력 향상과 고용창출, 생산 증대 등 국가경제의 양적, 질적 발전에 기여할 수 있다. 그러나 이 같은 긍정적 효과와는 반대로 외국기업의 국내진출이 국내 기업의 위축, 기술 이전의 회피, 독점산업의 발생 등 국내에 부정적 효과를 야기한다는 주장들도 제기되었다. 그러나 일반적으로 외국인직접투자의 순기능은 현지국의 후생을 증대시키는 것으로 나타났으며, 이 같은 사실은 많은 개도국들이 외국인투자를 유치하기 위해 노력하는 사실을 통해서도 쉽게 확인할 수 있다. 말레이시아는 여타 개도국보다 먼저 외국인직접투자를 유치하여 20년이라는 짧은 기간 안에 고속공업화를 달성한 바 있다. UNCTAD에 따르면 과거 주요 선진국의 경우 1인당 국민소득이 1만 달러에서 2만 달러로 도약하던 시기에 외국인직접투자가 매년 18%씩 증대되었다.

한국에서는 외환위기 이후 외국인직접투자가 이전 시기에 비해 비약적으로 증가하였다. 따라서 지난 10년간 큰 폭의 신장과 함께 경제성장의 한 축으로 큰 비중을 차지했다. 외환위기 극복의 일환으로 외국인직접투자를 적극 유치한 결과 98년 이후 2007년 말까지 유치액이 신고기준으로 1,125억 달러를 기록, 62년 이후 총 유치액의 81.6%를 차지하였다. 외투기업의 국민경제 비중 역시 증대돼 2006년에는 제조업을 기준으로 고용의 8%, 수출의 16.3%를 담당하였다. 그러나 외국인직접투자는 2005년에 115억 6,500만 달러로 전년 대비 9.6%, 2006년에는 112억 4000만 달러로 2.8% 감소한 데 이어 지난해에도 마이너스 행진을 이어가는 등 2005년 이후 3년 연속 뒷걸음질 치고 있다. 한국의 GDP 대비 외국인직접투자의 비중도 7%가 채 안 돼 전 세계 평균인 21.7%에 비해 매우 낮

〈표 1-10〉 외국인직접투자 유치실적

(단위: 억 달러)

연 도	'62~'07 (누계)	'98~'07 (누계)	2003	2004	2005	2006	2007
신고기준	1,371.8	1,125.4	64.7	127.8	115.6	112.4	105.1

자료: 산업연구원, 2006, "2007년 통계".

은 수준이다(〈그림1-1〉은 지난 10년간 외국인직접투자의 추이를 그림으로 나타낸 것이다).

또한 2000년대 중반 이래 투자를 약속하는 신고액은 크게 증가하였음에도 불구하고 국내외 투자환경이 변화할 때마다 실제 투자되는 도착액과 괴리가 확대되고 있으며 투자를 철회하는 사례도 빈번해지고 있다. 2000년대 중반 이래 도착액은 신고금액의 70% 내외이다. 외국인 투자유치는 한국 경제가 중진국 반열에서 선진경제로 한 단계 도약하기 위해 반드시 극복하고 쟁취해야 할 과제임은 분명하다. 그러나 외국인투자유치정책은 구체적이고 체계적인 전략을 포함해야함과 동시에 산업정책과 지역균형발전정책 등 국가발전전략과의 정합성을 필요로 한다. 그리고 이 과정에서 국내 기업, 국내 산업에 대한 파급효과를 고려해야 한다.

외국인투자유치에서 무엇보다 주목해야 할 점은 외국기업에 대한 차별적 혜택이 국내 기업의 경영활동에 부정적인 영향, 즉 역차별을 가져올 수 있다는 점이다. 한국은 현재 외국인투자에 대해 국세(7년간 100%, 이후 3년간 50% 감면) 및 지방세(5년간 100%)를 감면하고 투자 규모에 따라 공장 부지와 현금 등을 지원하고 있다. 그러나 이는 중국 등 경쟁국보다는 아직도 부족한 수준이다. 그런데 투자유치를 위해 인센티브를 강화하는 것은 국내 기업에 대한 역차별 논의와 맞물려 선택의 폭을 제한한다. 따라서 주변 경쟁국보다 투자자가 선호하는 투자환경을 조성하는 것이 급선무이지만 이는 반드시 국내 기업에 대한 부정적 파급효과와 역차별을 해소하기 위한 제도적 장치를 필요로 한다. 산업의 특성에 따라서

〈그림 1-1〉 외국인직접투자(FDI) 추이

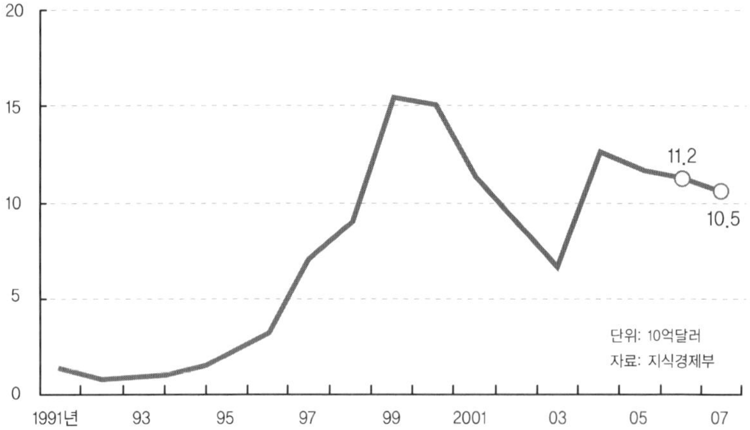

도 무조건적인 규제완화와 경쟁에의 노출이 역효과를 가져올 수 있다. 따라서 개방은 사회정책을 통해 사회적 안전망을 확보하는 것과 동시에 국민적 공감대 형성, 국가적 로드맵의 확보와 병행하여 진행되어야 한다. 투자 인센티브 역시 산업정책이나 지역균형발전 정책 등 국가발전전략과 연계시키는 것이 바람직하다. 이는 외국인직접투자의 수도권집중 현상을 개선시키고 장기적으로는 지역별 양극화를 해소하는 데 도움을 줄 수 있을 것이다.

차별화된 유치전략의 발굴도 중요하다. 한국은 세계적 생산기지로 부상하고 있는 중국대륙과 경제대국의 위상을 경험한 일본 사이에 입지한 가교적 기능을 최대로 활용할 수 있는 조건에 있다. 물류나 금융, IT 등 전략적 영역에서 외국인투자재원을 끌어들이기 위한 허브화 전략을 추진하는 것도 하나의 방법이 될 것이다. 한국은 그동안 경쟁국에 비해 상대적으로 비싼 땅값과 높은 임금, 노사갈등 등 열악하고 부실한 경영환경과 건강, 학교, 주택 등 생활환경에서 오는 불편함으로 매력적인 투자대상국이 되지 못하였다. 외환위기 이후 적극적 유치정책으로 유치액이 이전에 비해 비약적으로 증가했지만 이 같은 제약조건들은 지속적인 유치를 방해하고 있다. 세계화와 산업구조의 변화 등 대내외적 환경 속에서, 개방은 예전처럼 피해를 줄이기 위해 마지못해 추진해야 할 것이 아니라 적극적이고 전략적으로 활용해야 하는 것으로 받아들여질 필요가 있다. 그리고 대내외적 환경변화의 긍정적 효과를 극대화하고 그 부작용을 최소화하기 위해서는 대외개방과 대내제도의 정비를 연계하는 종합적인 패러다임이 요구된다. 해외투자와 외국인투자유치가 사회투자정책과 연계되어야 하는 것은 바로 이 때문이다.

(3) 경제정책과 사회정책의 연계 : 투자로서의 사회정책

글로벌화의 시대에는 대외개방과 대내개혁이 밀접히 연계되어 추진되어야 한다. 그렇지 않을 경우 개방의 긍정적 효과를 거두기 어려우며 국내 경제의 위기까지도 초래할 수 있기 때문이다. 그런데 한국의 경우 외환위기 이후 개방이 더욱 급속히 추진되었음에도 불구하고 대내제도의 개혁이 이에 발맞추지 못함에 따라 또한 사회적 합의도출을 위한 시스템이 제대로 구축되지 못함에 따라 사회경제적 위기 상황이 표출되었다.

한국은 오랫동안 경제사회 구조의 기반을 형성했던 성장주의 국가주도 수출지향 산업화전략하에서 경제투자에 자원을 집중하였으며 따라서 사회정책이나 제도에 대한 지출에는 소극적인 태도를 유지했다. 물론 1987년 민주화 이후에는 몇 차례 사회제도의 기틀을 마련하기 위한 작업들도 수행되었다. 연금과 고용보험 등 새로운 사회보험제도의 도입과 전 국민 의료보험의 시행이 그렇다. 그러나 97년 외환위기 이후 한국 경제의 개방성이 높아지고 노동시장 유연화가 촉진됨과 동시에 고령화, 저출산, 여성의 사회진출 확대 등이 빠르게 진행됨으로써 신속한 경제·사회정책적 대응의 중요성이 커졌다. 또한 서비스 산업화와 지식기반경제로의 이행이 촉진되면서 다양하고 유연한 근로형태와 근로안정성을 동시에 보장해주어야 하는 필요성도 커지고 있다.

김대중 정부의 '생산적 복지', 노무현 정부의 '비전 2030'은 이와 같은 시대적 요청하에서 나타난 정부차원의 대응이었다. 그러나 전통적인 사회적 위험에 기초해 이전의 사회보험 중심의 정책이 확대 혹은 강화되었을 뿐 투자적인 관점에서 새로운 사회적 위험과 환경의 변화를 적극적으로 반영하지 못하였으며 기존 정책 혹은 제도의 개혁을 이루어내지는 못하였다.

투자로서의 사회정책은 전통적인 복지국가와는 상이한 기본원리를 가지고 있다. 첫째, 개방경제나 노동시장유연화 등을 기초로 한 경제적 변화를 받아들이고 이에 대응하기 위한 구체적인 전략들을 포함한다. 따라서 투자로서의 사회정책은 시장력을 제어하고 대체하려는 것이 아니라 그것을 활용하려 한다. 둘째, 결과상의 분배의 평등뿐 아니라 기회의 평등을 추구한다. 사회구성원들에게 실업급여나 연금의 확충 등에 기초한 전통적 차원의 수동적 혜택만을 제공하는 것이 아니라 적극적인 경제행위와 사회권의 실현을 동시에 달성할 수 있는 기회를 늘려줄 수 있도록 하는 것이다. 오늘날과 같은 지식기반사회에서는 단순한 노동력이 아닌 창의적이고 능동적인 노동력이 요구된다. 따라서 인적 자본에 대한 투자를 증대시키는 것은 한국 사회에 있어서도 성장잠재력을 높이는 중요한 축이 된다. 셋째, 투자로서의 사회정책은 급속히 변화하는 사회경제적 환경에 대응하기 위한 사전예방적 투자를 포함한다(양재진 외, 2008). 따라서 투자로서의 사회정책은 근로장려, 일자리창출, 실업자 활성화, 교육 등 학습기회의 확충, 건강 및 질병예방 등에 걸쳐 중장기적 관점에서 이루어질 필요가 있다.

서구 선진국에서도 전통적 사회복지정책에 기초한 60~70년대의 복지국가가 사회정책의 목표와 내용의 변화를 통해 새롭게 재편되는 과정을 거쳤다. 케인지언 복지국가에서는 소득보장을 제도화하여 시장의 유효수요를 창출함으로써 경제성장을 도모했다. 그러나 70년대 스태그플레이션을 극복하기 위해 통화정책을 받아들인 이후 국가가 수요측면에 개입하여 성장을 자극하는 일에 한계가 있었고, 사회정책도 공급측면과 연계하여 경제성장을 촉진하는 방향으로 변화했다. 즉 경제활동인구를 늘리고 경제활동 참여인구의 인적 자원을 개발해 생산성에 기여하도록 하는 것이다.

이 같은 사회정책의 목표와 내용 변화를 함축적으로 표현하고 있는 개념이 바로 사회투자(*social investment*)라 할 수 있다. 아직까지 사회투자 개념에 대해 통일된 개념 정의는 존재하지 않는다. 그러나 노동, 인적 자원개발, 사회복지를 아우를 수 있는 개념정의를 살펴보면, 사회투자란 '일반적으로 사회구성원의 노동시장 참여의 권리, 기회를 보장하기 위해 이루어지는 인적 자본과 사회서비스에 대한 지출'로 이해될 수 있다(Giddens, 1998; Esping-Andersen, 2002; Taylor-Gooby, 2006).

사회투자형 사회정책은 사회구성원에 대한 인적 자본투자를 통해 노동시장 참여권리와 기회를 향상시켜 고용률과 생산성을 높이고 경제성장 잠재력의 확충에 기여할 수 있다. 예를 들어 교육이나 직업훈련 등에 대한 정부투자는 양질의 노동력을 공급할 수 있게 하여 경제성장 잠재력을 높일 수 있다. 또한 아동보육 혹은 탁아에 대한 투자는 인적 자본의 확충에 기여하며 여성노동력이 활용될 수 있는 기회를 제공한다. 실업보험제도나 의료보험제도와 같은 사회보험의 재정비 역시 기업구조조정 등으로 소득을 상실한 사람들에게 안정적인 생활이 가능하도록 지원함으로써 노동시장의 유연성을 촉진하는 동시에 산업구조조정이 원활히 진행될 수 있는 사회적 기반을 제공한다. 또한 적극적인 기회의 평등을 제공함으로써 사회적 배제를 극복하고 사회통합을 달성하는 데도 기여할 수 있다. 사회통합의 제고는 시장경제에 대한 사회적 신뢰 및 사회적 자본을 확산시켜 다시 경제의 성장에 기여할 수 있다.

종합하면, 사회투자는 세계화로 인해 개방과 경쟁의 중요성이 확대되고 있는 상황에서, 그리고 저출산, 고령화와 산업구조의 변화라는 대내외적 환경에서 사회지출이 단순한 소득보장에 머물지 않고 노동공급의 양과 질을 높여 경제성장과 성장잠재력에 기여하는 투자적 개념으로 그

경제적 의의가 매우 높다고 할 수 있을 것이다.

또한 사회투자정책은 이 연구에서 살펴볼 성장동력으로서의 해외투자, 외국인직접투자가 가지고 있는 기능적 갭을 메우는 역할을 담당한다. 사회투자정책은 해외투자가 가지고 올 수 있는 국내 산업의 대체효과, 산업공동화의 문제뿐 아니라 외국인직접투자가 양산하는 국내 기업, 산업에의 역차별 문제를 해소하는 역할을 담당한다. 해외투자와 투자유치는 개방의 원리에 기초하며 국가의 역할은 규제완화와 환경의 개선 등 개방친화적인 사회적 인프라를 구축하는 데 있다. 여기서 사회투자는 교육 및 R&D를 통한 사회구성원의 역량형성, 재훈련 등 잠재적 근로계층의 활성화, 사회안전망의 구축을 통한 사회적 위험의 사전예방 등을 내용으로 개방이 가져오는 부정적 영향을 최소화하고 그것의 긍정적 효과를 극대화하는 데 기여할 수 있다. 즉 개방으로 인한 비용을 사회적으로 공유하려는 데 그 의의가 있는 것이다.

그러나 사회투자가 이 같은 소극적 역할만을 담당하는 것은 결코 아니다. 앞서 지적한 것처럼 사회투자는 노동공급의 양과 질을 높이고 잠재적 근로계층의 경제참여를 제도적으로 보장함으로써, 그리고 사회통합을 통해 개방으로 인해 치러야 할 비용을 축소함으로써 장기적으로 경제성장에 기여한다.

세계화와 개방경제의 도전, 저출산과 고령화 사회의 도전, 산업구조의 양극화, 고용의 위기 등 현재 한국이 직면한 위기 상황은 새로운 패러다임으로의 인식전환과 새로운 성장 및 분배모델을 필요로 하고 있다. 그러나 새로운 모델은 선진국 모델의 단순한 이식이어서는 안 되며 한국이 대내외적으로 처해 있는 환경적인 변화에 대한 철저한 고민과 현재의 제도적 조건과의 정합성을 고려한 것이어야 한다.

이 연구는 투자와 복지, 성장과 분배가 선순환을 이룰 수 있는 모델로서 개방과 연대의 조화를 내용으로 해외투자, 투자유치, 그리고 사회투자를 세 축으로 하는 한국형 투자국가모델을 제시하고자 한다.

제2장

해외투자국가의 사례연구 1
일본의 해외투자에 대한 분석

배 정 호*

1. 문제제기

일본은 엔화 강세와 무역마찰을 회피하기 위해 해외투자를 추진하였다. 일본의 해외투자는 감소와 확대를 되풀이하면서 추진되었는데, 해외투자 증가는 해외 순소득의 증가로 귀결되면서 경상수지 흑자의 확대로 나타났으며, 일본경제의 성장에도 크게 기여하고 있다. 그러므로 일본정부는 국가전략 차원에서 '투자입국'을 천명하였고, 글로벌 경제전략의 수립과 더불어 새로운 해외투자전략을 강구하였다.

이 논문은 이와 같은 문제의식 아래 일본의 해외투자에 관해 연구·분석한다. 즉, 이 논문은 제 2절에서 해외투자의 추이와 특징, 해외투자의 전략적 변화, 해외투자가 경제성장에 미치는 영향 등에 관해 분석한다. 제 3절에서는 일본 해외투자의 주요사례에 관해 분석한다. 일본의 대중국 투자, 일본의 'China+1' 전략과 관련된 대베트남 투자 및 대인도 투자, 그리고 대러시아 투자 등에 관해 분석한다. 제 4절에서는 글로벌 경제의 전개에 따른 일본기업의 해외진출 전략에 관해 분석한다.

---

* 통일연구원 선임연구위원.

2. 일본의 해외투자 동향과 특징

1) 해외투자의 추이와 특징

일본은 1985년 플라자합의에 의해 발생한 엔화 강세(円高)와 무역마찰을 피하기 위해 해외투자를 확대해 왔다. 1985년 플라자합의 이후, 일본의 해외 직접투자 추이를 살펴보면 〈그림 2-1〉과 같다.

1980년대에 계속 증가하던 해외투자는 1990년을 기점으로 급격하게 감소하다가 1993년 이후 재차 증가하는 추세를 보였다. 하지만, 일본의 해외투자는 2001~2003년에 비제조업 분야의 투자 감소에 의해 약간 감소하는 추세를 보였다. 그러나 2004년부터 엔화 강세의 압력에 의해 제조업 및 비제조업의 해외투자가 확대되면서 일본의 해외투자는 또다시 증가하는 추세를 보이고 있다.[1] 특히, 2006년의 일본의 해외직접투자는

〈그림 2-1〉 일본의 해외 직접투자 추이(국제수지 베이스)

자료: 《2007年度 ジェトロ貿易投資白書》, p.28.

1) 《2006年度ジェトロ貿易投資白書》, p. 26.

〈표 2-1〉 2000년 이후 일본의 해외투자 증가의 특징

1985~90년대	▪주요 투자지역은 미국을 중심으로 한 북미지역임. ▪무역마찰을 피하기 위해 자동차 및 그와 관련 산업들의 생산체제를 미국에서 증강시킴. ▪엔화 강세에 따른 투자, 즉 금융 · 보험 · 부동산 등 비제조업에 적극적으로 투자함.
2000년 이후	▪주요 투자지역은 잠재 성장성이 높은 중국을 비롯한 아시아임. ▪일본기업의 글로벌 경쟁력의 강화라는 전략적 목적에 따라 투자가 이루어짐. – 생산거점의 신설 및 공장 확충 – 기업의 대형 M&A – 에너지·자원 확보를 위한 개발투자 등

전년 대비 10.3%가 증가한 502억 달러이다.[2] 이는 과거 최고치인 1990년의 480억 달러를 상회하는 것이고, 16년만의 최고치 갱신이다.

이처럼 일본의 해외투자가 최고치를 갱신할 만큼 증대된 배경에 대해서는 아시아를 중심으로 한 신흥국(BRICs)에 대한 적극적인 투자, 에너지 · 자원 확보를 위한 개발투자, 해외기업에 대한 기업의 합병 · 매수(M&A)의 증가 등을 지적할 수 있다.[3]

2000년 이후의 해외직접투자 증가와 관련하여 특징을 분석해 보면, 1985~90년대의 해외투자의 증가와 비교하여 투자지역, 투자내용 등에서 상이한 특징이 나타난다.[4] 예컨대, 〈표 2-1〉에 나타난 바와 같이, 1985~90년대의 해외투자 증가는 엔 강세 및 무역마찰을 피하기 위해 이루어졌다. 무역마찰을 피하기 위해 주요 투자지역은 북미지역, 거의 미국 중심이었고 투자내용은 자동차 및 관련 산업들의 생산체제를 미국에서 증강시키는 것이었다. 또, 엔화 강세의 영향에 따른 투자는 금융, 보험, 부동산 등 비제조업 분야에서 적극적으로 이루어졌다.

2) 《2007年度ジェトロ貿易投資白書》, p. 28.
3) 위의 책, p. 28.
4) 위의 책, p. 28.

반면, 2000년 이후의 해외직접투자는 잠재 성장성이 높은 중국을 비롯하여 아시아를 중심으로 한 신흥국에 역점을 두고 이루어졌다. 아울러 일본기업의 글로벌 경쟁력 강화라는 전략적 목적에 따른 투자는 생산거점의 신설 및 공장 확충, 해외기업에 대한 기업의 대형 M&A, 에너지 · 자원 확보를 위한 개발투자 등에서 이루어지고 있다.

2) 해외투자의 전략적 변화

일본의 해외투자는 앞에서 언급한 바와 같이, 엔화 강세와 무역마찰을 회피하기 위해 추진되었지만, 경제의 글로벌화가 가속화되고 있는 상황에서 투자지역의 투자환경 변화, 새로운 투자유망지역의 등장, 자유무역협정 체결 등 무역제도의 변화로 전략적 변화를 나타내고 있다.[5)]

일본 해외투자의 전략적 변화에 관해서는 다음과 같이 지적할 수 있다.

첫째, 일본 국내의 임금 상승 등으로 생산비용이 한계에 도달하면서, 일본 기업들은 저임금을 찾아 중국, 동남아 등지로 생산공장을 이전하였다. 즉, 일본이 중시하던 해외투자 결정요인은 저임금이었다. 그러나 최근에는 저임금보다 소비인구의 증가 등 시장성의 잠재적 성장성을 해외투자 결정요인으로서 중시하는 경향을 나타내고 있다. 요컨대, 국제투자환경의 변화로 인해, 일본은 해외투자 결정요인으로 저임금보다 시장성을 중시하고 있는 것이다.

둘째, 중국의 투자환경 개선과 WTO 가입을 계기로 세계기업들의 중국으로의 생산 거점 이전이 전개되면서, 일본기업의 대중국 투자는 급증하기 시작하였다. 특히, 일본기업들이 중국시장 참입(參入)을 목적으로 내수 판매형(內需 販買型) 대형투자를 증가시키면서, 일본의 대중국 직접투자는 급증하였다. 그러나 최근 중국의 투자비용 및 사업 운용 리스

---

5) 대외경제연구원, 2007, "일본기업의 해외사업 전개 동향과 시사점", 〈NEP 지역경제 포커스〉 1(6), 서울: 대외경제연구원, p. 1.

크가 증대함에 따라, 일본 기업들의 불안감이 고조되면서 일본의 대중국 투자가 감소되고 있다. 즉, 일본의 대중국 투자는 기존 설비의 확장이나 판매 분야의 투자를 중심으로 이루어지고 있고, 중국 리스크를 줄이기 위해 '차이나+1'전략을 전개하고 있다. 뒤에서 상술하는 바와 같이, '차이나+1'전략의 전개에 따라 부상하고 있는 국가는 베트남과 인도이다.

셋째, 최근 세계적 수준의 원료 및 에너지 시장 붐이 일어났고, 따라서 에너지 및 자원 확보를 위한 포석 차원에서 투자가 이루어지고 있다. 최근 일본의 해외투자 역시 에너지 및 자원 확보를 위한 차원에서 전략적으로 이루어지는 면이 있다. 일본의 대러시아 투자가 대표적인 사례이다.

넷째, 최근 일본기업의 글로벌 경쟁력의 강화라는 전략적 목적에 따라 투자가 이루어지고 있다. 주요한 예를 들면, 생산거점의 신설 및 공장 확충, 기업의 대형 M&A, 에너지·자원 확보를 위한 개발투자 등이다.

다섯째, 일본의 해외 직접투자의 새로운 지역으로서 유럽과 동남아지역이 부각되고 있다. 그동안 투자가 확대되었던 미국이나 중국에 대한 일본의 직접투자는 감소세를, 유럽과 동남아지역은 확대되는 경향을 나타내고 있다. 투자업종과 관련해서는 자동차, 전자 등 제조업 분야의 투자가 호조를 보이고 있다.

3) 일본의 해외투자와 경제성장

1993년 이후 재차 증가하는 추세를 보이던 일본의 해외투자는 2001~2003년에 약간 감소하였다가, 2004년부터 제조업 및 비제조업의 해외투자가 확대되면서 또다시 계속 증가하고 있다. 2006년의 해외투자는 과거 최고치를 갱신하였다.

이와 같은 일본의 해외투자 증가는 해외 순소득의 증가로 귀결되면서 경상수지 흑자의 확대로 나타나고 있으며, 일본경제의 성장에도 기여했다. 〈그림 2-2〉에 나타난 바와 같이, 일본의 경상수지는 무역수지의 영

〈그림 2-2〉 일본의 국제수지 흑자 금액 추이

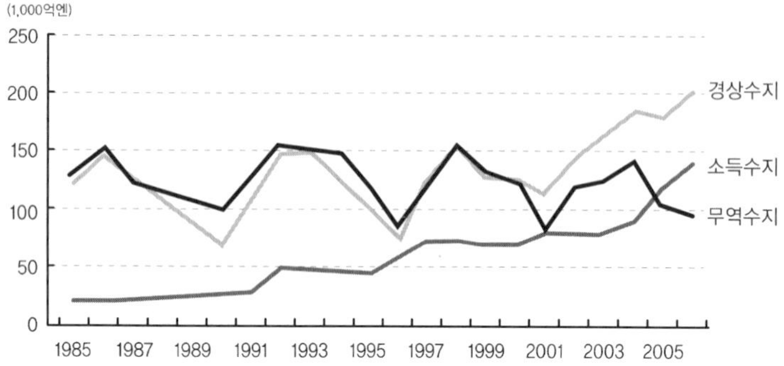

자료: LG경제연구원, 2007. 3, 일본 재무성, 〈Japan Insight〉 제22호, p.1에서 재인용.

향을 크게 받았는데, 2006년부터는 소득수지가 무역수지를 능가하면서 무역수지의 영향을 더 크게 받았다. 예컨대, 2006년의 경우, 무역수지가 8.5% 감소했음에도 불구하고 해외투자 및 거점으로부터 배당금을 포함하는 소득수지가 20% 넘게 증가함에 따라 경상수지도 증가한 것이다. 즉, 2006년의 경우, 일본의 경상수지 흑자는 전년도보다도 8.7% 증가한 19.8조 엔이다.[6)]

최근 국제원자재 가격의 급등 등에 따른 교역조건의 악화가 일본의 무역수지 및 국민경제에 부정적 영향을 미치고 있지만, 해외소득의 확대가 이를 완화하고 있는 것이다. 그러므로 일본 경상수지의 흑자증가는 곧 소득수지의 증가를 의미하며, 이는 해외소득의 증가를 의미한다.

실제로 일본기업의 해외법인이 수익을 창출하여 본사에 송금한 금액은 2006년에 31.3% 증가하였다. 이처럼, 최근 일본계 글로벌 기업의 해외거점 등이 본사 수익에 크게 기여하고 있는데, 주요 일본기업 가운데 해외거점 수익이 회사 전체 수익의 20~30%에 달한 기업도 적지 않다.[7)]

6) LG경제연구원, 2007. 3, 〈Japan Insight〉 제 22호, p. 1.

7) 위의 책, p. 2.

그러므로 일본기업의 해외직접투자는 점점 증가하는 추세이다. 특히, 자동차, 전자 등 제조업 분야의 해외직접투자가 증가하는 추세이고, 투자지역으로는 동남아시아 및 유럽 지역에 증가하는 경향이다. 일본계 글로벌 기업의 해외거점 수익이 증가하면서, 2006년의 일본기업의 해외직접투자는 전년 대비 10.6% 증가한 502.9억 달러인데, 이는 사상최고치이다.[8] 요컨대, 일본의 해외투자는 해외 순소득의 증가를 통하여 일본경제의 성장에 중요한 영향을 미치며 기여하고 있다고 평가할 수 있다.

3. 일본 해외투자의 주요사례 분석

1) 일본의 대중국 투자

일본기업의 중국에 대한 직접투자는 1980년대부터 추진되었는데, 엔화 강세의 영향으로 1985~87년에 상당히 증가하였다. 이와 같은 일본기업의 중국에 대한 직접투자는 1990년대 접어들어 냉전시대가 막을 내리고 탈냉전시대가 도래되면서 한층 적극적으로 전개되었다. 탈냉전시대를 맞이하여 중국은 국가생존 전략차원에서 개혁·개방에 박차를 가하면서 외국자본 유치에 상당한 노력을 기울였다. 일본기업도 중국의 개혁가속과 중국경제의 호황에 편승하여 대중국 직접투자를 매우 전향적으로 전개하였다. 그러나 1995년 이후 중국경제의 성장 둔화, 투자환경의 미비 등으로 일본기업의 대중국 직접투자는 급감하였다.

하지만 2000년 이후, 중국의 투자환경 개선과 WTO 가입을 계기로 세계기업들의 중국으로의 생산 거점 이전이 전개되면서, 일본기업의 대중국 투자도 재차 급증하기 시작하였다. 2001년 11월에 중국의 WTO 가입

8) 〈日本經濟新聞〉, 2007. 2. 15.

이 확정되어 투자환경의 개선, 투자 자유화 확대 등이 기대되면서 세계 각국의 기업들이 중국 투자를 급격하게 증대하였다. 2001년도 중국에 직접 투자한 외국자본의 총액은 469억 달러인데, 이는 전년 대비 15.1% 증가이며, 과거 최고기록의 갱신이다. 이후, 세계 각국의 기업들의 대중국 직접 투자는 매년 증가해 갔다. 그러므로 일본 기업들도 다양한 중국 사업계획을 수립하고 대중국 투자를 확대하였다. 일본의 대중국 투자는 전자 및 관련 부품·소재 기업 등 제조업 중심으로 전개되었다.

일본의 대중국 투자는 2001년에 제조업과 비제조업의 비율이 8:2, 총액 219억 4천 9백만 달러로 과거 최고기록을 갱신하였다.[9] 구체적으로 2000년, 2001년 일본의 업종별 대중국 투자동향은 〈표 2-2〉와 같다.

일본무역진흥공사(JETRO)가 2001년 10월에 실시한 〈일본기업의 해외투자전략의 현상과 전망〉에 관한 앙케트 조사에 따르면, 일본기업이 우선적으로 선호하는 투자처는 중국이다.[10]

중국을 우선적 투자처로 간주하는 일본기업들의 약 80%는 ASEAN도 우선적 투자처로 생각하는 인식을 보였는데, 중국이 시장의 성장성과 비용면에서 ASEAN보다 우위에 있다는 견해를 나타내었다. 즉, 종래 ASEAN에 많은 투자를 하였던 일본기업들이 아시아의 최적 투자처로 ASEAN에 새로이 중국을 추가하였는데, 잠재적 경제성장면에서는 중국이 ASEAN보다 우위에 있다고 본 것이다.

국제적으로 중국 투자가 증대되면서, 일본기업들은 ASEAN에 있는 생산 거점을 중국으로 이전하기도 하였다. 요컨대, 2001년 이후, 일본의 대중국 투자는 중국 경제규모의 확대[11]에 응하여 계속해서 증가하였다.

---

9) 《2002年度ジェトロ貿易投資白書》, p. 185.

10) 위의 책, p. 185.

11) 중국은 무역총액이 2004년도에 1조 4,221억 달러에 이르면서 미국, 독일에 이어 세계 제3위의 무역대국으로 성장하였다.

특히, 일본의 대중국 투자는 2003~2005년에 3년 연속 최고치를 갱신하며 증대하였다. 예컨대, 일본의 대중국 투자는 2005년에 계약 베이스에서 119억 1,988만 달러, 실행 베이스에서 65억 2,977만 달러로 최고치를

〈표 2-2〉 일본의 업종별 대중국 투자 동향

(단위: 100만 달러, %)

	2000년	2001년				누 계	
	금 액	건 수	금 액	구성비	신장률	건 수	금 액
식량	21	4	10	0.7	△52.4	279	869
섬유	27	9	34	2.4	25.9	1,361	1,816
목림 · 펄프	5	5	21	1.5	320.0	82	245
화학	60	14	148	10.3	146.7	226	1,056
철 · 비철	42	17	130	9.0	209.5	275	1,298
기계	86	21	130	9.0	51.2	278	1,845
전기	323	50	511	35.5	58.2	493	4,163
수송기	89	26	206	14.3	131.5	189	1,619
기타	108	19	80	5.6	△25.9	570	2,166
제조업합계	760	165	1,271	88.3	67.2	3,753	15,076
농 · 임업	–	–	–	–	–	37	40
어 · 수산업	–	–	–	–	–	60	90
광업	–	–	–	–	–	20	47
건설업	3	1	2	0.1	△33.3	55	389
상업	56	11	93	6.5	66.1	238	1,028
금융 · 보험업	4	2	31	2.2	675.0	10	122
서비스업	151	7	33	2.3	△78.1	394	2,394
군수업	5	–	–	–	–	77	220
부동산업	13	–	9	0.6	△30.8	101	987
기타	–	–	–	–	–	4	1,015
비제조업계	232	21	167	11.6	△28.0	996	6,333
지점	2	1	2	0.1	0.0	51	532
부동산	–	–	–	–	–	1	8
합계	995	187	1,440	100.0	44.7	4,801	21,949

자료: 《2002年度 ジェトロ貿易投資白書》, p.185.

기록하였다.

한국, 미국, 타이완 등의 대중국 투자가 감소하는 데 비해, 일본의 대중국 투자가 증가한 것은 자동차·전기·전자산업 등을 중심으로 내판형(內販型) 대형 투자가 증가했기 때문이다.[12] 일본기업들은 중국시장 참입(參入)을 목적으로 내수 판매형(內需 販買型) 대형 투자를 증가시켰는데, 특히 도요타, 닛산 등 자동차 업계의 대형 투자가 계속 증가하였고, 그에 따라 자동차 부품업계의 대형투자도 계속되었다.

그런데, 2006년에 접어들면서 일본의 대중국 투자는 감소하는 경향을 나타내었다. 일본의 대중국 직접투자 추이 및 신장률은 〈그림 2-3〉과 같다. 일본의 대중국 투자 감소에 대해서는 다음과 같이 지적할 수 있다.

첫째, 중국 투자환경의 악화에 따른 일본의 대중국 투자 감소를 지적할 수 있다. 저(低)비용의 생산을 지향한 제조업의 경우, 중국은 임금 및 토지 취득의 상승, 수출증치세(輸出增値稅)의 인하 또는 폐지, 위안화(人民元)의 평가 절상 등으로 인해 더 이상 저비용의 생산거점이 아닌 것이다.[13]

둘째, 중국의 외국 유치정책의 전환에 따라 외국자본계 기업에 대한 우대조치가 폐지됨에 따라 일본의 대중국 투자가 감소되었다고 지적할 수 있다.[14] 중국은 제 11차 5개년 계획에서 '외국자본 이용의 질 향상'을 위해 양(외국자본금액)에서 질(기술, 경영관리 등의 도입)로의 전환을 제시했는데, 이에 따라 2007년 3월의 제 10기 전국인민대표대회에서는 기업소득세법이 채택되고, 2008년부터 외국자본계 기업에 대한 우대조치를 폐지하는 조치를 취하였다. 즉, 중국의 외국자본계 기업에 대한 우대조치가 폐지됨에 따라 일본의 대중국 투자도 감소한 것이다.

---

12) 《2005年度ジェトロ貿易投資白書》, p. 171; 《2006年度ジェトロ貿易投資白書》, p. 166.

13) 《2007年度ジェトロ貿易投資白書》, p. 167.

14) 위의 책, p. 168.

〈그림 2-3〉 일본의 대중국 직접투자 추이

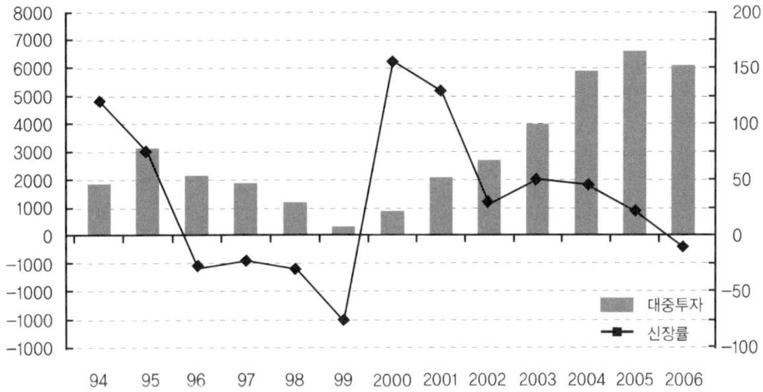

자료: 《2007年度ジェトロ貿易投資白書》, p.28.

셋째, 중국의 투자비용 및 사업 운용 리스크가 증대함에 따라, 일본 기업들의 불안감이 고조되면서 일본의 대중국 투자가 감소되었다고 지적할 수 있다.[15] 일본기업이 고려하는 중국 리스크는 ① 위안화 평가 절상에 따른 중국의 사업 운용 리스크 증대, ② 전력·물 부족 등 문제로 인한 정상적 생산 활동의 차질, ③ 인건비 상승에 노동력 부족 현상 심화, ④ 중국시장 내 가격경쟁 격화에 따른 수익성 제고의 한계 봉착, 등이다.[16]

이외에 중국인의 반일감정의 잠재성도 중국 리스크에 내재되어 있는 주요한 요인 가운데 하나이다. 즉, 2005년 4월 2일 쓰촨(四川) 성 청두(成都) 에서 시작된 반일 시위는 열흘 만에 전국적으로 확산되어 4월 16일에는 1919년의 5·4운동 이래 최대 규모의 과격한 반일 시위로 나타났는데,[17] 이 같은 반일시위는 일본의 대중국 투자의 불안 고조 및 리스크

15) 위의 책, p. 168; 삼성경제연구소, 2006. 5. 29, "일본기업의 해외투자 전략 변화: '차이나+1'을 모색하는 일본기업", 〈SERI 경제포커스〉 제 94호, pp. 2~3.

16) 삼성경제연구소, 2006. 5. 29, "일본기업의 해외투자 전략 변화: '차이나+1'을 모색하는 일본기업", pp. 3~6.

17) 배정호, 2005. 5, 《최근 중·일관계와 갈등요인 분석》, 서울: 통일연구원.

〈표 2-3〉 일본 기업의 중국 리스크 분산을 위한 대체 투자건설 마련의 주요사례

업 체	거점 분산 내용
마부치 모터	'05년 8월 수요기업의 중국 이전으로 말레이시아의 공장을 폐쇄하고 베트남에 제 2 소형모터 공장 건설을 추진
쇼와電線	'05년 6월 베트남 하노이市에 100% 자회사 설립을 발표 · 가전용 Wire Harness및 사무기기부품의 생산거점을 신설하여 생산능력 증강
야마하 발동기	'05년 7월 인도네시아 이륜차 제2공장 건설을 추진 · ASEAN 시장 대응 및 중국 리스크 분산 도모
유니덴	'05년 7월 필리핀에 對美 수출용 무선전화기 공장을 가동 · 중국 거점과 더불어 안정된 공급체제를 구축
니혼電算	'05년 6월 태국에서 HDD용 모터 공장을 착공
니혼水産	'05년 3월부터 태국에서 닭고기 가공사업을 개시
스케노신발	중국에서의 증산이 한계에 직면, 태국에서의 생산을 배가

자료: 삼성경제연구소, 2006.5.29, "일본기업의 해외투자 전략 변화: '차이나+1'을 모색하는 일본기업", 〈SERI 경제포커스〉, 제 94호, p.3.

분산에 매우 큰 영향을 미쳤다.

그러므로 일본의 대중국 투자는 기존 설비의 확장이나 판매분야의 투자를 중심으로 이루어지고 있고, 중국 리스크를 줄이기 위해 '차이나+1' 전략이 전개되고 있다. 즉, 중국에 투자한 일본기업들은 중국 리스크를 분산시키기 위해 중국에 생산거점을 두면서 동시에 동일한 품목의 생산거점을 ASEAN 지역에도 구축하고 있는 것이다.[18]

'차이나+1'전략의 전개에 따라 부상하고 있는 국가는 베트남과 인도인데, 일본 기업이 중국 리스크 분산을 위해 ASEAN 지역에 대체 투자건설을 마련하는 주요 사례는 〈표 2-3〉과 같다.

18) 삼성경제연구소, 2006. 5. 29, "일본기업의 해외투자 전략 변화: '차이나+1'을 모색하는 일본기업", p. 2.

2) 일본의 대베트남 투자

일본의 대베트남 직접투자는 1997년 후반의 아시아 통화 위기를 계기로 1998, 1999, 2000년에 급격하게 하락하였다. 일본의 대베트남 직접투자는 2004년 이후 재차 크게 증가하기 시작하다가, 2005년부터 급증하고 있다. 2005년 시점에서 일본의 중장기적 유망사업 투자처는 제 1위 중국, 제 2위 태국, 제 3위 인도, 제 4위 베트남이다.[19]

일본의 대베트남 투자에 관해 지역관점에서 살펴보면, 다른 대부분의 국가들처럼, 호치민 지역을 중심으로 한 남부지역에 편중하고 있는데, 2001년 캐논의 하노이 진출을 계기로 북부지역에도 활발하게 진출하고 있다.

예컨대, 2006년 2월 시점에서 호치민 지역에는 302사가 진출해 있고, 하노이 지역에는 198사가 진출해 있다. 북부지역의 항만시설, 공업단지 등의 인프라 정비가 진전되면서, 일본의 북부지역 투자도 활발하게 추진된 것이다.[20]

캐논의 경우, 베트남 북부 지역의 바크닌성(省)에 세계 최대 잉크젯 프린터 공장의 건설을 추진중이다.[21]

일본기업의 대베트남 투자 주요사례는 〈표 2-4〉와 같다. 일본이 '차이나+1' 전략 차원에서 베트남에 관심을 갖고, 투자를 증대시키는 이유는 다음과 같다.

첫째, 베트남의 노동력이 저렴하고 질이 높다(〈표 2-5〉 참조). 베트남인은 학습률이 높아 기술습득이 빠르기 때문에 생산성이 높고, 이직률

---

19) 《2005年度ジェトロ貿易投資白書》, p. 227.

20) 《2007年度ジェトロ貿易投資白書》, pp. 221~222.

21) 캐논은 세계시장에 공급할 잉크젯 프린터의 50%를 이 공장에서 생산할 계획이다. 信用中央金庫, 2006. 3, "ベトナム投資環境: 最近狀況", 〈アシア業務室情報〉 Vol. 45.

이 낮으며 성취도가 강하다. 둘째, 현지 시장의 성장성이 높다. 셋째, 현지 기업에서 충원할 우수한 인재들이 있다. 넷째, 베트남정부는 외국투자 자본을 우대하는 세제정책을 취하고 있다. 다섯째, 베트남은 일본의 제3국 수출 거점으로 유용하다. 여섯째, 베트남은 정치적으로 안정되어 있다. 이에 비해 필리핀과 인도네시아는 국내 정치가 불안하다. 일곱째,

〈표 2-4〉 2005년 일본기업의 대베트남 투자 주요사례

(백만 달러)

업체명	지 역	투자내용	투자액	투자구분
야마하 발동기	하노이	이륜차 제조·판매	47.6	신규
東北 파이오니아	하이퐁	휴대용 스피커 생산	39.0	신규
니덱(NIDEC)	호치민	전자부품 생산	35.5	신규
이쓰미테크	하노이	오토바이용 부품 생산	15.2	신규
마부치 모터	다낭	소형모터 생산	39.9	신규
NOK	돈나이省	Oil Seal 등 제조·판매	39.8	신규
산 요	돈나이省	디지털 카메라	33.0	신규
혼 다	하노이	승용차(시빅) 생산	68.0	확장
도요타合成	하이퐁	에어백 부품 생산	22.2	확장
토 토	하노이	위생기기 생산 확충	52.0	확장
캐 논	바크닌省	잉크젯 프린터 생산	60.0	확장

자료: JETROホチミン事務所, 〈ベトナム現況〉 2006年 3月 등을 활용하여 작성, 삼성경제연구소, 2006. 5.29, "일본기업의 해외투자 전략 변화: '차이나+1'을 모색하는 일본기업", p.8에서 재인용.

〈표 2-5〉 동아시아 주요도시 임금비교

(단위: 달러, 월)

	하노이	호치민	상하이	선 전	방 콕	자카르타
노동자	78~143	122~135	172~301	100~249	146	130
엔지니어	182~327	291~329	334~593	186~620	316	252
중간관리직	427~623	770~899	772~1,521	496~991	584	619

자료: JETRO, "アジアの主要都市地域の投資關聯コスト比較", 〈JETROセンス〉 2005年 및 2006년 4月号, 삼성경제연구소, "일본기업의 해외투자 전략 변화: '차이나+1'을 모색하는 일본기업", 2006. 5.29, p.9에서 재인용.

중국의 격렬한 반일 시위 이후, 중국 리스크를 분산시키기 위해 '차이나 +1' 전략에 따른 전략적 투자이다.

3) 일본의 대인도 투자

인도 정부는 과도한 보호정책으로 인한 산업경쟁력의 약화와 수출 감소, 정부재정의 고갈 등으로 금융위기를 맞이하였으나, 1991년 시장경제 원리를 근간으로 하는 혁신적인 개혁 및 개방정책 즉 이른바 '신경제정책'을 수립 · 전개하였다. 그 결과, 인도 경제는 1991년부터 2002년까지 6%대의 성장을 이루었고, 2003년부터는 8%대의 고도성장을 나타내었으며, 2005년부터는 9%대의 고도성장을 보였다.[22]

특히, 인도는 해외자본 유치, 고도 기술 도입 등을 위해 1991년 시장개방 조치를 취하였는데, 그 결과 국가전략차원에서 개방규제를 하였던 군수산업, 원자력, 철도, 광업 등의 분야에서 네거티브 리스트가 서서히 축소되었으며, 그 이외 분야에서는 실질적으로 자동인가가 이루어지는 시장개방이 이루어졌다.[23]

일본도 1991년 이후 97년까지 인도에 대한 투자를 증대시켜 나갔다. 그러나 1998년 인도가 핵실험을 감행하면서 국제사회의 경제제재 조치가 감행되었고, 일본도 이에 동참하면서 2002년 경제제재 조치가 해제될 때까지 대인도 투자는 격감되어 매우 저조하였다. 그러므로 2002년 국제사회의 대인도 경제제재 조치가 해제되면서, 일본의 대인도 투자는 활발

22) 인도경제는 2006년 기준 GDP 규모가 8,261억 달러로 세계 13위이고, 실질구매력 평가기준(ppp)에 의한 GDP규모는 미국, 중국, 일본에 이어 세계 4위이다. 이순철 외, 2006, 《인도 진출 한국기업의 경영실태와 현지화 전략 연구》, 서울: 대외경제연구원, pp. 25~26.

23) プレ·ムモトワニ/坂田修次, 2008, 《インドビジネス》, 東京: 日刊工業新聞社, pp. 38~40.

〈표 2-6〉 대인도 진출 일본기업 진출 상황

기 간	기업체 수
2003. 8	231
2004. 7	276
2005. 4	298
2006. 1	328

자료: Embassy of Japan, New Delhi, 이순철 외, 《인도 진출 한국기업의 경영실태와 현지화 전략 연구》, 서울: 대외경제연구원, 2006. p.62에서 재인용.

하게 전개되었다.

일본의 대인도 직접투자액(flow 기준)은 1997년에 317억 엔, 2002년 372억 엔이었고, 2005년에는 과거 최고수준을 상회하는 390억 엔에 달하게 되었다. 이와 같은 일본의 대인도 투자는 자동차 및 부품 메이커 부문과 석유화학 부분에 집중되었다.[24] 즉, 일본의 대인도 투자 가운데 자동차 부문이 60%, 석유화학 부문이 20%를 차지하고 있고, 최근 의학, 식품, IT SW, 섬유 등에 대한 투자도 증가하고 있다.

〈표 2-6〉에 나타난 바와 같이, 2003년에 231개이던 일본계 기업이 2006년에는 328개로 증가하고 있는데, 주요 진출지역은 델리 및 인근지역 122개, 뭄바이 및 푸네 인근 지역 65개, 방갈로 57개 업체 등이다.[25]

그리고 일본의 대인도 투자와 관련, 주요 사례를 살펴보면, 〈표 2-7〉과 같다. 특히, 일본의 대인도 투자 가운데 자동차를 생산하는 '스즈키', 자전거 · 오토바이의 생산 · 판매를 중심으로 하는 '혼다기연공업', 가전제품의 '소니' 등이 성공한 대표적 사례이다.[26]

스즈키는 인도 자동차 시장 점유율의 45.9%를 차지하고, 혼다는 인도

24) 《2005年度ジェトロ貿易投資白書》, p.236; 이순철 외, 2006, 《인도 진출 한국기업의 경영실태와 현지화 전략 연구》, p.62.

25) 이순철 외, 2006, 《인도 진출 한국기업의 경영실태와 현지화 전략 연구》, p.62.

26) プレ·ムモトワニ/坂田修次, 2008, 《インドビジネス》, pp.219~221.

오토바이 시장 점유율의 50.3%를 장악하고 있다.[27] 소니는 '소니 월드'(51개 점포), '소니 익스클루시브'(105개 점포) 등의 프랜차이즈 전략으로 브랜드 고급화·차별화를 추진하고 있는데, 품목은 평면TV, LCD TV, 핸디 캠, 노트 PC, 미니 콤보, 카세트 등 다양하다. 이외, 히타치는 에어컨, 냉장고 등 백색가전을 중심으로 고급 제품을 특화시키고 있다.

일본의 대인도 투자가 증가하고 있는 요인에 대해서는 다음과 같이 지적할 수 있다.

〈표 2-7〉 일본의 대인도 투자 주요사례

업종 / 기업명		투자내용
자동차·이륜차	도요타	'04. 8, 방갈로어에 수동식 변속기 공장을 신설
	스즈키	'04. 9, 이륜차 생산 · 판매 목적으로 현지기업에 출자 '04. 9, 제 2 사륜차 및 엔진회사 신설을 결정
	혼다	'04.12, 사륜차 생산능력 확충계획(연 3만 대 → 4만 대) 발표
	닛산	'05. 2, 뭄바이에 자동차 판매회사 설립
	야마하발동기	'05.12, 델리 근교에 이륜차 판매회사를 설립
	아사히글라스	'04. 7, 인도 북부에 자동차용 유리 제 2공장 설립을 발표
전자·IT	산요	'04. 7, 방갈로어에 TV 제조회사(현지기업 합작) 설립 발표
	히타치	'05.11, 소프트 개발 및 보수 서비스 등의 수탁사업을 목적으로 히타치 글로벌 솔루션 센터를 설립
	NEC	'05. 6, 인도 IT서비스 기업 HCL 테크놀러지즈와 합작으로 소프트웨어 개발회사 설립에 합의
의약	에자이	'04.11, 뭄바이에 판매 자회사를 설립
식품	야쿠르트	'05. 4, 프랑스 다농과 합작 회사 설립을 발표
	롯데	'05. 2, 현지 담배제조업체와 합작으로 껌 제조·판매회사 설립을 발표

자료: 삼성경제연구소, 2006.5.29, "일본기업의 해외투자 전략 변화: '차이나+1'을 모색하는 일본기업", p.10.

27) 자동차 및 오토바이 분야는 덴소 등 부품업체의 진출 등에 힘입어 현지부품 조달률이 90% 이상이다.

첫째, 인도경제는 2006년 기준 GDP 규모면에서 8,261억 달러로 세계 13위이고, 실질구매력 평가기준(ppp)에 의한 GDP규모는 미국, 중국, 일본에 이어 세계 4위로까지 성장하였다. 즉, 일본의 대인도 투자는 중장기적 관점에서 인도 시장의 성장 잠재력에 기인한 것으로 판단할 수 있다. 현재도 일본의 대인도 투자는 생산기능에 역점을 둔 대베트남 투자와는 달리 현지 내수 시장의 판매를 겨냥한 거점 확보를 위한 투자이다. 앞에서 언급했듯이, 스즈키의 인도 자동차 시장 점유율은 45.9%이고, 혼다의 인도 오토바이 시장 점유율은 50.3%이다. 한국기업의 대인도 투자도 일본과 유사하다. 즉, 현대자동차, LG 전자 등은 제3국 수출을 위한 생산기능보다는 현지 시장 공략을 위한 거점 확보에 역점을 두고 있다.

둘째, 앞에서 언급한 바와 같이 중국 리스크의 분산, 즉 위안화 평가절상에 따른 중국의 사업 운용 리스크 증대, 전력·물 부족 등 문제로 인한 정상적 생산활동의 차질, 인건비 상승에 노동력 부족 현상 심화, 중국 시장 내 가격경쟁 격화에 따른 수익성 제고의 한계 봉착, 중국인의 반일 감정 억제를 위해 '차이나+1'전략이 전개되고 있는데, '차이나+1'전략의 일환으로 일본의 대인도 투자가 증가되고 있다. 즉, 일본은 인도를 가장 유망한 포스트 차이나(Post China)로 지역으로 인식하고 있는 것이다.

셋째, 일본의 인도에 대한 정부개발원조(ODA)가 최대원조국 수준으로 증가하면서 일본 기업의 대인도 투자도 증가하고 있다. 일본은 정부개발원조(ODA)를 중심으로 인도와의 경제협력을 지속해 왔는데, 2002년부터 중국에 대한 정부개발원조(ODA)를 축소하고 인도에 대한 정부개발원조(ODA)를 확대하고 있다. 즉, 일본은 연간 10억 달러 이상의 정부개발원조(ODA)를 인도에 공여하고 있는 최대원조국이다.[28] 이처럼, 일본의 인도에 대한 정부개발원조(ODA)가 급격하게 전략적으로 증가하면서, 일본 기업의 대인도 투자도 두드러지게 증대하고 있다.

---

28) 이순철·최윤정, 2007, 《한국의 주요국별·지역별 중장기 통상전략: 인도》, 서울: 대외경제원구원, p.110.

넷째, 인도의 전략적 가치가 높아지면서 일본의 대인도 투자가 증가하는 측면이 있다. 즉, 일본의 대인도 투자 증가에는 경제 외의 전략적 요인이 있는 것이다. 2007년 2월에 발표된 미국의 〈미 · 일동맹: 2020까지의 아시아 전략〉(*The U.S.-JAPAN ALLIANCE: Getting Asia Right through 2020*)에 나타났듯이, 미 · 일동맹은 대중국 전략차원 등에서 인도를 매우 전략적으로 중시하고 있는데, 이와 같은 전략적 요인이 일본의 대인도 전략적 투자 증가와 무관하다고 볼 수 없다.[29] 앞에서 언급한 일본이 인도에 최대원조국으로서 정부개발원조(ODA)를 공여하고 있는 것은 같은 맥락이라고 볼 수 있다.

4) 일본의 대러시아 투자

러시아는 1998년의 외환위기를 극복하고, 이후 국제고유가를 바탕으로 고도성장을 이루고 있다. 예컨대, 러시아는 1998년에는 -5.3%의 마이너스 경제성장을 하였으나, 1999년부터 계속되는 국제 고유가를 바탕으로 석유, 가스 등 에너지자원의 수출이 호조를 보이면서 1999년에 6.3%의 고도경제성장으로 전환하였으며, 2000년에는 10%, 2006년에는 6.7%의 높은 경제성장을 이루었다.[30] 러시아의 2006년 GDP 규모는 인도와 한국을 제치고 세계 11위이다.

이처럼, 러시아 경제가 급속하게 발전하면서 외국투자도 급증하고 있다. 특히, 푸틴 정권의 출범 이후, 정치적 안정과 경제발전이 이루어지면서, 2001~2005년 동안 연평균 약 37.5%의 외국투자가 증가하였다. 2006년 말 누적 액 기준으로 러시아에 대한 주요 10대 투자국은 키프로

---

29) 배정호, 2007, 《아베정권의 국내정치와 대외전략 및 대북전략》, 서울: 통일연구원, pp. 92~98.

30) 이재영 · 채욱 외, 2007, 《러시아의 WTO 가입과 한국의 무역투자 증진방안》, 서울: 대외경제연구원, p. 62.

스, 네덜란드, 룩셈부르크, 독일, 영구, 미국, 버진군도, 프랑스, 스위스, 일본 등이다.[31]

러시아에 대한 외국투자가 증가한 요인은 다음과 같다.[32]

첫째, 러시아 경제의 고도성장에 따라 시장규모가 커졌다. 즉, 러시아 경제가 1999년 이후 비약적인 성장을 하면서 내수가 폭발적으로 증가하였다. 2007년 상반기의 국내총생산(GDP) 성장률은 전년 동기 대비 7.9% 증가의 고성장을 나타내었다. 즉, 고도경제성장에 따른 시장규모의 확대와 잠재적 경제성장에 대한 기대가 외국투자유치를 증가시키고 있는 것이다. 최근 러시아에는 소비 붐으로 인해 대도시에 거대한 쇼핑몰이 계속해서 개점되고 있다. 특히, 고급 가전제품, 고급 자동차에 대한 수요가 급증하고 있다.

둘째, 외환법의 자유화와 루블화의 평가절상이다. 러시아는 경제의 개방·개혁조치와 더불어 자본 이동에 대한 각종 규제와 제한을 철폐하였다. 즉, 해외자본의 러시아로의 이동이 용이해졌다. 또, 루블화가 급속하게 평가절상이 되자, 러시아 은행들은 저렴한 해외자본의 유치 및 차입에 관심을 가졌고 자본 유치 및 차입에 노력을 기울였다.

셋째, 최근 세계적 수준의 원료 및 에너지 시장 붐이 일어났는데, 이와 같은 붐이 러시아에 대한 외국자본 유치가 증가되도록 하였다. 즉, 해외자본들은 러시아의 에너지 자원을 확보하기 위해 투자한 것이다.

일본의 경우, 1999년 이후 국제석유가격의 상승과 러시아 경제의 비약적인 성장, 그에 따른 내수의 폭발적 증가에 힘입어 2000년대 들어 투자를 증가시키고 있다.

일본기업의 직접투자는 에너지, 소매업, 가전제품, 자동차 조립 부문

---

31) 이재영·한종만 외, 2007, 《한국의 주요국별·지역별 중장기 통상전략: 러시아》, 서울: 대외경제연구원, p. 62.

32) 이재영·한종만 외, 2007, 《한국의 주요국별·지역별 중장기 통상전략: 러시아》, 서울: 대외경제연구원, pp. 64~67.

〈표 2-8〉 일본 자동차 회사의 대러시아 투자 현황

(단위: 백만 달러)

제조업체	투자금액	연간 생산능력	공장입지	생산시작 연도	비 고
도요타	140	50,000대	상트페테르부르크	2007년 12월	
닛 산	200	50,000대	상트페테르부르크	2009년	향후 10만 대 증산

자료: 심현정, 2007년, "2011년 러시아의 자동차 판매 4백만 대에 이를 듯", 〈수은해외경제〉 4월호, p.60, 서울: 한국수출입은행.

에 집중되고 있다.[33] 특히, 2005년에 도요타 자동차가 상트페테르부르크 공장건설을 공식적으로 발표한 이후, 일본 기업의 대러시아 투자는 가속화되고 있다.

〈표 2-8〉에 나타난 바와 같이, 도요타와 닛산 자동차는 상트페테르부르크 주변지역에 조립공장을 건설·가동하고 있다.[34]

도요타는 1억 4천만 달러를 투자하여 연간 5만 대의 생산능력을 갖춘 신공장 TMMR을 건설하였는데, 상트페테르부르크의 도요타 자동차공장은 2007년 12월부터 가동되고 있다. 닛산은 2억 달러를 투자하여 연간 5만 대의 생산능력을 갖춘 공장을 건설중이다. 닛산 자동자 조립공장은 2009년에 가동될 예정이고, 향후 10만 대 증산될 계획이다.[35]

현재, 러시아에는 일종의 '일본 붐'이 생산 면에서나 소비 면에서 나타나고 있는데, 일본은 고도경제성장과 더불어 폭발적 증가의 내수 시장을 겨냥하면서, 다른 한편에서는 석유·가스·전력 등 에너지 프로젝트, 정보통신·교통(고속전철사업) 부문 등 대형 프로젝트에 참여하기 위해 정

33) 이재영·한종만 외, 2007, 《한국의 주요국별·지역별 중장기 통상전략: 러시아》, pp. 148~149.

34) 위의 책, p. 149.

35) 심현정, 2007, "2011년 러시아의 자동차 판매 4백만 대에 이를 듯", 〈수은해외경제〉 4월호, p. 60, 서울: 한국수출입은행.

부-민간 협력에 의한 전략적 접근을 추구하고 있다.

러시아의 저팬클럽에 등록된 일본계 기업은 2007년 7월 시점을 기준으로 164개인데, 주요 진출사례는 〈표 2-9〉와 같다.

〈표 2-9〉 러시아의 저팬클럽에 등록된 일본계 기업

(2007. 7월 시점)

진출 연도	일본계 기업명	진출지역	주요 내용
2005	요코하마 고무	모스크바시	자동차용 타이어 판매회사 YOKOHAMA RUSSIA LLC 설립
2005	일본전기 NEC 유럽	모스크바시	판매회사 Infocommunications (NEC Infocom) 설립
2005	旭 유리	모스크바주 그린시	판유리 공장 신설
2006	日産자동차	상트페테르부르크시	자동차 조립공장 건설 발표, 2009년 가동 개시 예정
2006	이스구 자동차	우리야노후스크시	소형 트럭의 현지생산 발표
2007	야마하	모스크바시	악기, AV기기의 판매회사 야마하 뮤직 러시아(YMR) 설립을 발표
2007	스즈키, 이토추 상사	상트페테르부르크시	자동차 조립공장 Suzuki Auto MFG RUS 건설 결정
2007	東銀 리스	모스크바시	일본계 첫 종합리스회사
2007	IHI	모스크바시	자동부품 합작회사
2007	고지마	야로스라부리시	건설기계 등 소형기계 생산 회사의 설립을 결정, 2010년 6월 생산 가동 목표.

자료: 岡田邦生, 2008, 《ロシアビジネス成功の法則》, 東京: 税務經理協會, pp.129~131.

4. 일본의 투자입국과 전략구상

일본의 해외투자가 해외 순소득의 증가를 통하여 일본경제의 성장에 크게 기여하게 되자, 일본정부는 《통상백서 2006》을 통하여 '투자입국'을 천명하였고, 《통상백서 2007》을 통하여 '무역투자입국'을 천명하였다.

즉, 일본정부는 일본 경제의 글로벌화에 의해 경상수지의 흑자, 경제성장 및 경제활동의 효율화가 이루어지고 있다고 판단하고, 국가 경제전략 차원에서 투자입국을 제창한 것이다.

일본정부는 《글로벌경제전략》(2006. 3. 23)의 수립과 더불어 일본기업의 해외진출을 위해 해외시장의 투자·비즈니스 환경정비, 중소기업의 해외진출을 위한 환경정비, 국제표준화활동 강화 등의 전략적 계획을 수립하였다. 아울러, 일본정부는 글로벌 경제전략 차원에서 일본기업의 미국·EU·중국·한국·인도·중동·러시아 등의 지역진출을 위한 전략을 수립하였다.[36] 그러므로 일본의 '무역투자입국'을 지향한 전략구상과 관련, 일본기업의 해외진출 지원전략 즉, 일본기업의 해외진출을 위해 해외시장의 투자·비즈니스 환경 정비, 중소기업의 해외진출을 위한 환경정비, 국제표준화 활동 강화 등에 관해 분석한다. 아울러, 일본기업의 미국·EU·중국·한국·인도·중동·러시아 등의 지역진출을 위한 전략에 관해 분석한다.

1) 글로벌 경제의 전개에 따른 일본 기업의 경쟁력 강화와 해외진출

탈냉전체제의 도래와 더불어 IT혁명의 진전, 수송·통신기술의 발달, 금융기술의 고도화, 무역·투자규제 완화 등을 배경으로 사람, 물건, 돈, 정보의 국경을 넘는 이동이 글로벌 규모로 확대되고 있다. 즉, 사람, 물

36) 經濟産業省 通商政策局, 2006. 3. 23, 《グローバル經濟戰略》.

건, 돈, 정보의 글로벌화 전개와 함께 세계시장이 통일되고 있다.

아울러 경제의 글로벌화가 전개되면서 동아시아의 존재감이 증대되었다. 동아시아지역이 '세계의 성장센터', '생산거점', '시장', '투자처' 등으로 부각되고 있는 것이다. 다시 말해, 동아시아지역은 적극적인 해외자본 유치와 성장의 호순환으로 고도성장을 이루면서 '세계의 성장센터'로 부각됨과 더불어 선진국 기업의 생산거점으로 존재감을 높이고 있으며, 경제규모의 확대에 따른 '시장', '투자처'로서도 주목받고 있다. 동아시아지역의 다이너미즘(*dynamism*)은 NIEs, ASEAN, 중국에 한정되지 않고 인도, 호주 등에까지 확산되고 있다.

이와 같은 경제의 글로벌화 현상은 기존의 세계분업체제를 근본적으로 변화시키고, 기업활동의 글로벌화를 촉진했다.

즉, 경제의 글로벌화는 기업으로 하여금 글로벌 관점에서 '기업의 활동거점을 어디에 입지할 것인가'를 구상하게 하고, 나아가 최적 밸류 체인(*value chain*), 최적 서플라이 체인(*supply chain*)의 구축을 지향토록 했다.[37)]

일본기업도 경제 글로벌화의 영향으로 글로벌 관점에서 활동을 전개하고 있다. 예컨대, 일본 기업은 이전의 '저임금을 기반으로 한 가공조립기업의 동남아 진출'이라는 비교적 단순한 모델 수준을 넘어서 글로벌 수준에서 '고도의 국제분업 네트워크'의 형성을 지향하여 활동을 전개하고 있다.

특히, 동아시아 지역은 다이내믹한 경제성장을 배경으로 투자환경을 정비하고, 산업인프라를 정비하며, 생산거점인 동시에 커다란 소비시장으로 성장하고 있으므로, 일본기업은 전체적 경쟁력을 강화시킬 수 있는 최적지를 동아시아 지역에서 선택했다.

즉, 일본기업은 '경쟁력 강화와 최적지 선택'이라는 전략에서 제조업을

---

37) 經濟産業省 通商政策局, 《グローバル經濟戰略》, pp. 1~26.

〈표 2-10〉 글로벌화에 따른 일본기업의 경쟁력 강화와 과제

▪글로벌 차원의 최적지 선택에 의한 생산·유통 네트워크의 형성
▪진출지의 새로운 시장개척 및 시장 창조
▪고부가 가치화의 사이클을 지향한 글로벌화에 의한 국내산업 구조전환
▪글로벌화에 대응한 인재 매니지먼트(*management*)의 확립
▪글로벌화에 대응한 기술 · 지식 · 표준전략의 확립
▪글로벌화에 대응한 리스크 관리체제의 정비
▪지역전략의 다양화
▪중소기업의 국제적 전개

자료: 經濟産業省 通商政策局, 2006.3.23, 〈グローバル經濟戰略〉, pp.54~63.

중심으로 국내와 고도성장의 동아시아를 무대로 투자 · 무역 등을 통한 국제 분업시스템의 구축을 적극적으로 추진하고 있는 것이다.

요컨대, '글로벌화와 경쟁력 강화'라는 전략적 관점에서, 일본 기업은 〈표 2-10〉과 같이 글로벌 차원의 최적지 선택에 의한 생산 · 유통 네트워크의 형성, 진출지의 새로운 시장 개척 및 시장 창조, 고부가가치화의 사이클을 지향한 글로벌화에 의한 국내산업구조 전환, 글로벌화에 대응한 인재 매니지먼트(*management*)의 확립, 글로벌화에 대응한 기술 · 지식 · 표준전략의 확립, 글로벌화에 대응한 리스크 관리체제의 정비, 지역전략의 다양화 등을 추구하고 있다.

2) 일본기업의 해외진출 지원을 위한 정책과제와 전략구상

일본정부는 《글로벌경제전략》(2006. 3. 23)에서 일본 기업의 해외진출의 지원을 위한 주요 정책과제로서 해외시장의 투자 · 비즈니스 환경 정비, 중소기업의 해외진출을 위한 환경정비, 국제표준화 활동의 강화 등을 선정 · 제시하였다.[38]

이와 관련, 일본정부 전략구상의 핵심적 내용은 다음과 같다.

(1) 해외시장의 투자비즈니스 환경의 정비

① EPA · 투자협정에 관한 정부의 '행동계획'의 명확화

기업의 해외투자 및 사업 진출은 상대국의 투자 · 비즈니스 환경에 상당한 영향을 받는다. 즉, 기업은 사업전략상 예측 가능성의 제고를 필요로 한다. 그러므로 일본 정부는 EPA · 투자협정에 관한 행동계획을 명확히 하고, 나아가 기업에게 상대국 경제제도의 정보 등 관련 경제정보를 제공한다.

② 투자 · 비즈니스 환경의 정비

기업은 해외투자 및 사업을 전개할 때 진출 국가의 법제도 미정비, 인프라의 부실 등에 직면할 수 있고, 이로 인해 기업활동에 상당한 지장을 받을 수 있다. 바로 일본 기업들이 동아시아 여러 국가들에서 겪는 어려움이다.

그러므로 일본정부는 동아시아 여러 국가들과 EPA 교섭시, 법제도의 정비 · 적정한 운용 · 투명성의 확보 등의 문제를 적극적으로 다룬다. 아울러 일본정부는 일본기업의 활동을 위해 동아시아 여러 국가들과 전력, 통신, 교통 등 인프라 정비 등을 위한 전략적인 경제협력을 추구한다.

③ 국가 · 시장별 투자 · 비즈니스 환경 정비 플랜의 책정[39]

기업이 해외투자 및 사업을 전개할 때 각국의 각종 법제도를 비롯하여 투자 · 비즈니스 환경에 관한 정보를 신속 · 정확하게 입수하여 분석하고, 이를 바탕으로 전략책정을 하는 것은 매우 중요하다.

그러나 개별 기업들이 이와 같은 정보를 입수해서 분석하는 것은 용이하지 않다. 그러므로 정부와 기업이 일체(一體)가 되어 주요 산업별 정

38) 經濟産業省 通商政策局, 《グローバル經濟戰略》, pp. 72~79.

39) 經濟産業省 通商政策局, 《グローバル經濟戰略》, p. 75.

보, 주요 국가별 투자·비즈니스 환경 등에 관한 정보를 입수, 정리, 분석, 평가 등을 행하는 시스템을 구축할 필요가 있다.

따라서 일본정부는 국가·시장별 투자·비즈니스 환경정비 플랜을 책정하여 기업과 정보를 공유하는 시스템을 구축하고, 나아가 정부차원의 과제에 대해서는 EPA 교섭, 경제협력 등을 통해서 해결하는 것을 중점적으로 추구한다.

(2) 중소기업의 해외진출을 위한 환경정비

중소기업의 해외진출은 국내 산업을 고도화해 가는 변혁 프로세스의 일환으로 평가된다. 일본정부는 이와 같은 중소기업의 해외진출을 위해서 〈표 2-11〉과 같은 정보 인프라의 정비, 인재확보·육성의 지원, 다양

〈표 2-11〉 중소기업의 해외진출을 위한 환경정비

정보인프라 정비	▪해외진출 전, 정보 수집을 적확하게 지원함 ▪해외진출 후, 현지에서 법무·세무·노무 등에 관해 원스톱(*one stop*) 어드바이스를 받을 수 있는 체제를 정비함
인재확보·육성의 지원	▪현지법인에서 간부를 맡을 인재의 원활한 확보를 위해 시스템을 개선함 ▪현지 공장의 기술계 인재의 육성을 위한 지원을 강화함 – 일본 국내 연수를 위한 정책 지원
다양한 자금조달 환경의 정비	▪해외에서의 설비투자 자금·운전자금 확보를 위해 현행 지원 제도의 유연화 등 시책을 강화함 ▪일본 금융기관의 국제적 전개의 확충을 위한 환경정비
동아시아 각국의 제도개선 촉진	▪동아시아 각국의 대금회수 등에 관한 불공정 흥정, 지적 재산제도 등의 미정비가 중소기업에게 심각한 장애가 되고 있음 ▪정부 간 협의를 통해 제도개선을 도모함
브랜드의 국제 전개 지원	▪중소기업이 세계시장에서 통용되는 브랜드를 확립할 수 있도록 지원 시책을 충실·강화함 ▪JAPAN 브랜드 및 글로벌 브랜드의 육성 지원

출처: 經濟産業省 通商政策局, 〈グローバル經濟戰略〉, pp.75~76.

한 자금조달 환경의 정비, 동아시아 각국의 제도개선촉진, 브랜드의 국제전개지원 등을 추구한다.

(3) 국제표준화 활동의 강화

기업이 해외활동을 하는 데 국제표준의 획득은 지극히 중요하다. 유럽, 미국, 중국 등은 산 · 관 · 학이 일체가 되어 전략적 대응을 하고 있다. 이에 비해 일본기업의 활동은 전략적이지 못한 편이며, 국제표준과 관련하여 종종 국제경쟁력을 잃는 경우도 있다.

그러므로 일본은 기술 · 지적재산 · 표준의 3분야를 삼위일체로 추진하여야 하며, 관민 일체의 대응을 강화하여야 한다. 즉, 일본은 〈표 2-12〉에 제시된 바와 같은 국제표준화 활동의 강화를 위해 정부와 산업계의 전략적 연대 강화, 연구개발의 일체적 추진, 인재의 활용 · 육성, 동아시아에서의 표준 파트너십 구축, 독자 규격에 대한 대처 등을 전략적으로 추구하여야 한다.

〈표 2-12〉 일본의 국제표준화 활동의 강화전략

정부와 산업계의 전략적 연대강화	▪산업계의 적극적인 참가 촉진 ▪나노테크 · 연료전지 등 전략적 분야의 중점적 추진 ▪'국제표준화 지원센터'의 기능강화
연구개발의 일체적 추진	▪산업기술종합연구소의 연구개발능력을 활용한 국제표준개발의 선도 · 지원 ▪정부의 연구개발 프로젝트의 표준화와의 일체적 추진 등을 도모
인재의 활용·육성	▪경험 풍부한 인재를 '국제표준화 전문가'로서 활용하는 시스템을 구축 ▪동아시아도 시야에 넣어 후속 인재의 육성을 도모
동아시아에서의 표준 파트너십 구축	▪동아시아를 국제표준화의 전략적 파트너로 간주하여 기술협력을 추진
독자 규격에 대한 대처	▪자국 산업보호를 위해 규제하는 독자규격에 대해서는 WTO 규정에 따라 대처

출처: 經濟産業省 通商政策局, 〈グローバル經濟戰略〉, pp.77~79.

3) 주요 지역전략

(1) 미국

미국과 일본은 자유 · 민주주의 · 시장경제 등 기본적 가치를 공유하고 있고, 양국의 통합경제 규모는 세계 40%를 점하는 수준이며, 미국은 일본에게 최대 투자처이다. 그러므로 미일 양국의 긴밀한 경제협력은 매우 중요하다. 특히, 일본은 세계경제의 환경변화에 전략적으로 대처하는 데 미국과의 긴밀한 협력을 추구하여야 한다.

《글로벌경제전략》(2006. 3. 23)에서, 일본은 미국과 긴밀히 협력하여 ① 지적재산, 기준 인정 등 기업 활동의 기반이 되는 제도가 고도화 · 전문화 · 복잡화되는 것에 대해 양국의 제도 조화 등과 같은 고도의 경제협력을 통하여 대처하여야 하고, 나아가 ② 에너지 · 환경문제, 빈곤, 개발 등 글로벌 과제에 대해서도 전략적 대응을 추구해야 한다고 제언한다.[40]

(2) 중국

중국은 일본의 매우 중요한 투자 · 교역 국가이다. 예컨대, 일본과 중국의 무역(수출입 합계)은 2005년 기준으로 1, 940억 달러였고, 일본의 대중국 직접투자는 65억 달러였다. 그런데 일본기업에게 중국의 투자환경은 아직도 미비하고 불안정하며 구조적 리스크를 내포하고 있다. 그러므로 《글로벌경제전략》(2006. 3. 23)에서 일본은 ① 중국 국내의 건전한 시장 메커니즘의 구축, 중국경제의 세계경제시스템에로의 편입 등을 실현시킬 수 있도록 여러 채널을 통해서 중국 측에 문제제기 및 문제해결을 촉구하는 노력을 하면서, 아울러 ② 일본의 노하우, 경험 등을 살려 중국의 제도정비를 지원하여야 한다고 전략을 제언하였다.[41]

그리고 앞에서 언급하였듯이, 일본기업은 중국 리스크를 분산시키기

---

40) 經濟産業省 通商政策局, 《グローバル經濟戰略》, p. 129.

41) 經濟産業省 通商政策局, 《グローバル經濟戰略》, p. 133.

위해 '차이나+1'전략을 전개하고 있다. 일본기업은 중국에 생산거점을 두면서 동시에 동일한 품목의 생산 거점을 ASEAN 지역에도 구축하는 전략을 전개하는 것이다.

(3) 인도

일본에게 인도의 투자 강점은 인구와 인재다. 예컨대, 10억이 넘는 인구는 향후 중산층의 증대와 함께 거대한 국내시장을 형성할 것이다. 즉, 인도시장은 잠재성이 매우 높다. 또 '지식 중시'의 교육, 교육환경의 정비, 고등교육시스템 등에 의해 이수(理數) 분야를 중심으로 한 고급 인재가 풍부하다. 즉, 고급 인재의 원활한 공급이 가능하다. 그러므로 서구권(西歐圈)인 인도에는 유럽 및 미국계 기업의 진출이 두드러진다. 일본의 경우도 '차이나+1'전략을 전개하면서 ASEAN과 인도가 부각되고 있는데, 특히 인도는 가장 유망한 포스트 차이나(Post China) 지역이다.

앞에서 언급한 바 있듯이, 일본은 정부개발원조(ODA)를 중심으로 인도와의 경제협력을 지속해 왔는데, 일본의 인도에 대한 정부개발원조(ODA)가 급격하게 전략적으로 증가하면서, 일본기업의 대인도 투자도 두드러지게 증대하고 있다. 아울러, 인도의 경제외적인 전략적 가치가 높아지면서 일본의 대인도 투자가 증가하는 측면이 있다. 그러나 인도는 아직 산업 인프라의 정비가 미비하고 세무 등 법제의 운용이 불투명하며, 고용문제 등 노무문제, 무역·투자환경의 문제점 등을 가지고 있다. 게다가 일본은 인도에 관해 정보가 부족하다는 것을 인식하고 있다. 그러므로 《글로벌경제전략》(2006. 3. 23)에서는 ① 정부와 산업계가 일체가 되어 일본·인도 양국 경제관계의 강화를 서둘러야 한다는 주장과 함께 ② 정책대화, 관민 투자대화 등을 통해서 무역·투자환경의 개선을 추구하며, 나아가 ③ 일본 중소기업의 인도 진출을 위한 환경 정비, 각종 인도 방문의 지원, 인도 무역·투자촉진 창구의 설치, 인도투자촉진 세미나 등의 실시, 인도 진출의 성공사례의 조사·보급 등을 추진해야 한다고

제언했다.[42)]

(4) 중동

일본은 원유수입량의 90%를 중동지역에 의존한다. 즉, 중동지역은 일본에게 가장 중요한 원유 공급지역이다. 그러므로 일본은 원유의 안정적 공급확보라는 관점에서 중동 산유국과의 관계를 각별히 전략적 차원에서 심화시켜야 한다. 최근 중동 제국(諸國)은 석유자원 고갈 이후의 장래에 대비하는 차원에서 직업훈련 및 교육, 의료, 정보 등의 분야에 '오일 머니'(*oil money*)를 사용하고 있다.

따라서《글로벌경제전략》(2006. 3. 23)에서 일본은 기존 중동과의 관계 즉 원유를 수입하고 자동차·가전제품·플랜트를 수출하는 수준의 관계를 넘어 '새로운 중동과의 관계'를 전략적으로 구축해야 한다고 전략을 제언한다. 다시 말해, 일본은 직업훈련 및 교육, 환경대책 등 분야의 협력, 쌍방 투자교류의 확대, 인적 교류의 확대 등을 통하여 경제관계의 다층화, 상호이해 및 신뢰관계의 구축 등을 추구해야 한다는 것이다. 특히, 일본은 현재 중동지역에서 심각한 사회문제로 대두되고 있는 청년실업문제의 해결, 인적 자원개발, 환경보존, 국토개조를 위한 기술, 노하우 등을 비즈니스 차원에서 제공하여 상생의 관계를 구축하도록 전략적 노력을 기울여야 한다는 것이다.[43)]

(5) 러시아

러시아는 푸틴정권의 출범 이후, 정치적 안정과 경제발전이 이루어지면서, 내수의 폭발적 증가와 함께 시장규모가 커졌다. 게다가 최근 세계적 수준의 원료 및 에너지 시장 붐이 일어났다. 그러므로 러시아에 대한 외국자본 투자가 증가되었고, 일본도 에너지, 소매업, 가전제품, 자동

42) 經濟産業省 通商政策局,《グローバル經濟戰略》, pp. 134~135.

43) 經濟産業省 通商政策局,《グローバル經濟戰略》, p. 136.

차 조립부문을 중심으로 투자를 증가시켰다. 특히, 2005년 4월 도요타 자동차의 상트페테르부르크 공장건설을 계기로 부품산업, 금융・손보관계, 물류관계 등 다양한 기업들이 진출하고 있다.

현재, 일본은 고도경제성장과 더불어 폭발적 증가의 내수시장을 겨냥하면서, 다른 한편에서는 석유・가스・전력 등 에너지 프로젝트, 정보통신, 고속전철사업 부문 등 대형 프로젝트에 참여하기 위해 정부-민간 협력에 의한 전략적 접근을 추구하고 있다. 그러나 일본기업의 러시아 진출이 증가하면서 각종 비즈니스 분야에서 마찰이 일어나고 있다.

그러므로 《글로벌경제전략》(2006. 3. 23) 에서 일본은 ① 러시아에서 활동을 전개하고 있는 일본기업들의 비즈니스 마찰의 해소를 위하여 양국간 회의를 통하여 러시아 측에 적극적으로 정책 제안을 할 것을 제언하고 있고, 나아가 ② 2006년 1월에 설치된 '고충처리창구'(TIP데스크) 의 활용을 통하여 비즈니스 환경의 정비를 추진할 것을 제언하고 있다.[44]

5. 맺음말

일본은 해외투자를 통하여 국부(國富) 를 증대시켰다. 즉, 최근 국제원자재 가격의 급등 등에 따른 교역조건의 악화가 일본의 무역수지 및 국민경제에 부정적 영향을 미쳤지만, 일본은 해외투자에 의한 소득을 증대시킴으로써 경상수지의 흑자를 증가시켰다. 아울러 일본은 저부가 가치 산업 및 경쟁력이 약화된 산업을 해외에 이전시킨 후, 고부가 가치 산업으로 발전시킨 후에는 역으로 지방자치제의 경제발전 차원에서 국내로의 이전을 추구하고 있다. 따라서 일본정부는 해외투자의 중요성을 인식하여 《통상백서 2006》을 통하여 '투자입국'을 천명하였고, 《통상백서 200

---

44) 經濟産業省 通商政策局, 《グローバル經濟戰略》, pp. 137~138.

7》을 통하여 '무역투자입국'을 천명하였으며, 《글로벌경제전략》(2006. 3. 23) 을 수립·발표하였다.

즉, 일본 정부는 일본 경제의 글로벌화에 의해 경상수지의 흑자, 경제성장 및 경제활동의 효율화가 이루어지고 있다고 판단하고 국가 경제전략 차원에서 투자입국을 제창한 것이다. 이는 한국의 국가경제전략에 적지 않은 시사점을 준다. 한국경제 글로벌화의 전개에 따라, 한국이 투자국가 전략을 구상하고, 한국기업의 해외진출 전략 및 관민협력 전략 등을 수립하는 데, 일본의 사례는 적지 않은 도움이 될 것이다.

제3장

해외투자국가의 사례연구 2

한국의 대외 에너지 투자와 에너지 확보 전략

윤 성 학*

1. 서론

에너지 자원 공급을 대부분 해외에 의존하는 한국은 지속적인 경제성장을 위해 에너지 자원 확보라는 국가적 과제(*National Agenda*)에 직면했다. 에너지 없는 현대 문명은 가능하지 않으며, 효율적이고 안정적인 에너지 확보 없이는 경제성장은 물론이고 국민의 안전과 일상을 지킬 수 없다는 것은 가까운 인도나 우크라이나의 최근 경제위기에서도 잘 나타난다.[1)]

한국의 대외 에너지 확보전략은 '자주원유'로 요약된다. 자주원유란 한국 국적을 갖고 있는 기업이 해외에서 유전을 개발하여 가능하다면 한국으로 도입하거나 아니면 현지에서 국제시장에서 팔아서 한국으로 달러를 송금할 수 있는 원유를 의미한다. '자주원유' 전략에서는 에너지 투자와 에너지 확보 전략이 하나로 통합되어 있다. 석유공사, 가스공사, SK에

* 한국 외국어대학교 러시아연구소 교수.

1) 프론티어 마켓으로 주목받던 인도와 베트남, 그리고 우크라이나는 2008년 들어 지속적이고 안정적인 에너지를 공급받지 못함에 따라 높은 인플레이션과 성장률 저하에 직면했다.

너지 등 한국의 에너지 기업이 해외에서 에너지 투자를 통해 에너지 자원을 확보한다는 것이다.

한국정부는 자주원유 개발을 위해 막대한 탐사 및 생산 자금을 석유안정화기금 및 에특기금에서 지원해주고 있으며,[2] 한국의 에너지 기업은 이 자금을 바탕으로 해외에다 활발한 에너지 투자를 전개하고 있다. 자주원유 개발률[3]은 IMF 이후 일시 위축되었으나, 참여정부 들어 2000년 1.9%에서 2007년 약 4.1%로 상승하였다. 그러나 우리와 비슷한 경제 규모를 갖고 있는 이탈리아가 50%, 스페인이 56%에 이르며 중국이 14%, 일본이 9.8%인 것과 비교한다면 많이 모자라는 수준이다.

자주원유 개발을 위한 해외유전개발 투자액은 1997년 약 6억 달러에서 2006년에는 19억 달러로 증가하였다. 〈표 3-1〉에서 보듯이 2007년 상반기 투자된 12.8억 달러 가운데 한국석유공사, 한국가스공사, LG상사, SK에너지, 삼성물산 등 상위 7대 기업이 차지하는 비중은 7.1억 달러이며, 중소기업(30여 개 업체)은 5.7억 달러로 45%를 차지하였다. 국내기업들의 해외유전개발 사업 참여도 크게 활성화되어, 해외유전개발사업 신고를 한 광구는 2007년 상반기에만 16개 사업에 이른다.

투자 금액의 증가에도 한국의 해외 에너지 개발이 부진한 것은 여러 가지 이유가 있는데, 무엇보다도 우리의 국력이 아직 자원보유국의 이해관

---

2) 한국은 1980년대부터 해외유전개발을 본격적으로 추진해왔는데, 성공률이 극히 낮은 반면 탐사사업 초기에 막대한 자금이 소요되고 투자금 회수기간이 긴 유전개발 사업의 특징상 정부는 금융지원 차원에서 성공불융자제도(*Success Repayable Loan System*)를 도입했다. 성공불융자제도란 융자대상사업이 실패했을 경우 원리금의 일부 또는 전부를 감면해주고, 성공했을 경우 융자원리금 상환 이외에도 일정비율의 특별부담금을 징수하는 융자제도이다. 또한 정부는 2001년 '해외자원개발기본계획'을 통해 유전개발에 소요되는 자금의 융자비율을 확대하고, 사업 성공 시 징수하는 특별부담금을 경감했다.

3) 자주개발률은 '국내기업이 국내외에서 개발한 자원의 총생산량 × 국내기업의 지분율/총수입량 × 100'으로 계산한다.

〈표 3-1〉 한국의 해외 유전개발 투자현황

(단위 : 억 달러)

구 분	2004년	2005년	2006년	2007년 상반기
투자 실적	6.4	9.5	19.0	12.8
증감률	16.4%	48.4%	100.0%	'06년 연간실적의 67%

자료: 산업자원부.

계를 이끌어 내기에 정치적 역량이 미흡하다는 점이 가장 큰 이유다. 해외원유 채굴사업은 기본적으로 앵글로 색슨계의 비즈니스이며, 일본의 경우에서 보듯이 자원민족주의의 강화로 돈만 가지고 성공할 수 있는 사업이 아니다. 자원보유국을 설득시키고 장기간 이해관계를 유지할 수 있는 외교력, 천문학적 금액의 개발비와 시설비를 충당할 수 있는 경제력, 그리고 정확한 매장량을 평가하여 사업의 경제성을 판단하고 또 개발을 성공적으로 이끄는 기술력이 확보되어야만 해외 자원개발은 성공할 수 있다. 여기에다 세계 에너지 자원의 탐식자로 덤벼드는 중국과 인도, 일본 등과 경쟁해야 하는 어려움도 있다.

이러한 어려움을 무릅쓰고 세계 다른 지역에서 유전개발에 성공하여도 우리나라로 들여올 수 있는 자주원유의 물량은 총수입물량의 5%에도 미치지 못하고 있는 실정이다. 나머지 물량은 결국 우리가 현금으로 중동산이나 다른 나라 원유로 충당할 수밖에 없다. 또한 비록 한국정부의 자금지원을 받아 해외유전에 투자한 민간기업이 해외에서 벌어들이는 수입이 국민경제에 직접 환원되기보다는 투자기업의 영업이익이 되어 버리는 문제점도 지적하지 않을 수 없다. 최근 고유가로 국민경제는 신음하고 있는데 한국 에너지 기업의 영업이익은 오히려 상승하고 있다. 따라서 일반적인 기업의 에너지 투자와 한국이 국가적으로나 전략적으로 확보하여야 하는 에너지 자원 투자는 구분이 되어야 한다.

한국이 심혈을 기울이고 있는 자주원유 개발지역으로는 동남아, 북아프리카, 남미, 그리고 카스피 해 등이 많이 거론되고 있다. 그러나 이들

〈표 3-2〉 동북아 시장으로의 원유 수송비용

수송 노선	달러/bbl	기 간	기 타
카스피 해-동북아 시장	3.5	30일	노보로시스크에서 선박 이용
앙가르스크-나호트카	2.98	-	100만b/d 기준
사할린-한국	0.76	2~3일	선박 이용 시

자료: 에너지경제연구원, 2004, "동북아 에너지 협력 연구".

지역은 비상시 한국에 물량 공급을 할 경우 커다란 정치적 어려움이 있으며, 엄청난 수송비 때문에 경제성도 거의 없다. 아프리카나 남미에서 확보된 에너지를 과연 한국의 에너지로 분류할 수 있을지 의문이며, 비상시 한국으로 들여올 수 있는 경제적·정치적 가능성은 거의 없다고 보아야 할 것이다. 중앙아시아 카스피 해의 에너지만 하더라도 배럴당 수송비는 중동에 비해 3~4배 높은 수준이며, 파이프라인조차 아직 깔려 있지 않은 상황이다. 아래 〈표 3-2〉에서 보듯이, 동남아를 제외한 이들 지역의 원유는 한국으로 직접 수입하기에는 수송비 부담이 지나치게 높으며, 나아가 전쟁 등이 발발했을 때 이 지역 원유를 한국으로 안전하게 수송할 수 있다는 보장은 어디에도 없다.

이 논문에서는 그동안의 서구적 패러다임에 기초한 '자주원유' 전략의 문제점을 제기하고 기업의 대외 에너지 투자와 에너지 확보전략을 별개로 분석하고자 한다. 물론 기업의 대외 에너지 투자는 해당 기업의 판단을 통해 진행하되 가능한 다양한 금융지원이 있어야 하겠지만 국가적 에너지 확보전략의 관점에서 지원의 정도가 결정되어야 할 것이다. 이러한 관점에서 가장 저렴한 수송비라는 메리트를 갖고 있으면서도 정치적으로 어떠한 방해도 존재하지 않는 러시아 극동과 동시베리아 에너지 자원은 여타 다른 에너지 자원과 다른 전략적 자원으로 분류되어야 하며, 이 지역에 대한 투자에는 국가적 지원이 필요하다는 점을 이 논문에서는 규명하고자 한다.

2. 에너지 투자의 정치경제학

1) 에너지 자원의 기술적 특성과 시장경제

2000년 이후 지속적으로 상승하는 국제 에너지 가격이 2008년부터는 본격적인 세계경제의 불안 요인으로 작용하고 있다. 대외 에너지 자원 의존 비중이 높은 국가인 인도, 베트남, 우크라이나 등의 이머징 시장은 모라토리엄까지 치달을 가능성이 제기되고 있으며, 세계 최대 에너지 소비 국가인 미국도 고유가에 따른 심각한 경기침체를 겪고 있다. 에너지 자원 대부분을 수입에 의존하고 있는 한국[4]도 고유가의 충격으로 경제 성장률이 크게 위협받고 있다.

과거 공기나 물처럼 너무나 당연한 자원으로 생각하였던 에너지가 국제 고유가로 인해 재인식을 요하는 존재가 되었다. 에너지는 식량이나 물과 달리 열역학 제 1법칙에 따라 자본, 노동 또는 기술에 의해 '창조'될 수 없는 자원이자 상품이다. 에너지 자원의 이러한 기술적 특징 때문에 자본주의 시장경제는 항상 100% 에너지 종속적인 성격을 띠고 있다. 에너지는 그 정의가 '일'을 할 수 있는 '능력'이며, 다시 말해 에너지가 없으면 '일'이 없고, '일' 없이는 경제적 가치생산이 불가능하다.

에너지 자원 가운데 특히 석유 에너지는 철강, 전력과 같은 산업의 기초를 이루고 있으며, 지난 반세기 동안 배럴당 10달러에 미치지 못하는 저렴한 가격으로 물처럼 사용하는 시대적 오류를 범했다. 지난 150년간 산업적으로 채굴된 석유는 지금 문명세계 전체를 지탱하는 에너지 총량의 가장 큰 부분을 차지하고 있지만 석유가 재창출이 불가능한 에너지 자

4) 한국은 세계 10위의 에너지 소비국으로, 세계 5위의 원유수입국, 세계 2위의 석탄 및 천연가스 수입국이다. 보다 중요한 것은 한국은 석유자원의 70% 이상을 중동지역에 의존하고 있어서 중동지역의 정치경제적 불안이 바로 에너지 공급불안으로 연결될 가능성이 높다는 점이다.

원(*Non-renewable energy resources*)이라는 기술적 특성은 간과되었다. 석유 자원의 기술적 특징은 다시 채워지지 않고, 만들 수도 없다는 데 있으며, 지금 석유가 차지하고 있는 위치를 다른 대체 에너지로 교체하는 일도 대단히 어렵다. 만약 다른 에너지 자원으로 대체한다고 할 경우에도 엄청난 시간과 천문학적 규모의 투자가 필수불가결하다.

현재 에너지 문제의 핵심은 석유의 수요·공급 문제이다. 석유 소모량은 개발과 발전이라는 자본주의적 가치와 명목 아래 계속 증가하는 데 반해, 석유 자원의 생산량은 이미 그 최대치에 도달하고 있으며, 앞으로는 막대한 투자비용을 들여야 생산이 가능하다. 2000년 이후 석유자원의 고갈은 심각하게 진행되고 있는데, 세계 최대 유전인 사우디아라비아 가와르 유전의 불길이 꺼져가고 있다는 충격적인 보고서가 속속 제출되었다.[5)]

시장경제는 기본적으로 평등한 기회와 궁극적인 효율성을 추구하지만 실질적으로는 일부 시장의 권력에 더 많은 자원과 부가 집중되지 않을 수 없는 체계이다. 더욱이 1990년 이후 급속히 진행된 세계화로 인해 시장경제는 국제 투기자본에 그대로 노출되어 있으며, 에너지 시장은 에너지 수요와 공급이 아니라 투기적 요소 때문에 국제 고유가가 형성되었다. 미국과 국제 투기자금의 영향력을 차단한 새로운 에너지 시장 질서수립은 필수적이다.

에너지 산업은 많은 측면에서 이 세계의 가장 필수적인 산업이며 공공재적 성격을 띠고 있다. 세계는 증가할 수밖에 없는 에너지 수요를 현실적으로, 획득 가능하고 안전하게, 그리고 환경에 대한 책임 있는 자세로 충족시켜야 하는 과제를 안고 있다. 이러한 과제의 해결을 단순히 기업을 통해서 충족하는 것은 불가능하다. 국가와 정부가 오늘날 에너지 산업의 자기 충족적 이익실현을 시장경제의 틀에서 해결하지 않으면 파멸적 결

---

5) 매튜 R. 사이먼스, 2007, 《사우디아라비아 석유의 비밀》, 서울: 동양문고.

과를 초래할 수밖에 없다는 것을 보다 분명하게 인식하여야 할 것이다.

2) 에너지와 국제정치

부족한 에너지 자원을 확보하기 위한 전 지구적 경쟁은 1991년 소비에트 붕괴 이후 국제정치를 변화시켰다. 미국이나 중국 등의 강대국은 물론이고 세계 모든 국가는 에너지를 국가안보 차원에서 다루고 있다. 2008년 오늘의 세계경제 위기상황에서 보듯이 에너지를 확보한 국가는 경제위기에서 약간 벗어나 있으며, 그렇지 못한 국가는 모라토리엄의 위기에 직면했다.

에너지 안보의 구체적인 개념은 각 나라마다 다른데, 미국에서는 이를 충분한 에너지를 합리적인 가격으로, 지속적으로 안전하게 구매할 수 있는 개념으로 본다. 부시 행정부가 대내외적인 비난을 무릅쓰고 이라크 침공을 강행하고 러시아와의 갈등에도 불구하고 카스피 해와 중앙아시아 내륙으로까지 미군을 진출시킨 이유는 에너지 자원의 안정적인 확보 없이는 세계 최대의 에너지 수입국가인 미국의 국가안보와 경제가 위험하다고 보았기 때문이다.

세계 유일 초강대국인 미국은 전 세계 산유량의 4분의 1을 소비하고 있으며, 원유의 53%를 수입에 의존하고 있다. 석유에 대한 대외 의존도가 이처럼 높기 때문에 석유 확보는 항상 미국 외교・안보정책의 제 1순위였다. 미국이 대내외적인 비난을 무릅쓰고 중동 지역에 대한 지배권을 유지하려는 것도 이런 맥락 때문이다. 미국은 나아가 제 2의 중동으로 부상하고 있는 카스피 해와 중앙아시아에도 대테러전쟁이라는 구실로 적극 진출하였다. 미국은 유럽으로 열린 BTC 송유관 구축을 통해 카스피 해의 아제르바이잔과 카자흐스탄에 진출하는 데 성공하였으며, 나아가 카프카즈의 자원 빈국인 그루지야를 친미국가로 만드는 데 성공하였다. 또한 미국은 구소련 지역에서 자유와 민주주의를 확산시킨다는 명분으로

'색깔 혁명'을 통해 독재정권을 붕괴시키고, 친미지향적인 국가 수립에 성공한 것이다.

유럽의 에너지 안보개념은 유럽의 난방을 책임지고 있는 러시아 천연가스를 차질 없이 공급받고 나아가 카스피 해나 다른 지역의 에너지를 통해 공급 다양성을 추구하는 데 있다. 유럽의 러시아산 천연가스 수입 비중은 45%에 달하며, 석유도 러시아에 약 15% 이상 의존하고 있다. 이에 따라 유럽의 에너지 안보전략은 러시아의 안정적인 에너지 공급에 주력하면서 중앙아시아와 중동으로 공급의 다변화를 추진하는 데 있다.

미국과 유럽의 에너지 안보개념이 상대적으로 명확한 반면, 한국의 에너지 안보개념은 중동산 에너지 의존도를 줄이고 공급을 다변화한다는 다소 모호한 전략을 갖고 있다. 한국의 해외 에너지 의존도가 97%이고 중동석유 도입 비중이 79%나 된다는 것은 국가 안보가 외부환경 변화에 대단히 취약하다는 것을 의미한다. 중국과 인도, 유럽 국가들이 국가 안보 측면에서 필사적으로 에너지 공급원의 다양화를 추구한 반면, 한국은 에너지를 돈만 있으면 살 수 있는 시장의 영역으로 생각하는 에너지 안보 불감증에 걸려 있다.

에너지 안보 개념의 핵심은 충분한 에너지를 합리적인 가격으로 지속적으로 공급받는 데 있는데, 이러한 의미에서 최근 중동의 위상은 흔들리고 있다. 사우디의 가와르 유전에서 볼 수 있듯 중동산 에너지 규모(특히 석유)는 줄어들고 있으며, 대신 러시아와 중앙아시아가 새로운 에너지 산지로 각광받고 있다. 이에 따라 지금 세계는 냉전의 종식 이후 미국 주도의 일극체제에서 에너지 자원이나 경제력을 갖고 있는 나라를 중심으로 다극적 세계로 이행하고 있다. 미국은 이미 이라크전의 수렁에서 절대적인 헤게모니를 상실하였으며, 대신 중국과 인도가 높은 경제성장으로 부상하고 있으며, 세계 최대 자원강국인 러시아가 이 다극세계의 또 다른 한 축을 형성하고 있다.

에너지 공급 국가로서 러시아의 국제적 영향력은 갈수록 강화되고 있다. 러시아는 2007년 전 세계 석유의 7% 이상을 공급하였으며, 극동 시베리아 개발사업이 본격화되면 사우디를 대신하여 최대 석유 공급국가로 부상할 수 있다. 러시아의 잠재력은 무엇보다도 가스에 있다. 러시아는 세계 최대 가스 생산국이자 수출국이며, 잠재매장량도 무한한 나라이다. 이미 유럽은 러시아 가스 없이는 겨울을 보낼 수 없는 지역이 되어 버렸으며, 동북아와 아시아 태평양 국가들은 극동 가스를 중동산 가스를 대체할 수 있는 자원으로 간주하고 있다. 에너지와 국제정치에서 새롭게 부각되고 있는 러시아와 어떠한 관계를 맺는가가 갈수록 중요한 쟁점이 되고 있는 것이다.

3. 에너지 안보와 에너지 확보 전략

1) 미국

미국의 에너지 정책은 20세기 초반까지만 해도 거의 국지적 자급형 경제 정책의 범주에 머무르고 있었다. 미국은 석유든 석탄이든 다른 나라에 의존해야 할 필요가 없을 정도로 자체 부존자원이 풍부한 국가였던 것이다.[6] 1900년 미국의 석유 총생산량은 연간 1억 5천만 배럴 수준이었으며, 당시 미국이 소모하는 에너지 총량에서 석유가 차지하는 비중은 3% 정도에 불과하였다. 그러나 2003년 기준 미국의 연간 석유 총생산량은 약 32억 배럴이지만 이것은 미국의 연간 석유 총 소요량의 45%에 지나지 않는다. 다시 말해 미국은 이제 연간 73억 배럴 정도의 석유를 소비하는

---

6) 미국은 총 에너지 부존자원, 총 소모량, 총 수입량 모두 세계 최대인 것이다. 현재 석유(원유)는 현재 미국 총 에너지 소비량의 약 40%를 차지하고 있다. 천연가스가 23%, 석탄이 23%, 핵발전 8%, 수력 발전 3%, 그리고 대체 에너지들이 약 3%이다.

나라이며, 그 중 56%를 해외에서 순수입해야 하는 국가가 되어 버린 것이다.

미국은 무엇보다도 소비하는 석유의 50% 이상을 해외에 의존하고 있으며, 이에 따라 석유자원 확보는 미국 경제에 결정적 중요성을 가진다. 미국의 모든 경제산업활동, 그리고 그들의 문화 및 생활양식이 석유라는 에너지 자원을 중심으로 구축되었으며, 심지어 막강한 전쟁수행능력을 수행하는 탱크, 항공기, 헬리콥터, 군함 등이 거의 모두 석유 의존형이다. 따라서 석유는 미국의 안보와도 직결될 수밖에 없는 자원이다.

부시정부 들어서 미국은 이제 석유자원 확보를 위해서라면 전쟁을 도발하는 데 주저하지 않는다. 도발하고 수행하였다.[7] 해외 석유자원에의 원활한 접근과 미국으로의 수입이 위협 받는 상황이라면 전쟁을 사양치 않겠다는 정책은 공식적으로 카터 대통령이 수립한 에너지 안보 정책이었다. 지미 카터는 1980년 1월, 이란의 팔레비 왕조가 무너지고 구소련이 아프가니스탄을 침공하자, 이른바 '카터 독트린'이라고 불리는 에너지 정책을 수립하였는데, 그 핵심은 페르시아 주변 산유국의 원유공급을 지속적으로 확보하기 위해서는 수단과 방법을 가리지 않겠다는 것이다. 이후 미국은 1987년과 1988년 쿠웨이트 오일 탱커들을 이란의 미사일 및 초계함 공격에서 보호하기 위해 무력을 사용했으며, 1990년 쿠웨이트를 침공한 이라크를 치는 정치적 명분으로 사용되었다.

2001년 취임한 부시 대통령은 방어적 성격의 에너지 전쟁을 선제 공세적 성격으로 변화시켰다. 부시의 에너지 장관인 스펜서 아브라함은 2001년 3월, National Energy Summit(미국 국내 에너지 관계자 회의)에서 "미국은 향후 20년 안에 중대 에너지 위기에 직면할 것이다. 이를 극복하지 못하면 우리 미국의 경제적 번영이 위협 받고, 국가 안보에 문제가 생기며, 말 그대로 우리가 살아가는 방식 자체가 바뀔 것이다."라고 선언하였

7) 루즈벨트는 석유를 이용해 태평양 전쟁을 불렀고 제 2차 세계대전에 참전할 정치적 기회를 잡았지만 석유를 확보하기 위한 것은 아니었다.

다. 미국은 결국 아프가니스탄과 이라크로 진격하고 말았다.

부시정부하에서 미국의 에너지 정책은 재창출이 가능한 에너지원들의 개발을 확대하며 석유 의존도를 낮춰 가기보다는[8] 해외 석유 의존도를 더욱 심화하고 항구화하는 것이었다. 미국의 국가 에너지 정책은 궁극적으로 해외 석유 의존도를 줄이기보다는 그것을 항구적으로 확보하겠다는 데 중점을 두고 있다. 미국이 영향력을 행사할 수 있는 에너지 신천지는 남미나 극동이 아닌 아랍과 카스피 해다. 에너지 자원 획득을 위해 미국은 국가적으로 외교 및 군사적 전략을 전개하고 민간기업들은 정부 정책에 발맞추어 에너지 탐사 및 생산을 준비한다.

미국은 에너지 자원 확보를 위해 군사력(외교력 포함)과 민간기업의 파워를 적절히 믹스하는 전략을 사용하고 있다. 정부가 외교 및 군사적 지원의 대가로 자원개발의 진출기반을 확보하고 그 기반을 이용하여 미국계 메이저 기업들이 자원을 개발하는 방식을 이용하는 것이다. 미군이 점령한 아프가니스탄은 카스피 해 에너지원으로 접근하는 통로이며, 이라크에서는 미국계 메이저들이 정부의 지원하에 대규모 석유자원 개발에 나서고 있다. 또한 구소련에서 독립한 중앙아시아 국가 중 석유를 보유하고 있는 국가인 카자흐스탄, 아제르바이잔 등 카스피 해 연안 국가들과 유대관계를 강화하며 파이프라인을 확보하고 있다.

미국 정부의 이러한 지원을 배경으로 미국계 석유 메이저 기업들이 중요 유전을 선점하고 있다. 제 2차 세계대전이 종식된 후, 세계 석유 시장에는 이른바 세븐 시스터즈라고 불리는 7개의 메이저들[9]이 있었다. 이 7

---

8) 이러한 전략, 즉 미국이 종래의 에너지 정책을 수정할 경우, 새로운 대체 에너지원의 개발과 수송 기술 등의 개발을 위해 엄청난 투자가 필요하게 되며, 이에 따라 죽는 산업과 새로 일어나는 산업들이 생기게 되며, 근본적으로 전체 산업의 재구성이 필요하게 될 것이다.

9) 7개의 메이저들로는 △브리티시 페트롤리움(British Petroleum), 현재 BP Amoco, △걸프 오일(Gulf Oil Company), 현재 세브론(Chevron Corp.)의 일부, △로열 더치 쉘(Royal Dutch Petroleum/Shell Oil), △소코니 버큠(Socony-

개의 거대 에너지 기업들은 모두 앵글로 색슨 계열의 기업이며, BP와 R/D Shell을 제외하고는 모두 미국 기업이다. 그리고 이들 7개 거대 기업들은 상호 출자와 합작 등을 통해 긴밀한 관계를 유지하고 있다.

2) 유럽

EU를 중심으로 하는 유럽 국가의 에너지 확보 전략은 기존의 러시아와의 에너지 협력을 강화하면서 카스피 해, 아프리카 등에서 에너지 자원 외교를 강화하는 것이다. 유럽은 구소련시절부터 러시아와 에너지 협력을 강화하여 현재 잘 발달된 가스, 석유 등 에너지 연결통로를 구축하고 있다. 유럽은 전체 러시아 석유수출의 90%, 가스 수출의 경우 70%를 차지하고 있으며 최근 에너지 수요 증가로 러시아의 석유 및 천연가스 의존도는 증가하고 있는 추세이다. 2007년 기준 EU 가맹국이 소비하는 원유의 약 15%, 가스의 30% 이상은 러시아로부터 파이프라인을 통해 전달된다. 독일의 경우 천연가스 수입량의 40% 이상을 러시아로부터 제공받고 있으며, 폴란드, 리투아니아 등 동유럽과 발틱 국가들은 러시아에 대한 에너지 의존도가 90%에 육박한다.

유럽 국가들의 러시아에 대한 높은 에너지 의존도에 대해 국제에너지기구(IEA)는 특별 보고서를 통해 유럽 국가들이 러시아 한 국가에 대해서만 에너지 의존도를 높이고 있는 것은 바람직하지 않다면서 에너지 시장에서 독점적 지위를 누리고 있는 러시아가 조만간 유럽 경제를 좌지우지할 것이라고 경고했다. 실제 유럽은 러시아 푸틴 대통령의 권위주의적 통치 형태에 대해 미국과 달리 비판적이지 않다. 유럽 국가들이 러시아에 대해 유화적 입장을 가질 수밖에 없는 것은 러시아 에너지에 대한 높

Vacuum), 모빌(Mobil)의 모태이며 현재 엑슨 모빌, △스탠더드 오일 캘리포니아(Standard Oil of California), 현재 세브론, △스탠더드 오일 뉴저지(Standard Oil of New Jersey), 엑슨의 모태, 현재 엑슨 모빌, △텍사코(Texaco Inc.) 등이다.

〈표 3-3〉 러시아의 원유 및 천연가스 수출량 및 금액(2000년)

구분	유럽	CIS	합계	유럽수출비율(%)
석유수출량(백만 톤)	127.63	4.96	132.59	96.3
석유수출액(십억 달러)	22.96	0.73	23.69	96.9
천연가스 수출량(Bcm)	129	88.1	217.1	59.4
천연가스 수출액(십억 달러)	10.46	1.56	12.02	87

자료: Eastern Bloc Energy, 2001.3.

은 의존도 때문이다.

EU 국가는 1997년에 결성된 'EU · 러시아 간의 Partnership 및 협력협정'(The EU/RF Partnership & Cooperation Agreement)을 통해 러시아와의 에너지 협력을 강화하고 있다. 러시아는 EU의 투자를 촉진시키기 위해 E&P 분야의 법률개정과 유럽으로의 원유 · 천연가스 수출을 위한 신규 파이프라인 건설, 그리고 장기적인 에너지공급에 대한 법적 보장을 주요 과제로 결정하였다. 러시아는 EU국가들에게 에너지자원 공급국으로서의 경제적 이득 극대화를 위해 자국 하류시장을 개방하는 유럽 국가들에 한해 에너지 자원의 안정적 공급 보장과 러시아 상류부문 진출을 보장해주고 있다. 이탈리아는 South Stream을 통해 러시아 가스를 공급받고 대신 자국 에너지 하류시장을 개방하였다.

EU는 러시아와의 에너지 협력 원칙에 대해 국가간 양자주의보다 EU 대 러시아라는 다자간 접근을 기본 원칙으로 삼고 있다. EU 에너지 위원회는 2006년 3월 러시아의 가스공급 중단사태를 경험하면서 공동 에너지 전략으로 '지속가능하고 경쟁력 있는 안정적인 에너지를 위한 유럽 전략'이라는 제목을 가진 Green Paper를 발표하였는데, 여기서 제기된 중요한 내용은 '지속가능성, 경쟁력, 공급 안정성'이며, 6가지 최우선 과제 중의 하나로 역외 공급자에 대한 공동정책을 제기하였다.

EU는 중요한 공동대책으로서 러시아가 에너지헌장(Energy charter Treaty)과 수송의정서(Transit Protocol)를 비준할 것을 요구하였다. 에너지헌장은 동서냉전 붕괴 후 구소련지역에 대한 서방의 에너지관련 안전한 투자와 교역을 목적으로 1994년 제정되었는데, 현재 EU 포함 52개국이 서명하였으며 러시아, 호주, 노르웨이는 서명은 하였으나 아직 비준을 하지 않고 있다. EU는 또한 러시아 국내 가스 상하류부문의 개방 및 자유화 추진, 러시아 정부에 대한 에너지자원의 외교적 수단 활용중단 등도 요구하였다.

EU의 이와 같은 태도에 러시아는 EU 국가들은 자신들의 하류시장은 개방하지 않은 채 러시아의 일방적인 복종을 강요한다면서 비난하고 유럽시장에서 가스프롬의 활동을 제재하면 러시아 가스는 북미와 중국 시장으로 갈 것이라고 공개적으로 반박하였다. EU 에너지위원회의 강력한 실행 의지에도 불구하고 Green Paper는 실현하기 힘들 것으로 예상된다. 개별 EU회원국들은 러시아 가스의 안정적 도입을 위해 러시아와의 양자협력 관계를 강화하고 있으며 EU도 안정적인 에너지 공급원으로서 러시아의 필요성이 갈수록 중요하기 때문에 러시아에 대한 직접적인 압력은 실행하고 있지 못하다.

EU 국가 가운데 독일은 가장 친러시아적인 입장을 갖고 있다. 러시아도 마찬가지로 독일을 대유럽 에너지시장 진출과 에너지 판매의 유럽허브로 삼고 있다. 러시아와 독일은 2005년 9월 우크라이나와 동유럽, 그리고 발틱 3국을 통과하지 않는 북유럽가스관(NEGP) 건설에 합의하여 EU 국가들을 놀라게 하였다. NEGP 라인에서 소외된 폴란드와 발틱 국가들은 이 합의가 새로운 형태의 러시아와 독일의 '에너지 동맹'이며 EU의 결속을 무시한 처사라고 비난하였다.

독일의 슈뢰더 前총리는 집권 당시 NEGP 건설 사업에 약 10억 유로의 차관을 보증해주었으며, 이후 슈뢰더 본인이 NEGP 감독위 의장으로 취임하기까지 하였다. 독일은 또한 호도로코프스키의 구속과 유코스 청산 과정에서 전 세계의 비난에도 불구하고 푸틴정부를 비난하지 않았는데, 결국 도이치뱅크가 유코스 매각 주간사 역할을 맡기도 하였으며, 러시아는 자국의 고속철도 모델로 독일의 이체(ICHE)로 결정하는 등 상호 협력을 강화하였다. 또한 러시아와 독일 기업들과 유럽 및 제3국에서 상하류 부문에 대규모 투자사업을 공동으로 추진하고 있다.

최근 남부 유럽 국가들은 러시아와의 가스협력을 강화하고 있다. 이탈리아는 중부 유럽 국가들과 컨소시엄을 형성하여 러시아 가스를 장기 공급받는 대규모 프로젝트를 추진중이며, 프랑스 Total은 LNG 관련 기술을 가스프롬에게 제공하고 자국 시장을 개방하는 동시에 세계 최대 가스전인 쉬토크만 개발사업에 동참하는 데 성공하였다.

EU는 또한 향후 유망한 에너지 공급원으로 카스피 해와 아프리카에 적극 진출하고 있다. EU는 투르크메니스탄에 가스를 공급하기 위한 나부코 가스관 사업을 추진하는 등 안정적인 에너지 공급망을 적극 추진하고 있으며, 중국의 자원 확보를 위한 아프리카 진출을 경계하면서 아프리카에서 신규 가스공급원을 확보하기 위해 노력중이다.

3) 중국

한때 아시아 최대 석유수출국이었던 중국은 경제성장에 따른 급격한 에너지 수요의 증가로 90년대부터 에너지 수입국으로 변모하였다. 2002년 중국은 일본을 제치고 일일 700만 배럴을 사용하는 세계 2위 석유 소비국이 되었으며, 중국의 1인당 에너지 소비량이 미국 수준에 도달하게 되면 전 세계적으로 심각한 에너지 위기가 닥칠 것으로 예상된다. 이에 따라 중국은 안정적인 에너지 자원의 공급을 위해서라면 어떤 이데올로기적 성향이나 의심스러운 거래에도 기꺼이 지갑을 풀고 있다.

중국의 입장에서 무엇보다 심각한 것은 폭발적인 경제성장으로 중국의 석유소비는 빠른 속도로 늘어나고 있지만, 국내 원유생산은 오히려 감소하고 있다는 점이다. 일일 100만 배럴을 생산하여 중국 최대 유전으로 꼽히는 대칭 유전은 산유량이 서서히 감소하여 2010년에 약 일일 60만 배럴로 급격하게 축소될 것으로 예상되고 있다. 대부분의 중국 유전은 생산된 지 40년이 되어 가는 성숙유전이기 때문에 석유자원의 고갈 문제는 심각하다.

중국이 경제성장을 지속하기 위해서는 2020년에는 석유와 천연가스 수요의 절반가량을 수입에 의존해야만 하는데, 수송 측면에서나 경제성의 기준에서 러시아 에너지가 가장 현실적인 대안이다. 원유수급과 관련해서 중국은 러시아와 비러시아 지역에 대해 각각 다른 접근을 취하고 있다. 인도네시아나 카자흐스탄 등 신규 유전 개발지역에서는 중국국영 에너지개발회사인 CNPC 등을 통해 적극적으로 광구 매입, 기존의 중대형 유전 구매, 그리고 현지 개발회사에 대한 지분 참여를 통한 석유개발 사업을 진행하는 반면에 러시아에서는 지분 참여나 M&A보다는 정부간 관계를 통한 장기공급계약에 주력하고 있다.

중국은 1996년부터의 동시베리아 원유 도입과 푸틴정부시절 동시베리아 송유관 건설 과정에서 기업 차원이 아니라 국가 차원에서 에너지 도입을 협의하였다. 중국이 러시아 기업에 대한 M&A를 적극 시도하지 않는 이유는 석유 부문을 통제하고자 하는 푸틴정부와의 충돌을 우려하였기 때문이다. 중국은 러시아 유전 개발과 송유관에 직접 투자하기보다는 러시아와의 장기공급 계약을 추진하고 있다.

중국은 2004년 말 유코스의 청산 과정에서 유간스크 유전을 인수하는 로스네프트에게 은행간 거래를 통해 60억 달러의 현금 차관을 제공하였다. 중국은 유코스의 핵심 자회사인 유간스크 유전을 인수한 로스네프트에 60억 달러를 주는 대가로 2010년까지 4,800만 톤의 장기적인 러시아산 원유 공급을 확보하는 데 성공했다. 러시아는 당초 중국에 유간스크 유전의 지분 20% 인수를 제안했으나 중국은 이를 거절하고 안정적인 석유공급을 확보하기 위해 현금 차관을 제공한 것이다.

2006년 CNPC의 로스네프트 지분 참여도 러시아 측과 사전에 충분한 협의를 거쳤다. CNPC는 로스네프트 IPO에 참가하여 지분 4%(약 5억 달러)를 주당 약 7.55달러로 인수하였다. 당초 CNPC는 지분의 15%까지 인수를 추진하였으나 로스네프트는 지나친 지분 집중을 우려, 말레이시아 Petronas에 지분 10%(11억 달러), BP에 9%(10억 달러)를 할당하였다. 러시아와 달리 다른 지역에서 중국 기업의 M&A는 무차별적으로 진행되었다. 중국의 CNPC는 카자흐스탄에서 세 번째로 큰 석유회사인 Petro Kazakhstan을 시장가격보다 훨씬 높은 가격으로 인수하였으며, 중남미와 아프리카는 외교력까지 동원하여 유전을 쓸어 담고 있다.

중국은 국내 석유수요 증가와 원유 생산 정체 때문에 1990년대 중반부터 해외 석유에 대한 관심을 보이기 시작하였다. 중국은 미국 주도의 국제석유시장에 전적으로 의존하지 않고 독자적인 에너지 확보에 주력하고 있는데, 60% 이상의 높은 대중동 석유의존도 완화를 위해 러시아, 중앙아시아, 아프리카 및 남미지역 국가와 전략적 에너지 협력을 강력히 추진하고 있다. 특히 중국은 반미 및 반서방국가(수단, 베네수엘라 등)와 자원 정상외교를 강화하면서 포괄적인 경제협력을 통해 석유자원 확보에 총력을 기울이고 있다. 중국정부의 확고한 지원 하에 CNPC,[10) CNOOC,[11) SINOPEC[12) 등 3대 국영 에너지 기업을 중심으로 해외 유전 개발, 해외 석유회사의 지분 매입 및 인수를 무차별적으로 추진하고 있다. 중국정부는 국영에너지회사의 신용공여 확대, 진출국 사회기반시설 투자, 저개발 산유국에 대한 차관제공 및 부채탕감 등을 통해 해외진출을 지원하고 있다.

중국은 빠른 속도로 수요가 증가하고 있는 천연가스도 러시아로부터

---

10) CNPC(중국석유천연가스그룹)는 2006년 세계 7대 석유메이저 기업으로 부상했는데 중동, 아시아, 중앙아시아, 아프리카와 중남미 등 세계 27개국에서 유전 및 가스전을 보유하고 있다.

11) CNOOC(중국해양석유총공사)는 카자흐스탄, 인도네시아, 호주 등 10여 개국에서 유전 및 가스전을 전개하고 있다.

12) SINOPEC(중국석유화공)은 2007년 이란의 야다바란 유전개발에 20억 달러를 투자했다.

수입하기를 희망하고 있다. 중국은 2007년 현재 약 3%에 불과한 천연가스 사용률이 2020년경에는 11~12%까지 확대될 것으로 예상하고 있으며, 상당량의 가스 수입이 불가피한 상황이다. 중국은 이를 위해 서부 내륙지방에서 동부로 연결되는 중국종단 '서기동수'(西氣東輸) 가스관을 설치하고 있으며, 동남아 지역으로부터 LNG 수입을 계획하고 있다. 중국의 천연가스 수입의 가장 큰 장애는 반환경적이지만 경제적으로 저렴한 석탄 중심의 발전 및 난방 시스템을 개선하는 데 있다. 중국이 희망하는 동시베리아 코빅타 가스전 프로젝트가 속도를 내지 못하는 이유 중의 하나는 중국의 수요가 예상보다 작으며, 공급 희망가격이 국제수준에 훨씬 못 미치기 때문이다. 2006년 3월 가스프롬과 CNPC는 2011년부터 연간 60~80억 BCM 가스공급에 합의하고 중국행 가스노선 2개(동부 및 서부 노선)를 건설하기로 합의하였다. 양측은 현재 공급가격문제를 협의중인데, 러시아는 천연가스 공급가격을 1,000㎥당 250달러인 서유럽 판매가를 희망하고 있는 반면, 중국은 105달러를 주장하고 있다.

중국은 동시베리아와 극동의 에너지 자원에 대해 주로 자원 확보 전략에서 접근하고 있으며, 미국의 패권에 대항하는 동맹체로서 중러 특수관계에 기초하여 국가간 에너지 협력을 우선시하고 있다. 러시아도 미국 중심의 국제 질서에 대응하기 위해 중국과의 협력을 우선시하고 있으며, 중국과 러시아는 국제 문제에 공동 대응함으로써 전략적 우위를 차지할 수 있다. 양국은 특히 중앙아시아 국가가 참여한 상하이협력기구(SCO)를 통해 미국의 패권적 움직임을 견제하고 있는데, 우즈베키스탄에서 미군기지 철수는 이러한 공동 대응의 결과이며, 이제 SCO 회원국들은 키르기스스탄에 주둔중인 미군의 철수도 강력하게 요구하고 있다. 사실상 러시아의 국제적 영향력은 아직까지 중국과의 공통의 정치경제적 대응을 하지 못한다면 전략적 우위를 차지할 수 없다.

2000년대 초반 중국은 러시아의 유·가스전에 대한 직접적인 개발 참여보다는 안정적인 물량 공급을 우선시하며, 러시아와의 국가 간 협력을 중시하였지만, 에너지 확보가 국가적 과제로 부상한 2004년부터 러시아 에너지 기업을 M&A하는 데도 점차 관심을 보이고 있다. 2006년 로스네프트와 CNPC는 러시아 내 석유개발을 위해 동방에너지회사(東方能源公司, Vostok Energy)라는 합작회사를 설립하기로 하였는데, 이 JV(*Joint Venture*)의 지분은 로스네프트 51%, CNPC 49%이다. CNPC는 또한 러시아 소규모 생산석유사인 South Ural Oil(일일 생산량 약 1천 배럴)과 합작회사 설립에 합의하고 러시아 Orenburg 주에 진출거점을 마련하였으며, 중국의 Sinopec은 TNK-BP 자회사 Udmurtneft의 지분 96.86%를 약 34억 달러에 매수하였는데, Udmurtneft는 매장량 약 10억 배럴, 일일 생산량 12만 배럴 규모의 중급석유회사이다. 이 M&A는 러시아 반독점청의 승인여부가 관심사항이었으나 최종 승인됨으로써 중국업체의 러시아 에너지산업 진출장벽이 제거되는 신호탄이 되었다. 이 입찰에는 인도 ONGC, 헝가리 MOL, 러시아의 시브네프트 등이 경쟁하였으며, Sinopec은 매입과 동시에 Udmurtneft 지분 51%를 로스네프트에 매각하여 향후 원유로 정산하여 공급받을 예정이다.

4) 일본

일본은 최근 중국에 밀려났지만 일일 500만 배럴을 사용하는 세계에서 세 번째로 큰 석유소비국으로, 석유수요의 97% 이상을 중동으로부터의 수입에 의존하고 있기 때문에 에너지 다변화가 시급하다. 일본은 주로 에너지 공급 확대보다는 에너지 수요의 효율적인 이용 시스템을 강화하는 데 역점을 두면서 동시에 석유의 안정적인 공급선 확보, 에너지 효율 개선, 석유비축, 해외 유전개발 확대 등을 추진하고 있다. 또한 일본은 현재 13%대의 천연가스 사용비중을 2020년까지 20%로 올린다는 목표를 가지고 있으며, 부족한 가스 공급을 위해 사할린으로부터의 천연가스 개발 및 수입을 추진하고 있다. 일본은 사할린 가스의 국내수송을 위해 사할린과 북해도를 연결하는 1,400km의 해저 가스관 건설사업을 검토하였지만 안보상의 이유로 무산되고 말았다. 일본정부는 에너지 시장 불안정성에 대비하여 에너지 안보 공고화를 위한 '장기적인 신국가에너지 전략'을 수립하였으며, 2004년에는 아시아국가와의 에너지 협력연대를 강조하는 '아시아 에너지 파트너십'을 제안하기도 했다.

일본은 원유의 중동 수입의존도 경감을 위해 지리적으로 가까운 러시아의 석유자원에 많은 관심을 가지고 있으며, 제1차 세계대전 중 원유생산에 성공한 적이 있는 사할린 개발사업에는 일본 기업들이 직접 참가까지 하였다. 그러나 일본은 동시베리아와 극동 석유자원의 중요성을 인식하고 있으면서도, 러시아와의 북방 4개 도서 영토분쟁 때문에 소극적인 자세를 보였다. 일본이 다시 동시베리아 석유자원에 관심을 갖게 된 계기는 ESPO 건설로 중국이 이 지역의 석유자원을 독점할지도 모른다는 안보적인 우려감 때문이었다. 동시베리아 석유자원은 일본에게도, 중국이나 한국과 마찬가지로, 수송안보상에서 큰 장점을 갖고 있으며 석유 수송로를 중국이 간섭할 수 없다는 데 큰 매력을 느끼고 있다.

일본과 중국은 동아시아 국제질서를 주도하고 있는 국가로서, 상호 경쟁 관계에 놓여 있다. 만약 향후 국제정세의 변화로 동남아 및 남지나해의 해상이 중국의 영향력하에 놓이게 되면, 일본은 높은 중동 의존에 의한 원유 해상 수송로가 중국 해군의 영향에 노출되면서 국가 안보에 치명적 위협을 받게 된다. 이러한 이유 때문에 일본은 동시베리아 원유와 송유관을 차지하기 위하여 경제성의 관점보다는 국가 안보 차원에서 접근하였던 것이다.

일본이 동시베리아 원유사업을 적극 추진하는 다른 이유는 동아시아 원유시장을 자국주도로 변화시키겠다는 의도 때문이다. 일본은 동아시아 최대 석유소비국이자 수입국으로서, 동아시아 석유소비의 중요한 위치를 점하고 있지만, 단순한 소비자 국가에 불과하다. 일본은 동시베리아와 사할린 원유를 활용하여, 동아시아 석유시장의 중심으로 부상할 수 있는 기회를 모색할 수도 있다. 일본은 동시베리아와 사할린에서 생산된 원유가 일일 약 200만 배럴 규모에 이르게 되면, 동북아 원유시장의 지표 원유 교체를 통해 동북아 시장 주도권 장악을 의도하고 있다. 일본은 동북아 국가에서 그동안 싱가포르가 수행해 온 동북아 석유교역 중심역할을 기도하고 있는 것이다.

일본은 과거와는 달리 러시아에 대해 동시베리아 석유개발에 관한 관심이 높다는 점을 대외적으로 적극 과시함으로써, 러시아의 관심을 이끌어 내고 송유관을 일본으로 연결시키려고 노력하였다. 일본은 러시아에 대해 나호트카 노선으로 결정될 경우, 송유관 건설자금 50억 달러, 동시베리아 석유자원 탐사비용 20억 달러를 차관으로 제공할 것뿐만 아니라, 일-러 무역투자위원회 구성 및 150억 달러 규모의 러시아 투자를 약속하기도 하였다. 이러한 물량 공세와 더불어, 일본은 고이즈미 총리를 비롯한 내각이 총동원되어 나호트카 노선 결정 유도를 위해 러시아를 집중설득하였지만 결국 만족할 만한 결과를 얻어 내지는 못하였다.

어떤 의미에서 일본의 대러시아 에너지 외교는 실패하였다고 할 수도 있다. ESPO 건설에 수십억 달러의 차관제공을 제시하였지만 러시아는 돈이라면 러시아도 충분히 갖고 있다고 거부하였으며, 일본 기업이 유일하게 참여한 사할린 2 프로젝트의 지분도 일부 강제 매각조치를 당하였다. 러시아의 일본에 대한 철저한 무시는 러시아가 에너지 자원을 안보차원에서 다루기 때문이다. 일본은 동북아에서 미일동맹을 통해 러시아와 중국을 견제하고 패권을 유지하고자 한다. 러시아는 일본이 미일동맹에 기초하여 러시아를 잠재적인 적국으로 간주하는 이상 일본과의 적극적인 에너지 협력은 추진하지 않을 것이다. 마찬가지로 일본이 북방 도서반환문제를 계속 외교 이슈화하는 이상 러시아는 일본기업을 러시아 에너지 개발 프로젝트에 초청하지 않을 것이다.

일본의 대러시아 에너지 외교가 실패한 것과 달리 고유가에 대한 일본의 대처는 칭찬받을 만하다. 일본은 정부가 자금력을 이용하여 민간기업을 지원하고 민간 에너지 기업은 자원보유국이 원하는 산업다각화 및 고도화를 위한 각종 프로젝트를 추진함으로써 자원개발에 우호적인 분위기를 만들고 있다. 2007년 5월 일본이 주도한 제 4차 아프리카 개발회의에서 아프리카 참가국들에게 광역도로망 건설을 약속하였으며, 2006년 고이즈미 총리의 카자흐스탄 방문 시, 도시바의 원자로기술을 제공하는 대신 안정적인 우라늄 공급을 약속받는 공동성명을 채택하기도 하였다.

일본은 해외자원개발 촉진을 위한 재정 및 금융·기술 지원책도 실시하고 있는데, JOGMEC는 2006년 10개사에 대해 500억 엔의 출자를 하고, 15개사에 대해 3,500억 엔 상당의 재무보증을 실시하였다. 이에 따라 6개 민간기업이 공동 설립한 천연가스액화기술연구소에 하루 500배럴 규모의 실증실험 플랜트 건설을 지원하였다.

일본은 1, 2위 에너지 업체인 인펙스와 신일본석유가 전체 생산량의 80%를 차지하며 자원개발을 주도하고 있고, 미쓰비시 등 5대 종합상사가 세계 25개국의 자원개발에 참여하고 있다. 일본정부는 2006년 4월 일본 최대석유개발회사 인펙스(정부지분 36%)가 일본 최고의 석유개발기술 보유사인 제국석유를 흡수하도록 허용하였다. 미쓰비시, 미쓰이물산, 이토추, 스미토모, 마루베니 등 5대 종합상사는 최대강점인 해외네트워크를 이용하여 세계 각지의 자원개발권을 확보하고 있다.

5) 한국

한국은 그동안 에너지 안보를 위해 공급의 다변화(*diversification*), 외부 충격에 대한 대응역량(*resilience*) 강화, 그리고 에너지 안보의 외부성에 기인한 국제적 협조체제의 구축을 에너지 외교의 추진기조로 삼았다. 한국은 에너지 공급의 다변화를 위해 중동과 중앙아시아, 그리고 러시아와의 적극적인 자원 정상외교를 실시하였다.

참여정부는 2006년 말 기준 17개국을 순방하여 에너지 외교를 펼쳤는

〈표 3-4〉 강대국 및 한국의 자원확보 전략

국가	자원확보 전략	대표적 기업
미국, 영국	군사력, 외교력 + 민간메이저기업	Exxon, BP
유럽	외교력 + 민간기업	ENi, Shell
중국	경제력 + 국영기업	CNPC, CNOC, SINOPEC
일본	경제력 + 민간기업	JOGMEC
한국	외교적 노력 + 공기업(금융, 자원전문) + 민간기업	석유공사, 가스공사, SK

데, 정부 추산으로 약 88억 배럴의 원유와 가스 약 760만 톤의 자원을 확보하였다고 주장한다. 또한 2005년 2월부터 에너지·자원 거점공관 33개와 자원협력위를 지정하여 에너지 외교를 강화하여 해외자원개발 사업수가 2002년 말 141개에서 2006년 말 기준 218개(잠정)로 증가하고, 투자액도 18억 달러로 급증하였다. 기술적인 측면에서 참여정부는 자주개발 역량을 제고하기 위하여 단순 지분참여패턴에서 벗어나 기술과 경험을 바탕으로 운영권을 확보한 사업 수도 2002년 17개에서 2006년 현재 34개로 크게 증가시켰다. 외부충격에 대한 대응역량 강화를 위해서는 정촌 흑연광산 등 북한 광물자원 개발여건을 조성하고, 기후변화 관련 국제적 논의에 적극 참여하여 신재생 및 대체에너지 관련 국제협력을 모색하였다. 국제적 에너지 협조체제 구축을 위해서는 '동북아 에너지 협의체'와 TAES(*Trans-Asian Energy System*) 구축을 추진하였다.

참여정부의 이와 같은 에너지 안보 강화 노력에도 불구하고 한국은 여전히 심각한 에너지 안보문제에 노출되어 있다. 한국이 직면한 에너지 안보의 가장 본질적인 측면은 냉전이라는 요소 때문에 한국을 비롯한 동북아의 모든 국가가 세계 에너지 시장의 운영규칙을 마련하는 데에 참여하지 못하였다는 데 있다. 세계 에너지 시장 메커니즘은 크게 에너지 자원을 제한된 국제거래소에서 거래하고 배럴당 석유가격을 미국 달러로 산정하며, 국제 원유가격을 카르텔 방식으로 관리하는 것으로 요약할 수 있는데, 노무현 정부의 에너지 안보는 이러한 시스템을 바꾸는 것이 아니라 단순한 수급조절에 머무르고 말았다.

4. 에너지 투자와 확보전략의 신패러다임

1) 에너지 연결통로의 국제정치경제학

(1) 에너지 연결통로의 개념

21세기 국제 에너지 전쟁의 핵심은 누가 에너지 자원을 갖고 있는가와 함께 누가 '에너지 연결통로'(*Energy Corridor*)를 구축하고 안전을 확보하는가에 달려있다. 1990년대 이후 탐사기술 발전에 따른 에너지 자원 개발사업(E&P) 리스크는 갈수록 줄어드는 반면, 생산된 석유와 가스를 어떠한 경로를 통하여 누구에게 공급할 것인가라는 정치적 리스크는 여전히 높다. 세계 에너지 기업은 에너지를 찾아 전 세계를 누비고 다니고 있고, 미국과 러시아 등 강대국들은 발견된 에너지를 최종 소비지까지 안전하게 공급하기 위한 안보적 노력을 기울이고 있는 것이다. 에너지 연결통로의 개념은 단순한 석유 및 가스 파이프라인이나 해상수송로를 의미하는 것이 아니라 생산된 에너지를 소비지까지 경제적으로, 효율적으로 운반하며 정치적 위협이나 약탈적 행위로부터 안전을 확보하는 정치경제학적 개념이다.

19세기 중동원유의 발견과 이 지역의 대규모 유전개발은 유럽, 동아시아, 미국 등 소비지까지 연결할 수 있는 대규모 유조선과 해상 수송로 등 에너지 연결통로의 안전망이 확보되었기 때문에 가능하였다. 미국 세계전략의 한 축은 중동의 원유를 유럽과 아시아에 안전하게 공급하는 해상수송로의 안전확보에 있다. 중동산 원유는 대부분 생산지에서 송유관 운송을 통해 아라비아 연안 항구의 오일터미널까지 운송된 다음, 대규모

유조선으로 수에즈 운하를 통해 대서양으로 운송되거나 이란이 영향력을 행사할 수 있는 좁은 호르무즈 해협과 말라카 해협을 통해 동북아 국가로 운송된다. 초강대국 미국은 이러한 에너지 연결통로를 지난 반세기 동안 안전하게 확보함으로써 팍스아메리카의 영향력을 과시하고 초강대국의 지위를 확보할 수 있었던 것이다.

파이프라인을 통한 에너지 연결통로도 해양수송로 못지않은 복잡한 정치경제적 리스크를 가지고 있다. 현재 내륙간 에너지 연결통로가 가장 활성화되어 있는 지역은 북미와 유럽, 서부 러시아이다. 유럽은 1970년대부터 구소련에서 파이프라인을 통해 석유와 가스 등 에너지 자원을 공급받았다. 러시아는 1950년대부터 구소련 국가와 독일 등 유럽 17개 국가를 연결하는 세계 최대의 국제 송유관과 가스관을 통하여 유럽에 에너지를 공급했다. 러시아와 유럽 사이의 파이프라인은 다수의 국경지대를 통과함으로써 도로와 철도에 의한 복잡한 통관과 운송비용을 줄여 주었으며 과거 동서 냉전의 갈등을 풀어주고 경제 교류와 협력의 바탕이 되었다. 러시아와 유럽을 연결하는 대륙간 에너지 연결통로는 사회주의 종주국가로서 소련의 리더십에 큰 역할을 하였다.

토목공학상 21세기 최대의 역사적 사건으로 기록될 새로운 국제 에너지 연결통로는 중앙아시아, 동시베리아 그리고 극동 러시아에서 시작되었다. 2005년 5월, 카스피 해의 BTC 국제송유관이 완성되었으며, 중앙아시아에서는 지금 중국과 중동, 나아가 우크라이나로 연결되는 새로운 국제 에너지 연결통로 구축이 활발하게 진행되고 있다. 동시베리아와 극동의 경우는 자원공급 국가인 러시아와 동북아의 경제강국 중국, 일본, 한국 등이 새로운 에너지 연결통로를 제안하고 있다. 푸틴 정부는 동시베리아와 극동의 석유와 가스를 세계 최대 소비지인 동북아 시장으로 연결하는 것을 목표로 삼고 동시베리아 송유관과 사할린 가스 파이프라인 구축사업에 박차를 가하고 있으며, 에너지 공급을 국가적 어젠다로 삼고 있는 동북아 국가인 한·중·일은 배타적 이용권 확보를 위해 에너지 연

〈표 3-5〉 국제 에너지 파이프라인의 구축 과정

	구 상	계 획	파이낸싱	건 설	운 영
내 용	주도권 분쟁 갈등 첨예화	주도권 확보 이익 극대화	주도권 결정 이익 극대화	최대한 협력	갈등 최소화 이익 분배
기 간	–	2~3년	1~2년	2~5년	30년

결통로 장악을 우선시하고 있다.

수천 킬로미터를 넘는 국제 파이프라인(*cross-border pipeline*)은 일단 초기 구축비용도 막대할 뿐만 아니라 상대국 및 관련 국가들의 이해가 상충하는 경우가 많기 때문에 정치적, 경제적 리스크가 매우 높다. 수출국의 경우, 일단 파이프라인이 설치되면 초기 투자비용 때문에 파이프라인의 방향을 다른 지역으로 바꾼다는 것은 거의 불가능하다. 이에 따라 국제 에너지 파이프라인은 항상 최종 종착지를 어디에 둘 것인가를 둘러싸고 불가피한 국제정치적 갈등을 겪게 된다.

보통 국제 에너지 파이프라인 구축과정은 약 6단계를 거친다. 먼저 파이프라인을 통하여 경제적 이득이나 정치적 헤게모니를 장악할 수 있는 국가가 자신의 구상을 밝힌다. 이 단계가 실질적으로 가장 오랜 기간을 거치게 되는데, 다원화되고 민주화된 국가가 참여할수록 이 단계에 더욱 많은 시간이 걸릴 것이다. 2단계에서는 주도국가(에너지 공급국일 수도 있지만 보통은 초강대국일 가능성이 더욱 높다)가 계획안을 제시하고 참여국가들을 설득한다. 3단계에서는 계획의 구체적인 실행을 위한 파이낸싱이 진행되는데, 이 단계에 이르면 주도국이 분명하게 결정되고 참여국가들은 이익극대화를 위해 공급물량 확보와 자금부담을 덜 지려는 전략으로 나오게 된다. 4단계 건설과정에 들어가게 되면 모든 관련 국가들은 최대한 협력하여 공기를 줄이기 위해 노력한다. 5단계 운영과정에 들어가게 되면 갈등은 최소화되고 구체적 이익이 산출되기 시작한다.

파이프라인 구축과 관련하여 수출국의 경우, 장기적인 협력의사가 분명한 파트너 국가가 있어야 하고 나아가 수출지역을 다변화할 수 있는 곳에 파이프라인을 설치할 수 있어야 하는데 이것이 사업의 핵심이다. 수입국의 경우, 수출국보다 리스크는 덜하지만 파이프라인 유치를 위해 투자도 해야 되며, 장기공급 계약을 체결해야 되기 때문에 파이프라인의 경제성과 안전성 등을 충분히 고려해야 한다. 그러나 파이프라인이 일단 설치되어 가동되기 시작하면, 공급국가와 수입국가가 파이프라인의 운영에 대한 이익을 공유하기 때문에 상호협력 체제가 지속되는 경우가 대부분이다. 유럽의 경우에서 보듯이, 에너지 협력국가는 정치적 평화와 공존으로 연결될 가능성이 높다.

(2) 에너지 연결통로의 성공조건

천문학적 자금과 인력, 장시간을 요구하는 국제 파이프라인의 성공적인 구축과 운영을 위해서는 무엇보다 주변 국가들에 대한 설득력과 자금력을 지닌 초강대국(*leading power*)의 리더십이 요구된다. 초강대국은 리더십을 발휘, 파이프라인 관련 주변국가들을 설득해 긴밀한 상호협력 관계를 구축하게 된다. 파이프라인 주변국가간의 협력을 증진시키기 위해서는 파이프라인과 관련된 민간기업들의 이해와 상호협력도 중요하다. 마지막으로 파이프라인 건설을 위한 합리적인 파이낸싱은 프로젝트의 건전성을 좌우할 것이며, 가능하다면 초기 투입비용 부담을 경감하고 시간절약을 위하여 기존 인프라를 활용하는 것도 성공적인 파이프라인 프로젝트의 중요한 조건이 된다.

국제 파이프라인의 건설과 운영사업이 효율적으로 추진되기 위해서는 리더십을 갖춘 핵심 주체의 확고한 사업의지가 가장 중요하다. 핵심 추진 국가의 리더십 없이는 파이프라인 관련 국가들간의 협력체제가 성립되기 힘들다. 특히 국제정치의 영향력을 피할 수 없는 국제 파이프라인 프로젝트의 경우, 압도적인 힘의 우위를 가진 핵심 추진국가가 존재하지 않으면 프로젝트는 진행과정에서 좌초할 가능성이 많다. 파이프라인의 공급국가와 초강대국이 일치하는 경우(구소련, 러시아)도 있지만 수요국가이거나 파이프라인의 경제적 이득과 무관한, 정치적 이유로 이러한 주도권의 역할을 맡는 경우도 있다. 이러한 이유 때문에 국제 파이프라인 프로젝트를 추진하는 국가들은 현재 세계 유일 초강대국인 미국의 개입을 자발적으로 요구하는 경우도 있다.

구소련에서 프랑스 등 유럽으로 연결되는 에너지 파이프라인 프로젝트가 진행될 수 있었던 것도 구소련이라는 강력한 정치적 주체가 공산권 경제블록의 구축이라는 이념하에 충분한 자금력과 위성국가들을 강제할 수 있는 힘이 있었기 때문에 가능하였다. 주변국가를 설득할 수 있는 이념이나 소프트 파워(*Soft Power*)와 자본력이라는 하드 파워가 결합할 때 에너지 연결통로가 연결될 수 있었던 것이다.

냉전의 해체 이후 세계 에너지 안보환경은 극적으로 전환되고 있다. 신흥경제대국인 중국, 인도, 브라질의 에너지 자원수요가 급격히 늘었고, 러시아와 이란, 베네수엘라 등의 에너지 자원을 많이 보유하고 있는 나라들이 자원거래의 기존 질서를 바꾸려 하며, 서구 메이저에 의해 통제되지 않는 새로운 에너지 연결통로(*energy corridor*)가 유라시아 대륙에 서서히 떠오르고 있다.

2) 에너지 가격 메커니즘과 시장질서의 변화

(1) 국제 에너지 가격 메커니즘의 형성과정

1960년대부터 석유가 국제시장에서 거래되면서 국제 에너지 시장의 규칙이 미국 중심의 달러화의 영향에 놓여 있다. 제1차 세계대전 직후 아랍 및 중동 산유국의 원유를 판매하는 회사(대개 국영 석유회사란 명칭을 가지고 있음)들의 소유권은 R/D Shell, 앵글로-이란니안 그리고 스탠더드 오일 간에 체결된 석유가격 책정 카르텔 합의문에 기초하여, 세븐 시스터즈를 근간으로 하는 국제적 컨소시엄이 가지고 있었다. 제2차 세계대전 이후 소련산 석유가 시장에 출시되면서 메이저가 통제하는 가격이 흔들리기 시작하였다.

1960년부터 엑슨을 비롯한 메이저는 소련의 등장에 따른 공급과잉에서 오는 극심한 가격경쟁을 경험하게 되었다. 소련은 이탈리아의 국영에너지업체인 ENi와 인도 등에게 메이저의 공시가격보다 배럴당 60센트 싼 공급계약을 맺었으며, 같은 메이저라도 거대 시장인 일본에게는 큰 폭의 할인가격을 제시하였다. 메이저가 직면한 문제는 경쟁으로 인해 수익이 줄어드는데도 불구하고, 공시가격에서 일정률의 경비를 제외한 계산상의 수익 50%에 해당되는 금액을 산유국에 지불해야만 하는 것이다. 이에 따라 메이저들은 시장 점유율과 메이저의 이익을 지키기 위해서 공시가의 하향 조정이 필요했다.[13]

이미 1959년에 18센트 하향조정한 공시가를 다시 일방적으로 내리겠다는 메이저의 결정에 대해 사우디아라비아와 베네수엘라는 크게 반발하였으며, 이들의 주도로 마침내 1960년 9월 14일 이라크 바그다드에서 사우디, 이라크, 이란, 쿠웨이트, 베네수엘라 등 5개국을 멤버로 하는 OPEC(*Organization of Petroleum Exporting Countries*)이 탄생하였다. 어떤 의미에서 OPEC은 세븐 시스터즈라는 메이저 카르텔에 대항하기 위해 만들어진 산유국들의 안티-카르텔 카르텔(*Cartel against Cartel*)이라고 할 수 있다. 그때까지 메이저들은 중동 및 베네수엘라 등의 석유를 자신들이 결정한 공시가(*Post price*)로 파는 시스템을 만들고, 그 판매 수익을 해당 산유국과 50대 50으로 나누는 시스템을 운영하고 있었다.[14] 이후

---

13) 이때 엑슨은 산유국들과 마주 앉아 상황을 설명하고 그들의 동의를 얻는 방법을 취한 것이 아니라, 본질적으로 자신이 주도하는 세븐 시스터즈 간의 회의 결과를 일방적으로 공포하는 형식을 택했다.

14) 겉으로 막강해 보이는 이 OPEC이란 존재는, 실제로는 아랍의 석유자원을 소유하고 지배하는 세력이 이들 카르텔임을 숨기고, 마치 국유화 돌풍을 거쳐 이권이 모두 중동 산유국들에게 넘어가 있는 것처럼 보이게 하려는 메이저들의 교묘한 위장술로 보는 시각도 있다.

자신의 위성국가에다 석유를 공급하기 급급한 소련의 국제시장에서 퇴출당한 후에도 OPEC은 고유가를 유지하고 석유 가격을 결정하는 최종 의사기구로 남아 있다.

1970년대 전반까지만 해도 원유가격 결정에 막강한 힘을 가졌던 메이저들은 1970년대 두 차례의 오일쇼크를 겪으면서 석유시장의 주도권을 결국 OPEC으로 넘겨주지 않을 수 없었다. 이 시기 국제유가는 산유국 정부가 공식 판매가격을 정하는 방식이었다. 당시는 사우디아라비아의 아라비안 라이트가 가격결정의 기준이었다. 사우디아라비아가 아라비안 라이트의 가격을 결정하면 각 산유국들은 원유의 물리적 특징과 수송거리에 따라 개별 원유가격을 결정했다.

그러나 1980년대 전반에 세계적인 석유공급 과잉이 오자 공급자 시장은 수요자 시장으로 바뀌게 되었다. 가격결정의 주체가 산유국에서 시장으로 바뀐 것이다. 시장에 원유가 넘치자 산유국들은 비싼 공식판매 가격을 고수할 수 없었고, 수익을 올리기 위해선 가격을 낮춰 현물시장에 내다 팔아야 했다. 원유 수요국도 시장에서 원유를 구할 수 있게 되자 장기계약을 피하게 됐다. 산유국들은 1년 이상의 장기계약을 1년 미만의 단기계약으로 하는 대신 물량을 고정하고 가격은 현물시장의 가격에 연동하기로 했다. 이때부터 현물시장 가격의 움직임이 중요하게 되었는데, 그 가운데 미국시장에선 WTI, 유럽시장에선 브렌트유, 아시아 시장에선 두바이유가 지표원유가 되었으며 유가의 결제방식은 달러화로 결정되었다.[15]

1960년 이전부터 2004년까지 국제 석유시장의 구조는 메이저에서 OPEC으로, OPEC에서 지표원유로 변동되었지만 기본적으로 미국이 달

---

15) 원유를 세계에서 가장 많이 수출하는 나라인 사우디아라비아의 아라비안 라이트는 현재 국제 유가의 기준이 되지 못하고 있는데, 이것은 이 원유가 주로 1년이나 6개월 단위의 장기 계약으로 거래되기 때문에 WTI, 브렌트유, 두바이유처럼 시장 가격이 형성되지 못하기 때문이다.

러화로 세계시장을 지배하고 있다는 사실은 변하지 않았다. 유가를 포함한, 모든 국제 석유시장의 중요한 변화들은 미국의 전후질서 안에 형성되었으며 여기에 결정적인 것은 유가가 배럴에 기초한 달러화로만 표시되고 달러화로만 거래된다는 점이다.

(2) 지표원유의 등장과 특징

1980년부터 각 산유국의 원유는 기준 유가(지표원유)의 가격에 일정액을 더하거나 뺀 달러가격으로 결정된다. 사우디아라비아의 아라비안 라이트에는, 유럽시장에 판매할 때는 브렌트유에서 일정액을 뺀 가격이 적용되고 아시아에 판매할 때는 두바이유나 오만유 가격에 일정액을 더한 가격이 적용된다. 통상 중동 산유국은 플래츠지가 공표하는 두바이유와 오만유의 월평균 가격에 일정액을 더하거나 빼서 가격을 매긴다.

국제유가의 기준이 되는 WTI는 NYMEX[16] 란 시장에서 결정되는데, 주로 현물과 선물로 거래된다. WTI 현물은 파이프라인이 모이는 오클라호마주 쿠싱에서 인도하는 조건으로 거래된다. WTI의 생산량은 하루 50만 배럴 선이지만 NYMEX에서 거래되는 선물[17] 거래량은 하루 2~3억 배럴에 달한다.

WTI는 자체의 수요와 공급보다는 전 세계 석유의 수요와 공급을 예측하고 평가한 금융자본의 수요와 공급에 따라서 가격이 결정된다. 기본적으론 미국의 금리, 실업률, 소비자물가지수, 환율 등에 크게 영향을 받

16) 버터, 치즈, 과일, 닭 따위를 거래하던 뉴욕의 도매시장은 1882년 NYMEX란 이름을 갖게 됐다. 뉴욕의 발전에 따라 각종 원자재의 거래가 집중되면서 NYMEX는 세계 최대 원자재 시장으로 발전했다.

17) 선물은 미래의 일정한 시점에 현물을 인도하겠다는 계약이다. 현물과 선물의 가격차만큼만 현금으로 계산하고 계약을 청산할 수 있기 때문에 현물이 없어도 선물계약을 만들 수 있다. 굳이 현물을 인도하지 않아도 되기 때문에 금융자본이 돈을 벌 목적으로 원유 선물거래에 뛰어들고 있어 거래량은 생산량의 400~600배나 된다.

으며, 매주 미국석유협회(API)가 발표하는 석유재고량 통계와 날씨도 중요한 가격결정 메커니즘이다. 겨울에 전 세계에 한파가 몰아닥친다는 뉴스가 나오면 원유수요가 늘 것이라는 전망에 WTI 가격은 오르게 된다. 석유수출국기구(OPEC)의 석유생산 쿼터의 변화나 산유국에서 발생하는 각종 사건과 사고뉴스도 반영된다.

유럽 지역에서 WTI의 역할을 하는 브렌트유는 런던 국제거래소(ICE: *Intercontinental Exchange*)에서 선물로 거래된다. 선물 거래량은 하루 1~2억 배럴이다. 중동산 지표원유인 두바이유는 정형화된 선물시장이 없고, 싱가포르에 산재한 브로커와 석유회사들 사이의 선도(先渡) 거래(시장 밖에서 맺는 선물계약)에서 가격이 형성된다. 석유 잡지인 플래츠(*Platts*)에서 싱가포르 시간으로 오후 4시~4시30분 거래된 실적을 집계해 그 날의 가격을 공표한다. 두바이유는 생산량이 하루 8만 배럴에 불과하다. 선도 거래는 하루 100만 배럴 정도다. 두바이유는 1990년대 들어 생산량이 많이 줄어 오만유(하루 생산량 70만 배럴)가 대용상품으로 떠오르고 있다. 2007년 7월부터 두바이 상품거래소는 두바이유가 아니라 오만유의 선물거래를 시작했다.

브렌트유나 두바이유도 기본적으론 WTI의 가격에 연동돼서 움직이고 있다. 품질 차이를 반영하여 브렌트유는 대체로 WTI보다 1달러 싸고, 두바이유는 2달러 정도 싸다. 비싼 휘발유와 나프타 등을 많이 뽑을 수 있는 WTI가 가장 비싸고, 값싼 아스팔트 등이 많이 나오는 두바이유는 상대적으로 싼 것이다.

(3) 지표원유와 국제 투기자금

지표(*marker*) 원유가 국제 금융시장에 완전히 공개됨에 따라 원유 가격 결정에 투기적 요소가 나타나게 되었다. 국제유가의 지표 역할을 하는 WTI는 북미시장 자체의 시장 메커니즘보다는 전 세계 에너지 시장을 염두에 둔 금융자본의 수요와 공급에 따라서 가격이 결정된다. 여기에는 단순한 시장 수급상황을 떠나 온갖 뉴스도 영향을 미치며, 무엇보다 선물거래를 통해 투기자본이 이 시장에 개입할 여지를 만들어 주었다.

국제 원유 공급량이 1~2% 모자란다는 예측이 나오면 가격이 1~5% 상승하는 것이 아니라 두 배, 세 배 오르는 메커니즘을 볼 수 있다. 공급이 대폭적으로 줄어드는 상황이 되면 그 전에 대체상품이 나오고 수요가 다른 쪽으로 이전할 수 있지만 공급이 조금 부족하게 되면 대체상품으로 옮겨가지도 못하고(대체상품의 시장이 적거나, 개발에 시간이 걸리므로), 공급자의 폭리와 투기적 과수요가 폭등하게 되는 것이다. 특히 공급과잉보다는 공급이 부족할 것이라는 예측에 따라 원유시장은 투기시장으로 전환된다.

이러한 폭리의 시대가 영구적인 것은 아니다. 경제가 침체하여 계속해서 하강하거나 공황이 오면, 이번에는 수요가 급감하여 공급이 넘치는 상황으로 반전된다. 그러나 석유는 특이한 상품이다. 투기적 자본이 존재하는 한, 현재의 석유자원 가격은 경기침체와 불경기에 따른 수요 감소 국면이 가격상승에 제동은 걸겠지만, 하락이나 폭락은 기대할 수 없다. 왜냐하면 석유는 엄밀한 의미에서 생산재가 아니라, 유한한 자원이다. 따라서 수요 감소와 함께 공급 감소도 동시에 진행된다. 저유가 시대는 영원히 지나갔다.

(4) 아시아 프리미엄과 동북아 지표원유의 형성 가능성

한국, 일본, 중국 등 동북아 국가들은 세계 원유수입에서 차지하는 비중이 20%를 상회할 정도로 높은 수치임에도 불구하고 중동산 원유 수입에 부당하게 높은 가격을 지불해야 하는데, 이것이 아시아 프리미엄이다. 동북아 국가들은 미국과 유럽지역에 비하여 배럴당 약 1달러 비싼 가격으로 중동지역으로부터 원유를 수입하여야 하는데, 우리나라는 연간 최소 7억 달러 이상의 비용을 중동 산유국에 추가 지불하고 있다. 더욱이 동북아 LNG(액화천연가스) 도입 가격이 석유가격에 연계되어 있다는 점

〈표 3-6〉 한중일 3국의 아시아 프리미엄 분석

국 가	원유수입(백만 배럴)	중동 의존도(%)	프리미엄(백만 달러)
일 본	1,836	89	1,535
한 국	888	70	584
중 국	1,298	47	573
합 계	4,022	평균 68.6	2,692

주: 2006년 기준 아시아 프리미엄은 배럴당 0.94달러를 적용하였음.

에서 아시아 프리미엄의 간접적 효과도 심각하다. 아시아 프리미엄은 동북아 지역 에너지시장에 비효율성 문제를 야기하며, 세계 원유의 20% 이상을 수입함에도 불구하고 동북아 국가들은 바이어 파워를 행사하지 못하고 있는 실정이다.

1990년대 초반 시작된 중동원유의 아시아 프리미엄이 지속되는 가장 큰 이유는 동아시아 국가들의 원유공급원이 제한되어 있기 때문이다. 아시아 지역 원유수입의 중동 의존도는 구미지역에 비해 훨씬 높은 70%에 이르고 있다. 중동 산유국들은 경쟁이 심한 구미지역에 판매하는 원유에 대해서는 중동으로부터의 수송비만큼을 기준 원유가에서 할인해 판매하나, 아시아 지역에 공급하는 원유에 대해서는 가격할인을 실시하지 않고 있다.

위의 〈표 3-6〉에서 아시아 프리미엄을 국가별로 보면, 일본이 연간 12억 4천만 달러, 한국이 6억 4천만 달러, 그리고 중국이 1억 5천만 달러로, 한중일 3국의 프리미엄 합계는 연간 20억 달러가 넘는다. 한국의 경우, 연간 약 7억 달러의 프리미엄을 지불하고 있는데, 이것은 원유 수입액의 1~2%에 해당되는 금액이다. 결국 아시아 프리미엄은 우리 기업의 가격경쟁력을 약화시키고 소비자 물가상승 원인으로 작용하고 있다.

중동원유의 아시아 프리미엄 해소를 위한 보다 근본적인 대책은 구미시장에 비해 상대적으로 제한적인 공급시장을 다양화하는 것이 관건이다. 동북아 국가들이 도입해야 할 막대한 원유자원을 갖고 있는 지역은 현실적으로 극동 시베리아가 가장 유력하다. 원유공급 잠재력이 크고 한국기업의 투자가 증가하고 있는 카스피 해나 중앙아시아의 원유도 동북아 국가들에게 의미가 없는 것은 아니지만 배럴당 4달러에 육박하는 막대한 수송비용과 소요시간 때문에 실질적인 자원으로 활용하는 것은 불가능하다. 그리고 북미나 아프리카, 북극해 원유는 공급물량도 불충분할 뿐만 아니라 수송비용 문제 때문에 현실적인 대안이 되지 못한다. 결국 동시베리아와 극동석유만이 중동에의 의존도를 낮추고 공급 안정성을 보장할 수 있다.

시베리아와 극동원유가 동북아 지역에 그동안 공급되지 못했던 것은 이 지역의 개발이 이제 시작단계에 불과하고, 북핵 등 정치적 불안정성, 적절한 수송 수단의 부재 때문이다. 동시베리아와 극동원유의 공급은 동북아 지역의 경제협력을 증진시킬 수 있을 뿐만 아니라 비싼 중동산 원유를 대체하면서 새로운 성장동력으로 작용할 수 있다.

극동과 동시베리아 원유가 본격적으로 생산되기 시작하면 동북아 지표원유가 형성될 가능성이 높다. 일본은 이미 오래전부터 동북아 석유시장의 가능성을 염두에 두고 다양한 선물거래를 추진하였다.[18)]

일본은 동시베리아와 사할린에서 생산된 원유가 대규모에 이르게 되면, 동북아 원유시장의 지표원유 교체를 통해 동북아 시장 주도권 장악을 의도하고 있다. 일본은 동시베리아와 사할린에서 생산된 물량이 약 일일 200만 배럴에 이를 수 있을 것으로 보면서, 이렇게 될 경우 동아시

---

18) 일본은 99년부터 석유선물 거래를 시작하였는데, 상품거래소인 東京工業品取扱所(TOCOM: *Tokyo Commodity Exchange*)에서 99년에 휘발유와 등유를 상장한 이래, 2001년에 원유를, 2003년에는 경유를 상장하여 선물거래를 하고 있다. 원유의 경우, 중동산 오만과 두바이유의 평균가격을 거래대상으로 하고 있으며, 실물인도 없이 현금 정산(*cash settlement*)을 통해 거래 청산하는 제도를 채택하고 있다. 현행 거래제도는 유럽의 국제선물시장(IPE: *International Petroleum Exchange*)과 뉴욕상품거래소(NYMEX: *New York Mercantile Exchange*)에 비해 상당히 초보적인 수준이다.

아 지역의 원유교역이 활성화될 것으로 예상하고 있다. 이 경우, 동아시아 원유공급의 지표원유 역할을 하고 있는 두바이유와 오만유가 많은 문제점을 갖고 있으므로, 이들의 역할을 신규 원유들이 대체할 수 있을 것으로 내다보고 있다.

동북아 석유시장은 결국 러시아가 주도할 것으로 예상된다. 세계시장에서 러시아산 원유의 지배력을 높이기 위해 푸틴정부는 2008년 4월부터 상트페테르부르크에 석유거래소 선물시장을 운영하고 있으며, 프리마르스키(연안) 항구를 통해 수출되는 '러시아 수출혼합원유'(REBCO)를 시장에 내놓고 있다. 러시아가 ESPO 송유관과 사할린 원유 등을 포함하여 일일 20만 배럴 이상의 원유를 동북아 시장에 출하할 경우 동북아 지표원유를 만들 가능성이 높다.

3) 에너지와 신국제관계

한국이 에너지 안보의 구조를 바꾸고 새로운 질서를 주도하기 위해서는 세계 최대의 에너지 공급국가인 러시아와의 전략적 협력이 필수적이다. 한국이 직면하고 있는 고유가와 에너지 자원 고갈문제의 당면 해결책은 멀리 갈 필요 없이 러시아에 있다. 러시아는 2006년 말 기준 확인 석유매장량 795억 배럴로 전 세계 석유매장량의 6.6%의 비중을 차지하는 세계 7대 석유보유국에 지나지 않지만 지속적인 탐사와 채굴작업으로 인해 2006년 한 해 동안 확인매장량이 0.6% 증가하였으며, 2000년 이후 확인매장량 증가율은 연평균 4.77%를 기록하였다. 통계적으로도 2000년 이후 러시아산 원유가 전 세계 산유량 증가분의 40% 이상을 차지하였으며, 러시아의 증산이 없었다면 국제 원유가격도 현재보다 훨씬 높아졌을 것으로 분석된다.

우리에게 러시아가 더욱더 매력적인 것은 지금 발굴되고 있는 에너지 자원이 한국과 바로 인접한 동시베리아와 극동에 집중되어 있다는 점이다. 사할린은 이제 본격적인 생산단계로 접어들고 있으며, 한국과 러시아의 로스네프트(Rosneft)가 투자한 서캄차카 프로젝트[19]는 110억 배럴 이상의 자이언츠 유전이 발굴될 가능성이 높은데, 이것은 우리나라가 현재 수입 규모로 약 12년 정도 사용할 수 있는 물량이다. 에너지 안보 측면에서도 서캄차카산 원유는 중동석유와 달리 이 자원의 운송을 방해할 어떠한 세력도 지도상에 없다.

서캄차카 원유뿐만 아니라 러시아가 최근 야심차게 추진하는 동시베리아와 극동의 메가 에너지 프로젝트는 위기에 처한 한국경제를 구원할 수 있고 새로운 성장동력을 부여할 수 있다. 이미 지면에 많이 보도된 대로 2009년 1차 완공을 목표로 추진되는 동시베리아 송유관을 통해 러시아 원유가 본격적으로 태평양 연안으로 옮겨올 준비를 갖추고 있다. 러시아는 2020년에 동북아 지역에 동시베리아와 극동산 원유를 연간 9천만 톤(한국의 연간 수입물량의 약 87%) 수출할 것을 예상하고 있다.

지금 극동과 동시베리아 지역에는 원유의 생산과 운송, 가공 못지않게 가스전 개발과 전력사업도 활발하게 진행되고 있다. 최근 사할린에서 하바롭스크로 연결되는 약 502km에 이르는 극동(*Eastern line*) 가스 파이프라인이 4년 만에 완성되었는데, 향후 이 가스관은 북한을 통과하거나 동해안을 거쳐 한국에 연결될 수 있는 잠재력을 가지고 있다. 러시아는 극동 가스관을 2010년에는 블라디보스토크까지 연결하고 이후 중국과 한국 등 태평양 연안국가들에 수출하기를 희망하고 있다. 이 사업의 주관사인 가스프롬(Gazprom)은 극동 러시아 지역에서 2020년까지 6개의 가스 매장지역의 개발을 진행할 예정이며 560만 km의 가스 파이프라인의 건설과 총 980MVt 규모의 17개의 압축시설, 1개의 가스정련 공장, 2개의 헬륨 저장시설들을 건설할 계획을 갖고 있다.

---

19) 2008년 8월 러시아의 천연자원부는 서캄차카 프로젝트를 추진하는 캄차카네프트가스에 대한 라이선스를 취소하였는데, 이 문제는 한·러정상 회담 차원에서 정리될 것으로 예상된다.

현재의 에너지 수급대로라면 2015~2020년 사이에 세계는 심각한 에너지 위기를 다시 맞을 것으로 예상되고 있다. 무엇보다 2025년까지 중국, 인도, 베트남 등 신흥공업국들의 에너지 소비가 연평균 3.2% 증가하여 2002년의 두 배 규모가 될 것으로 예상되는데, 문제는 이러한 수요를 채워줄 새로운 기적적인 산지가 어디에도 없다는 것이다. 결국 중동과 러시아, 북극해 지방 등 지구상 마지막 남은 에너지 보고가 석유에 허기진 세계경제를 구원할 수 있는 유일한 지역이다. 이러한 의미에서 한국이 러시아와 북극해에 가까이 위치하고 있다는 것은 에너지 지정학 측면에서 축복받은 것이라고 할 수 있다. 러시아도 정치외교적 관계가 껄끄러운 중국과 일본보다는 효율적인 경제협력 파트너로 한국을 희망하고 있다. 러시아는 동북아 국가 가운데 통일한국을 희망하는 가장 친한적인 국가이다. 러시아의 에너지 자원을 선점하고 어떻게 이용하느냐에 한국경제의 장래가 달렸다. 한국이 러시아와의 협력을 통해 충분한 에너지 자원 공급을 확보하고 동북아 지표원유와 같은 새로운 시장질서를 만들어 동북아의 새로운 에너지 연결통로를 확보할 때, 에너지 안보와 자원 확보라는 문제를 해결할 수 있다.

제4장

해외투자유치국가의 사례연구 1
싱가포르의 해외투자유치에 대한 분석

지 은 주*

1. 서문

싱가포르의 국토는 약 699.4㎢로서 서울시 면적보다 약간 큰 도시국가이며, 2007년 상반기를 기준으로 인구는 약 468만 명이다. 산업발전단계 초기부터 협소한 국토와 자원이라는 약점을 극복하기 위한 전략을 모색하였으며 이를 위해 외자에 의존하는 양적 성장 메커니즘을 채택했다. 그 결과 해외자본과 기업을 적극적으로 유치하였고, 이를 통한 경제성장을 추진했다.

싱가포르는 1819년 영국 동인도 회사의 무역기지였다. 1867년에는 영국 직할 식민지로 있다가 1942년에서 45년까지의 약 3년간 일본의 식민통치를 받았다. 일본이 물러간 이후 1959년에 자치정부를 수립하였다. 이 시기에 리콴유(Lee Kuan Yew)가 싱가포르 자치정부의 초대총리로 취임하면서 싱가포르 경제와 국가발전의 기초를 닦게 되었다.[1] 리콴유 총리는 적극적인 개방과 해외자본의 유치, 그리고 영어공용화 등을 통해 싱가포르 개방 경제의 기틀을 구성했다.

---

* 고려대학교 평화연구소 연구교수.

초기 싱가포르 경제는 다른 개발도상국과 마찬가지로 수입대체산업(ISI: *Import-Substitute Industries*)이 주력산업이었으며, 해외자본 역시 여기에 투자되었다. 그러나 곧 이를 제조업 분야로 전환하였으며, 이후에는 서비스 산업을 주력산업에 추가하였다. 다른 개발도상국이 해외자본에 대해서 부정적인 인식을 가지고 있을 때 싱가포르는 적극적으로 외자유치에 나섰으며, 유입된 자본은 제조업과 서비스업 분야로 배분되었다.

1990년 고촉통(Goh Chok Tong)이 제 2대 총리 취임하였고, 2004년에는 리콴유의 아들인 리센룽(Lee Hsien Loong)이 제 3대 총리에 취임하였다. 고촉통 총리는 물론이고 리센룽 총리는 리콴유의 경제성장 정책을 지속적으로 계승하고 있다. 그러나 변화하는 세계경제에 적응해야 하는 문제로 인해 주력산업인 제조업과 서비스업을 보다 세분화하고, 업종 내에서 선별적인 지원을 함으로써 새로운 환경에서도 과거의 성장전략을 유지하면서 지속적으로 성장하고 있다.

2. 싱가포르 경제현황과 경제발전 전략

1) 싱가포르 경제현황

싱가포르는 제 1차 오일쇼크로 인한 1980년대 중반, 동아시아 금융위기로 인한 1990년대 후반의 두 차례에 걸친 경제적 위기상황을 제외하고는 높은 경제 성장률을 유지했다. 1965년부터 1980년까지 연평균 9%의 고성장을 했으며, 1980년대 이후에도 연평균 8% 이상의 고성장을 계속했다.

---

1) 싱가포르는 1963년 말레이시아 연방에 가입하였으나 2년 뒤인 1965년 연방에서 탈퇴하여 독립국가를 이루었다.

〈그림 4-1〉 싱가포르 GDP 성장률(1965~2005)

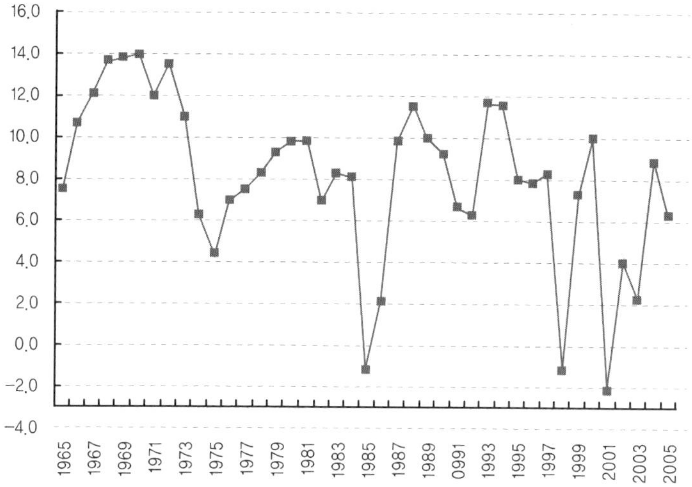

자료: Singapore Department of Statistics.

1990년대 후반의 제 2차 경제위기는 동아시아 외환위기로 초래된 것이었다. 대외의존도가 큰 경제구조는 국제적인 금융자본과 주변경제의 영향에 취약할 수밖에 없었다. 더욱이 중국과 인도경제의 급성장 등으로 외국인 기업의 해외 이전이 가속화되는 상황은 이러한 위기를 더욱 증폭시켰다. 이로 인해 1998년 이후 악화되기 시작한 경제는 2001년에는 실질적인 GDP의 마이너스를 기록하였다.

이러한 경제적 상황을 극복하기 위해 싱가포르 정부는 다양한 해결책을 도입하였다.

첫째, 금융, 교육 등 지식서비스 산업의 특화를 추진했다. 금융, 교육, 의료, 생의학 등의 지식서비스 산업으로 성장동력을 전환하고 이들 산업을 개방 및 육성하는 전략을 채택했다.

둘째, 비즈니스 허브화 전략을 한층 강화하여 동아시아 FTA의 허브화 전략을 추진하였다. 이는 싱가포르에 세계적 비즈니스 환경을 구축하기 위한 것으로서 국내기업은 물론 외국기업도 편리하게 기업 활동을 할 수 있도록 세계적 관행이 통용되는 비즈니스 환경을 창출하고자 하는 노력의 일환이었다. 그 결과 EIU(*Economist Intelligence Unit*)[2)]에 따르면 2000~2004년 비즈니스 환경지수에서 싱가포르는 8.5를 기록하였다.

셋째, FTA를 적극 추진하여 동아시아 금융·물류 비즈니스 허브를 지향하였다. 이로 인해 싱가포르는 세계 주요 경제권과 FTA 협정 및 투자보장협정(UGAs)을 체결하였다. 순차적으로는 미국, 일본, 호주, 중국(ASEAN 차원), 칠레, 한국, 인도, 파타나, EFTA 회원국(*European Free Trade Association*, 유럽 자유 무역 연합) 등과 FTA 협정을 체결하였으며 35개의 투자보장협정(IGSs: *Investment Guarantee Agreements*) 또한 체결하였다.

〈표 4-1〉 싱가포르 산업별 GDP 성장률(2004~2007)

	2004	2005	2006	2007
총 GDP	9.0	7.3	8.2	7.7
재화부문	10.5	8.0	10.5	7.2
제조업	13.9	9.5	11.9	5.8
건설업	−5.5	0.7	3.6	20.3
서비스부문	8.1	7.0	7.5	8.1
도소매업	17.6	12.1	10.4	7.3
수송 및 통신	10.7	4.9	4.7	5.1
호텔 및 레스토랑	11.5	6.4	4.8	4.4
정보통신	6.9	5.5	4.6	6.3
금융 서비스	4.4	7.1	10.6	16.9
비즈니스 서비스	2.1	4.7	6.9	7.8

자료: Singapore Department of Statistics.

2) EIU는 영국의 시사·경제 주간지인 이코노미스트의 계열사로 200여 개의 국가별 정치, 경제 전반에 대한 중장기적 예측과 각 국가의 거시경제와 산업지표를 제공하는 상당히 신뢰도가 높은 기관이다.

동아시아 외환위기로 인해 침체기에 있던 싱가포르 경제는 제 2차 경제위기를 극복하고 2002년부터는 다시 성장기세로 전환하였다. 2004년에는 다시 9%의 높은 성장률을 회복하였으며, 이와 같은 추세는 현재까지 이어지고 있다.

2) 싱가포르 경제발전전략 : 성장을 위한 투자유치

싱가포르의 경제발전은 정부가 제시하는 국가비전의 방향에 따라 정부가 제시하는 발전전략을 통해 이루어진다. 그 기본적인 틀은 협소한 국토와 자원의 한계를 극복하기 위한 적극적인 외자유치정책과 무역자유화를 기본으로 개방경제체제를 유지하는 것이다. 싱가포르는 초기 경제개발 당시 저임금을 중심으로 한 노동집약적 산업을 중심으로 외자 유치를 실시하였다. 그러나 도시국가의 한계로 인한 노동부족현상은 그 한계를 드러내게 되었다. 따라서 산업구조 고도화를 위한 방법을 지속적으로 모색하는 노력을 기울였고, 그리하여 제조업과 서비스업에 대한 외자유치로 전략을 바꾸었다. 그러나 금융, 세제, 임금 등에서 비교우위를 가진 중국과 말레이시아가 싱가포르와 마찬가지로 외자유치전략을 채택하자 상당수 기업들이 이들 국가로 이전하게 되었고, 이로 인해 싱가포르 정부는 교육, 의료, 바이오 메디컬 등의 고부가가치 산업에 투자하고 이를 육성하며 인재를 유치하는 데 주력하게 되었다 .

(1) 독립직후의 경제 : 수입대체, 수출촉진, 고용촉진

말레이 연방에서 독립한 직후 싱가포르는 기존 외국의 노동집약적 산업을 유치하여 고용을 확대하고 수입에 의존하던 산업구조에서 벗어나 외국인 투자기업이 대체 생산하는 정책을 장려하였다. 초기에 정부는 외국인 투자정책을 선별하지 않았으며, 이로 인해 기존에 육성했던 섬유, 직물, 완구, 목제품 등의 노동집약적 산업에 대한 투자가 높았다.

1970년대에 이르면서 노동집약적 산업에 치중하던 전략에서 선회하여 자본집약적 및 고부가가치 산업 육성에 초점을 두기 시작했다. 따라서 이를 위해 외국인 투자에 수여하는 투자 인센티브를 강화하기 시작했다. 그 일환으로 외국인 기업에게 부여하는 개척자격(*Pioneer Status*)을 강화하여 기업을 선별하기 시작하였다. 개척자격의 부여로 1970년도까지 352개의 기업이 선도기업의 자격을 획득하였는데, 이후에는 선진기술을 보유한 외국기업의 유치에 총력을 기울이기 시작했다. 이와 같은 외국인 투자의 장려로 인해 1971년 전체 기업에서 외국인 기업이 26%를 차지하게 되었고, 외국인 기업이 총고용의 63%를, 총부가가치 생산액 중에서는 75%를 그리고 수출의 75%를 담당하게 되었다.

1970년대에는 제 1차 오일쇼크로 인해 경제적 어려움이 있었다. 이를 극복하기 위해 경제침체기간 중 여러 산업개발 프로젝트를 시행하였다. 특히 고도기술, 자본집약적 산업을 유치하기 위해 많은 투자조치가 추가로 도입되고 시행되었다. 또한 선도기업 자격을 취득한 기업에 대한 특혜를 연장시키기 위한 사후개척자지위(*Post-Pioneer Status*)를 부여하기 시작했다. 1975년에는 제조업이 최초로 상업을 능가하여 최대산업으로 부상하기 시작했다. 당시에는 외국기업 투자유치 이외에도 자본보조, 투자소득공제, 제품개발보조 등 국내기업의 촉진을 위한 조치 또한 마련하여 국내기업이 외국기업의 진출로 인해 경제활동에 불리한 위치에 있지 않도록 하였다.

순조로운 경제발전을 지속해오던 싱가포르 정부는 1981년을 '제 2차 산업혁명기'로 정하고 투자유치 기업을 선별하기 시작했다. 당시 섬유, 신발, 가구 등의 품목이 고관세와 수입수량제한 등 무역장벽의 영향을 받아 수출경쟁력을 잃게 되자 규제가 심하지 않고, 고부가가치를 얻을 수 있는 첨단기술산업의 투자유치를 적극적으로 추진하기 시작하였다. 이후 첨단산업부문을 집적회로, 컴퓨터, 산업용 전자장비, 특수화학 물질생산 등으로 지정하여 이 분야에 외국인 투자를 적극적으로 유치하기 시작했다.

(2) 고도성장기의 성장발전전략: 제조업과 서비스업 중심의 투자유치

제 1차 오일쇼크를 극복한 이후 순조로운 경제성장을 이어오던 싱가포르는 변화하는 세계경제에 적극적으로 대응하고자 산업의 고부가가치화를 위한 구조조정을 시도하였다. 그 핵심적인 내용은 제조업 중심의 산업정책에서 서비스업의 중요성을 강조하기 시작한 것이다. 한편 외자주도형 성장전략으로 인해 싱가포르는 다국적 기업을 위한 최적의 투자환경을 제공하면서 동남아 시장을 배후지로 제조업 기반을 확대시켰으나 고부가가치 서비스 산업의 발전을 위해서는 여기에서도 산업구조 고도화 정책이 필요하였다.

따라서 싱가포르 정부는 1986년 2월의 '싱가포르 경제: 새로운 방향'(*The Singapore Economy: New Directions*)이라는 비전을 제시하고, 국제적 교역과 물류의 중심지로 변화하기 위한 노력을 거듭하였다. 이러한 시도는 1990년대 이후 금융, 서비스 부문의 중심지로서 국제 비즈니스 센터로 성장을 거듭하게 되어 이후 다국적 기업의 투자활동이 확대되는 출발점이 되었다.

그러나 1980년대 후반 대외경제여건이 불안정해지고, 저렴한 노동력을 기반으로 한 중국과 동남아 국가들이 경쟁적으로 외자유치를 추구하면서 싱가포르 정부는 다시 새로운 방향을 모색해야 했다. 이를 위해 제시된 것이 1991년 10월에 발표된 '전략적 경제계획'(SEP: *Strategic Economic Plan*)인데, 이는 선진국형 경제구조로의 전환을 목표로 한 국가전략보고서이다.

그 내용은 1980년대 추진했던 산업구조 고도화 방안과 유사하나 고부가가치 산업을 중점적으로 육성하기 위한 다양한 전략이 더해지면서 개방경제체제의 지속적 발전을 추구하고자 하는 것으로 성격이 바뀌었다. 이러한 SEP를 기반으로 한 다양한 발전계획이 1990년대에 추진되는 가

운데 분야별 비전이 제시되었다. 즉 제조업 발전을 위한 'Manufacturing 2000'(M 2000), 인접국의 시장과 자원 활용을 위한 'Regionalization 2000'(R 2000), 유망기업 육성을 위한 'Promising Local Enterprises 2000'(L 2000), 정보기술화 촉진을 위한 'IT 2000계획' 등이다.

(3) 급변하는 대외경제와 대응전략

1990년대 후반에 동아시아에 불어닥친 경제위기는 싱가포르 경제에도 큰 영향을 미쳤다. 1998년 싱가포르의 GDP 성장률은 제 1차 오일쇼크 이후 처음으로 마이너스로 떨어졌다. 1999년 정부는 이러한 외적인 경제 충격에 대비하고자 다양한 전략을 포괄적으로 통합한 산업발전정책을 제시하기 위해 국가경쟁력위원회(CSC: *Committee on Singapore's Competitiveness*)를 구성하고 그 연구의 결과로서 '산업 21'(Industry 21)을 제시하였다.

'산업 21'은 제조업과 서비스의 지식산업화를 목표로 지식기반경제(KBE: *Knowledge Based Economy*)로의 이행을 위한 발전전략이다. 이는 상호연관성이 높은 클러스터(*Cluster*)를 설정[3]하여 이를 통해 관련 산업의 일괄적인 개발을 권고하는 것이다. 이는 제조업과 서비스업의 지식산업화를 목표로 첨단산업을 육성하고, 단계적으로 주요 클러스터 내 혹은 클러스터 간의 연관효과를 강화하여 부가가치를 최대화한다는 내용이다. 이는 제조업을 기반으로 하면서도 제조업 관련 서비스 산업의 발전을 통해 고부가가치 산업을 육성하는 것을 최대 과제로 삼고 있다.

이를 위해서 ① 전자공학 ② 석유화학 ③ 생명과학 ④ 엔지니어링 ⑤ 교육서비스 ⑥ 의료서비스 ⑦ 물류 ⑧ 정보통신, 미디어 ⑨ 지역총괄의 9개의 전략적 투자유치 분야를 선정하였다. 이러한 전략적 투자유치는 지식

---

3) 클러스터로 선정된 부분은 상품교역, 조선, 엔지니어링, 전자, 정보기술, 석유화학, 건설, 재무, 보험, 일반 부품산업, 관광 등의 14개 산업이다(권율, 2003: 74).

집약형 경제구조의 확립을 목표로 하여 첨단기술부문, 고부가가치 산업부문, 연구 개발부문, 비즈니스 허브기능의 강화에 도움이 되는 서비스부문 등에 대한 투자를 장려하는 것이다.

그러나 이러한 노력에도 불구하고 2000년 회복되는 것으로 보이던 경제는 2001년 다시 마이너스 성장으로 추락하였다. 그 주된 원인은 외적인 것이었지만 내부적으로는 1980년대 이후 전자 통신부분에의 과도한 집중투자로 인해 싱가포르 경제의 구조적 불안정성이 증대한 것에서 기인한다. 1990년대 말까지 싱가포르의 전자산업에 대한 투자는 전체 제조업 투자 중 40% 이상을 유지했다. 정부의 지원하에서 다국적 기업의 약 80%가 전자산업에 투자했고, 전체 제조업에서 1998년에는 38.9%, 1999년에는 40.9%, 2000년에는 47.8%로 투자 비중이 점점 증가하고 있었다. 싱가포르는 세계 전자산업 시장이 확대될 것이라고 예측하였으나 이것이 오히려 악재로 다가온 것이다.

2001년의 경제위기는 다른 시각의 경제 비전의 제시를 필요로 하였다. 2001년 12월 고촉통 총리의 지시로 경제재검토위원회(ERC: *Economic Review Committee*)가 구성되었고, 경제재검토위원회는 약 1년에 걸친 논의 끝에 2003년 2월, 2018년까지의 국가 비전과 싱가포르 경제의 청사진을 담고 있는 '새로운 도전과 목표: 역동적인 글로벌 도시를 향하여'(*New Challenges, Fresh Goals: Towards a Dynamic Global City*)를 제시하였다. 이는 기존 성장전략의 한계를 인식하고 중장기적 차원에서 경제전반에 걸친 구조조정과 향후 진로를 모색하기 위한 것이었다.

그 기본목표는 싱가포르를 세계경제에서 주도적인 역할을 하는 글로벌 도시로 육성하며, 모든 경제권을 연결하는 중심도시로서 창조적인 기업가 정신을 고무시켜 현 싱가포르 경제성장의 양 축인 제조업과 서비스 산업을 바탕으로 하여 다양화된 경제를 이루는 것이다. '새로운 도전과 목표: 역동적인 글로벌 도시를 향하여'의 구체적인 내용은 다음과 같다.

① 미국, 일본, EU 등의 선진경제와 연계성을 강화하는 등 주요 국가들과 자유무역협정을 체결하여 개방화를 보다 확대한다. 이는 싱가포르를 국제 비즈니스 허브로 만들어 성장기반을 구축하겠다는 통상전략이다. 이와 같은 맥락에서 이미 싱가포르는 뉴질랜드(1999), 일본(2002), EFTA(2002), 호주(2003), 미국(2003) 등과 FTA를 추진했다.

② 글로벌 네트워크 경제의 허브로서 국가 경쟁력을 높이기 위해 효율적이고 유연한 기업환경과 투자여건을 조성한다. 이를 위해서 소득세를 인하하고, 투자인센티브를 확대하며, 중앙적립기금을 재편하고, 노동시장의 유연성을 제고한다. 또한 국가임금위원회(NWC: *National Wage Committee*)에서 가이드라인을 통해 연공서열방식을 지양하고, 경쟁적인 성과주의적 방식을 도입하고, 토지를 효율적으로 이용하며, 경쟁촉진을 통한 가치를 최대화한다. 또한 다국적 기업을 유치하기 위해서 현행 25%의 법인세를 20%로 낮춘다.

③ 지식기반 경제하에서 기업가 정신을 고무시키고, 공기업과 사기업이 역량을 강화할 수 있도록 기업환경을 조성한다. 대표적 기업의 국제화를 지원하고, 벤처기업 및 중소기업의 성장을 촉진할 수 있는 적극적인 자금지원이 이루어질 수 있도록 시장환경을 개선한다.

④ 고부가가치 창출을 위한 제조업 발전을 위해 다국적 기업을 적극적으로 유치한다. 전자, 화학, 생의학, 운송 등을 중심으로 한 산업 클러스터 육성에 역점을 두며, 무역, 운송, 정보통신, 금융, 관광 등의 국제적 경쟁력을 갖춘 서비스 부분의 발전을 적극 도모한다. 또한 지역적 허브로서 보건, 교육, 디자인, 방송 등의 새로운 서비스 산업도 개발한다.

2003년 이후 싱가포르의 경제는 빠른 속도로 회복되었고, 특히 제조업과 서비스 부분의 회복이 빨랐다. 제조업은 세계 전자산업의 회복과 더불어 전반적으로 성장세로 돌아섰으며, 새롭게 개척한 생의학(*Bio-medical*)의 급성장과 수송 엔지니어링의 지속적인 성장에 힘입어 빠른 속도로 생산량이 증가하였다. 서비스 부분은 국내 경기의 회복을 이끈 내수의 호조로 인해 되살아났다. 경기의 회복은 도소매업의 활성화로 이어졌고, 여행객이 증가함에 따라 호텔과 레스토랑이 호황을 맞게 되었으며, 프라이빗 뱅킹을 중심으로 한 금융서비스 또한 활발해지기 시작했다.

3. 싱가포르의 해외직접투자 유치현황

1) 해외직접투자 유치의 변화

산업발전 초기부터 적극적인 해외투자기업과 자본의 유치를 장려했던 싱가포르는 두 번의 경제위기, 중국과 다른 동남아 국가들의 경쟁적인 자

〈그림 4-2〉 싱가포르에 유입된 FDI 변화추이(1995~2005)

(FDI 누적 액과 연평균 성장률)

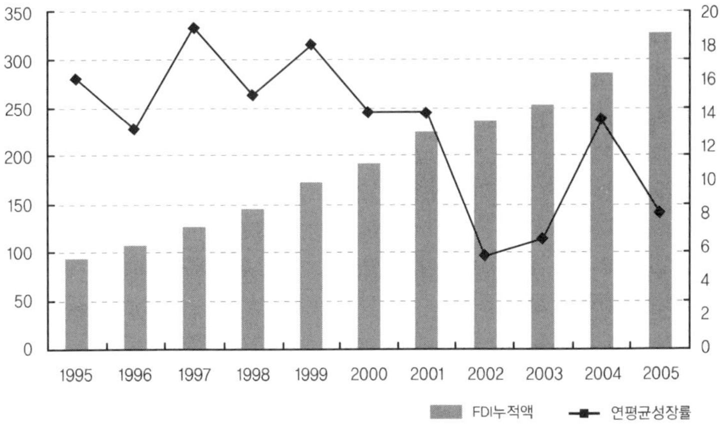

자료: Statistics Singapore Newsletter, 2007.Sep.(www.singstat.gov.sg).

〈표 4-2〉 싱가포르에 유입된 FDI (1995~2005)

(누적 액, 십억 싱가포르달러)

	1995	2001	2002	2003	2004	2005	2006
전 체	93	222	235	251	285	327	345

자료: Singapore Department of Statistics.

본유치의 공격 속에서도 꾸준히 해외직접투자를 유치하고 있다. 〈그림 4-2〉와 〈표 4-2〉는 싱가포르에 유입되는 해외직접투자의 규모가 1995년 이후 꾸준히 증가하고 있는 것을 보여준다. 해외직접투자의 연평균 성장률은 2002년 급격히 떨어지기도 하였으나 이후 다시 상승하고 있다.

싱가포르에 해외직접자본을 투자하는 국가들의 현황은 〈표 4-3〉과 같다. 〈표 4-3〉의 지역단위의 투자 규모면에서 볼 때 싱가포르에 가장 많이 투자한 지역은 유럽으로서 2005년 총 투자 누적 액이 134억 싱가포르달러에 이른다. 이어서 아시아가 74억 싱가포르달러, 그리고 북미가 45.3억 싱가포르달러이다. 개별 국가로는 2005년 영국이 가장 많은 50억 싱가포르달러이며, 그 뒤를 이어 미국이 42.8억 싱가포르달러, 일본이 41.1억 싱가포르달러를 투자했다.

10여 년 전인 1995년의 자료를 보면 유럽은 아시아보다 투자규모에서 뒤쳐져 있었다. 그러나 유럽에 위치한 영국과 네덜란드의 싱가포르 투자는 매년 급격히 확대되어 2005년, 10년 만에 약 5배 이상 성장했다. 한편 아시아의 일본과 북미의 해외직접투자 역시 높은 성장을 보이고 있으나 유럽 국가들에 비해서는 성장의 폭이 상대적으로 적은 편이다.

〈표 4-3〉 주요 FDI 투자국가(1995~2005)

(stock as at year-end, 10억 싱가포르달러)

	1995	1997	1999	2001	2003	2005
유 럽	28.3 (100)	39.9 (100)	62.8 (100)	87.3 (100)	106.3 (100)	134.0 (100)
영 국	9.7 (34.2)	14.0 (35.1)	11.9 (18.9)	14.7 (16.9)	39.4 (37.0)	50.2 (37.4)
네덜란드	4.6 (16.3)	7.2 (18.0)	22.9 (36.5)	35.0 (41.1)	27.6 (25.9)	31.7 (23.7)
스위스	7.2 (25.4)	10.5 (26.3)	15.7 (25.1)	15.7 (17.9)	16.9 (15.9)	21.7 (16.2)
노르웨이	0.2 (0.7)	0.6 (1.4)	1.6 (2.5)	3.9 (4.5)	4.7 (4.4)	7.9 (5.9)
독 일	1.9 (6.7)	1.8 (4.5)	2.3 (3.7)	6.4 (7.3)	6.2 (5.8)	7.6 (5.6)
아시아	30.7 (100)	36.4 (100)	47.8 (100)	52.0 (100)	58.4 (100)	74.0 (100)
일 본	18.0 (58.8)	21.3 (58.6)	28.6 (59.9)	30.0 (57.6)	34.0 (58.1)	41.1 (55.6)
말레이시아	3.9 (12.7)	5.2 (14.3)	6.4 (13.3)	6.0 (11.6)	4.6 (7.8)	7.2 (9.7)
대 만	0.9 (3.1)	1.8 (5.0)	3.1 (6.4)	4.8 (9.1)	5.9 (10.1)	7.1 (9.7)
홍 콩	4.6 (15.1)	4.8 (13.1)	4.9 (10.2)	5.8 (11.2)	4.1 (6.9)	4.9 (6.6)
북 미	19.1 (100)	27.2 (100)	29.0 (100)	40.4 (100)	40.3 (100)	45.3 (100)
미 국	16.2 (84.9)	23.5 (86.4)	24.8 (85.6)	37.2 (92.1)	37.7 (93.5)	42.8 (94.3)

자료: Statistics Singapore Newsletter, 2007.Sep., www.singstat.gov.sg.

2) 해외직접투자의 국내 산업 투자현황

싱가포르에 유입된 해외직접투자 자본은 1970년대 제조업 분야에 집중되다가 1980년대 중반 경제위기 이후에는 서비스업으로 투자대상 산업을 확장하였다. 이후 제조업 분야와 서비스업 분야에 대한 투자는 지속적으로 이루어졌다(〈표 4-4〉). 한편 산업고도화와 고부가가치 산업 육성 전략으로 인해 제조업과 서비스업 내의 하부 투자기업은 변화를 보이고 있다.

〈표 4-4〉의 상위 3개 업종의 해외직접투자의 분배현황의 변화과정을 살펴보면 〈표 4-5〉와 같다. 〈표 4-5〉에서는 금융보험서비스 업종과 제조업 내에서 투자대상에 변화가 있음을 볼 수 있다. 금융 보험서비스업 내부에서는 투자유치기업에 대한 분배가 1995년에는 금융보험서비스 전체의 57.9%차지한 반면 2005년에는 79.2%로 크게 상승한 것을 볼 수 있다. 반면 은행에 대한 분배는 양적으로는 증가했지만 분포 상에서는 25%에서 10%로 감소한 것을 볼 수 있다.

제조업 내에서도 변화가 뚜렷하다. 제약부분이 1995년 제조업 전체 분

〈표 4-4〉 산업별 FDI 분포현황(1995년, 2005년)

(단위: %)

	1995	2005
전 체	100	100
금융보험서비스	37.3	38.3
제조업	38.2	33.3
도소매업, 호텔, 레스토랑	13.2	15.7
교통, 운수	3.1	5.4
전문적 기술적, 행정적 지원서비스	1.7	3.1
부동산, 임대업 서비스	4.7	2.6
정보통신	0.6	1.1

자료: Statistics Singapore Newsletter, 2007.Sep.(www.singstat.gov.sg).

배의 8.3%였던 것이 2005년에는 37.3%로 증가하였으며, 석유에 대한 분배도 제조업 전체 분배의 9.9%였던 것이 13.5%로 증가하였다. 반면 전기분야는 제조업 전체 분배의 49.2%에 달하던 것이 28.1%로 감소했다. 이는 급변하는 세계경제에 대응하고, 산업의 다각화를 모색하고자 하는 싱가포르의 의지의 반영이라고 볼 수 있다.

〈표 4-5〉 상위 3개 업종 FDI의 분배 현황(1995~2005)

(누적 액, 10억 싱가포르달러)

	1995	1997	1999	2001	2003	2005
금융 보험 서비스	34.7 (100)	47.2 (100)	66.4 (100)	81.0 (100)	89.6 (100)	119.1 (100)
투자유지기업	20.1 (57.9)	34.1 (72.3)	50.1 (75.4)	61.9 (76.5)	69.1 (77.1)	94.4 (79.2)
은 행	8.7 (25.0)	8.1 (17.2)	8.4 (12.6)	8.8 (10.8)	9.0 (10.0)	9.0 (10.0)
제조업	35.5 (100)	47.2 (100)	56.9 (100)	81.9 (100)	91.7 (100)	103.6 (100)
제 약	3.0 (8.3)	6.6 (14.1)	11.4 (20.1)	18.1 (22.1)	29.3 (32.0)	38.7 (37.3)
전 기	17.5 (49.2)	23.6 (50.0)	28.1 (49.3)	36.0 (44.0)	29.7 (32.2)	29.2 (28.1)
석 유	3.5 (9.9)	3.6 (7.7)	5.0 (8.7)	12.3 (15.0)	13.6 (14.9)	14.0 (13.5)
도소매업, 호텔, 레스토랑	12.2 (100)	15.2 (100)	28.0 (100)	34.1 (100)	40.1 (100)	48.8 (100)
도매업	10.9 (88.7)	13.7 (90.4)	24.8 (99.5)	30.5 (89.3)	36.7 (91.5)	45.8 (93.9)

자료: Statistics Singapore Newsletter, 2007.Sep., www.singstat.gov.sg.

4. 해외직접투자 유치를 위한 조건들

싱가포르는 산업발전단계 초기부터 적극적으로 해외직접투자를 유치했다. 이는 신기술과 신공정의 도입, 생산성의 향상, 첨단산업의 육성 등 산업구조의 고도화와 수출촉진, 제조업의 육성 그리고 세계화의 중심지로서 국제 비즈니스 센터가 되기 위해 외국인 투자를 활용하고자 하는 전략에 의한 것이다. 국제 비즈니스 종합서비스 센터를 지향하는 싱가포르 정부는 이를 위해 지역본부(OHQ: *Operational Headquarters*) 지정 우대제도, 국제무역회사(AIT: *Authorized International Trader*) 에 대한 조세감면제도, 국제물품구매사무소(IPO: *International Procurement Office*), 국제원유취급회사(AOT: *Authorized Oil Trader*) 에 대한 조세감면제도 등을 시행하고 있다.

싱가포르에 대한 해외직접투자는 비교적 자유로운 편이나 여기에도 투자와 투자업종의 제한이 있다. 투자의 제한은 허가(라이선스), 승인, 자격제, 투자제한의 형태로 나타난다. 제조업 분야에서는 제한업종이 없는 반면 서비스 분야에서는 5개 분야의 제한업종이 있다. 통신산업은 전체 3개 사만 제한적으로 허가를 받을 수 있으며, 방송산업은 1개 사만 허가하고 있다. 뉴스미디어의 분야는 1개 사만 제한적 허가하고, 금융서비스는 수적 제한은 없으나 승인제를 채택하고 있다. 법률, 의료 등의 서비스 분야는 제한적으로 인정하고 있다. 한편 일부 주택과 토지 그리고 방갈로에 등에 대한 외국인 투자와 구매에 대해서도 제한하고 있다.

이와 같이 싱가포르는 정부 차원에서 적극적으로 해외직접투자의 유치를 권장하고 있는데 그 핵심적인 동력은 경제개발청(EDB: *Economic Development Board*) 의 역할과 해외직접투자에 대한 인센티브제의 적용이다.

1) EDB의 투자유치를 위한 활동

EDB는 1961년 재무부 산하기관으로 설립되었다가 1979년 통상산업부(MTI: *Ministry of Trade and Industry*) 소속 법정기관으로 변경되었다. EDB는 외국인 투자유치를 통해서 산업 발전의 전반을 책임지며, 대부분의 인센티브를 결정한다.

제 3세계 발전국가(*development countries*)와 달리 EDB가 해외 투자유치를 결정할 때에는 본질적으로 실용주의적 접근을 채택한다. 일단 투자환경이 구비되고 기업이 투자를 개시하면 시장주의에 입각하여 철저한 비즈니스 정신으로 행정 처리한다. 또한 이 과정에서 민간부문의 마케팅 기술을 적극적으로 활용하면서 효율적인 시장주의 원칙을 적용한다.

(1) 구성

EDB는 본사와 해외조직 그리고 이사회 및 자문기구로 구성되어 있다. 본사에는 회장과 사장을 포함한 경영진들이 5개의 사업부를 운영하고 있다. 2008년 현재 회장은 림쉬옹관(Lim Siong Guan)이다.

다섯 개의 사업부 중 첫째, 세계운영(*Global Operations*)부는 전 세계 19개 해외사무소의 운영을 담당한다. 둘째, 계획과 정책(*Planning & Policy*) 부문으로 비즈니스 환경을 분석하고, 중요한 사업을 기획한다. 셋째, 기업발전(*Industry Development*) 부문으로 산업지원을 담당한다. 넷째, 신비즈니스(*New Business*) 부문으로 신규 유망산업과 신규 시장을 발굴하여 지원한다. 다섯째, 협력발전(*Corporate Development*) 부서로서 행정, 통신, 재무, 인사관리 등의 업무를 담당한다.

해외조직은 현재 북미, 유럽, 아시아에 걸쳐 총 19개 사무소를 두고 있으며 각 100명 내외의 직원을 두고 있다. 한편 이사회는 다국적 기업 또는 국내기업 최고경영자, 노조간부, 관련부처 책임자 등 12명으로 구성되며, EDB의 전략방향을 수립하고, 자문기구는 국제자문기구(International Advisory Council)로서 다국적 기업 경영자들이 주축이 되어 EDB 활동에 대한 자문을 해주고 있다.

(2) 주요 업무

EDB의 주요 업무는 해외투자의 유치이다. 이를 위해서 EDB는 투자유치를 위한 홍보활동, 투자기업과 자본을 위한 투자여건 및 타당성의 조사, 투자실행단계에서의 지원 그리고 이와 같은 업무가 효율적으로 이루어질 수 있도록 원스톱 서비스(*one-stop service*)를 제공하고 있다.

① 홍보활동

EDB는 투자유치를 위해서 일반매체를 비롯하여 산업관련 전문저널을 통해 적극적인 홍보활동을 전재한다. EDB는 세계의 다른 투자유치기관에 견주어 볼 때 홍보활동에 가장 많이 치중하고 있는 기관이라고 할 수 있다.

② 투자여건 및 타당성 조사

외국기업이 투자를 위한 투자여건과 타당성을 조사할 때 EDB는 여기에 적극적으로 응대한다. 이 과정에서 EDB는 투자여건과 타당성의 조사를 철저히 산업중심으로 처리한다. 즉 만약 화학업종 기업이 투자의사를 타진해 오면 화학업 전문가가 직접 브리핑을 함으로써 시장중심적 투자가 이루어질 수 있도록 유도하는 것이다. 또한 EDB는 투자여건 및 타당성 조사과정에서 민간부문 전문가나 컨설팅 업체를 활용함으로써 컨설팅 업체를 육성해 산업별 전문가 육성이라는 새로운 시장을 만들어 냈다.

③ 투자실행단계에서의 지원

일단 투자유망기업이 투자를 결정하면 EDB는 공단조성에 책임이 있는 주롱 공단공사(Jurong Town Corporation)를 투자기업에게 소개한다.

주롱공단공사는 기업에 여러 공단 도면을 제시하고, 그 중 하나를 투자기업이 선택하면 투자기업과 대지임대계약서를 체결하고, 이후 건설업의 입찰을 통해 시공사를 선정하도록 돕는다. 이는 기업이 적은 비용으로 질 높은 지원을 받을 수 있도록 해준다.

④ 원스톱 서비스

EDB는 무역개발청(TDB: *Trade Development Board*), 주롱공단공사, 노동부, 통상산업부(MTI) 등의 관련부처와 원활한 업무협조체계를 구축, 신속한 사업개시 및 기타 기업투자환경 개선을 위해 노력하고 있다. EDB와 연계하여 투자환경을 효율적으로 제공하는 관련 기관은 〈표 4-6〉과 같다. EDB는 관련기관과 원활한 업무협조체계를 구축하고 있기

〈표 4-6〉 싱가포르 외국인 직접투자 유치관련 기관

기관명	업무내용
Economic Development Board	산업계획과 투자개발 및 증진을 책임지는 주무기관
Jurong Town Corporation	산업용지 및 관련시설의 개발, 관리
Ministry of Labor	안정적인 노사관계, 노동자의 안전, 보건
Ministry of Trade and Industry	전체적 경제계획, 분석, 경제정책의 조정을 책임
National Computer Board	'IT 2000' 계획을 책임, 국가정보화의 총괄
National Science and Technology Board	산업 및 서비스 부문의 연구개발 활동 증진
Port of Singapore Authority	효율적인 항만시설 및 서비스 제공하고 유지하는 기능
Singapore Productivity and Standards Board	인력개발과 경제구조조정 및 기술진보 관련 업무 1996년 EDB로부터 중소기업 개발기능 이양 받음
Trade Development Board	무역업과 관련된 투자자에 대한 지원과 정보제공

자료: 이성봉 외, 1998, p.172, 〈표 1〉 싱가포르의 외국인 직접투자 유치관련 기관.

때문에 외국인 투자는 EDB를 통하기만 하면 업무가 신속히 이루어진다는 의미에서 원스톱 서비스라고 불린다.

2) 인센티브제도

싱가포르 정부는 일찍부터 제조업 부문에 투자하는 외국인 투자자에게 인센티브를 부여했다. 제조업 분야에 인센티브를 부여하는 정책적 방향은 세 가지로 요약될 수 있다. 첫째, 신기술 및 신공정을 도입하여 생산성을 향상시키고 산업구조를 고도화한다. 둘째, 수출활동을 촉진시킨다. 셋째, 싱가포르를 국제적 금융과 비즈니스 중심지로 발전시킨다.

인센티브를 심사하고 결정하는 것은 대부분 EDB의 주관하에 이루어진다. 그 외 무역개발청(TDB), 국립과학기술청(NSTB: *National Science and Technology Board*), 통화청(MAS: *Monetary Authority Singapore*)도 인센티브를 독자적으로 제공하기도 하지만 부수적인 역할에 그친다. EDB는 비공개적, 개별적으로 심사하여 해당 프로젝트의 기술적 우월성과 실행가능성을 평가하고, 이와 더불어 싱가포르 경제에 대한 공헌 등을 토대로 인센티브를 지원할 것인지를 평가한다.

심사과정에서 가장 중요한 결정요인은 산업담당관이 판단한 투자의 경제적 효과 및 타당성 분석이다. 모든 투자기업은 투자에 따른 혜택을 얻기 위해서 반드시 심사과정을 거쳐야 한다. 인센티브로 인해 제공되는 조세감면은 EDB의 인센티브 제공결정의 시점부터 시행된다. 한편 심사과정에서 EDB는 외국인 투자와 국내기업투자의 차이를 두지 않는다.

인센티브는 세제감면 위주의 조세 인센티브가 대부분을 차지하고 있으며, 보조금 형태는 소수이다. 이는 싱가포르 경제확대장려법(Economic Expansion Incentives Act)에서 정하고 있다. 그러나 이러한 금융지원법이 있다 하더라도 대부분의 인센티브 심사와 결정과정은 EDB와 기타 유관기관의 자체 지침에 의해 시행된다.

(1) 산업의 고부가가치화, 고도화와 관련하여 진출하는 외국인 투자기업에게 부여하는 인센티브

① 개척자격과 추가개척자격

기업이 제품생산을 위한 신기술을 도입할 경우 제품유형, 기술 수준에 따라 5~10년간 법인세율을 감면해주는 것을 말한다. 일반적으로 싱가포르 법인세율은 26%이다. 면세기간중의 손실은 기간 종료 후로 이월이 가능하다. 개척자격(*Pioneer Status*) 기간이 종료된 후 추가개척자격(*Post-Pioneer Status*) 기업으로 인가받게 되면 최장 15년간 26%의 법인세율 대신 10%의 법인세율을 적용받게 된다.

② 개발확장 인센티브(*Development & Expansion Incentive*)

싱가포르 경제에 파급효과(*spin-off effects*)가 큰 신규 프로젝트를 수행하거나 기존 투자를 확대하는 경우에 제공한다. 규모는 1천만 싱가포르 달러 이상이여야 한다. 이 경우 법인세의 절반인 13%를 감면받게 된다. 혜택기간은 최장 10년이며, 추후 10년까지 연장이 가능하다.

③ 벤처자본 해외투자인센티브(*Venture Capital Incentive*)

벤처자본의 지분투자에서 손실이 발생할 경우 지원하는 인센티브이다. 이 경우 투자 지분의 100%까지 손실액을 과세대상소득에서 공제해준다.

④ 신기술도입 보조금(*Initiatives in New Technology*)

신기술, 노하우, 신공정 등의 개발 및 도입과 관련된 활동을 할 때 지원한다. 신규 설비 시 운전훈련비의 50%를 보조해주며, 연구개발 훈련비의 70%를 지원하고, 장비 및 건물비용을 지원한다.

(2) 수출촉진 관련 인센티브

수출서비스(*Export of Service*)는 싱가포르를 거점으로 하여 실행되는 해외 프로젝트 관련 서비스를 통한 수출이 총수입의 20%가 넘거나 연간 10만 싱가포르달러 이상을 수출하는 기업에 대해 해당 수출관련 소득세의 90%를 면제해 주는 제도이다. 면제기간은 최대 10년이다.

(3) 지역총괄본부 인센티브(*Operational Headquarter Incentive*)

이는 국제 비즈니스 중심지화를 위한 지원책이다. 국제적인 조직망을 갖춘 기업이 싱가포르 내 본사업무를 담당하는 현지 법인을 설립하여 주변지역의 자회사를 관리하는 경우 관리비, 이자, 로열티, 외환거래수입, 역외 투자수입 및 기타 소득에 대해 설립 후 최고 10년간 법인세에 대해 일반보다 감면된 세율인 5~10%의 세율을 적용한다. 외국 원천 배당소득에 대해서는 10년간 비과세를 해준다.

(4) 투자소득공체 인센티브(*Investment Allowance Incentive*)

싱가포르에 투자한 기업이 승인된 산업분야(제조, R&D, 건설) 활동을 위한 자본설비에 대해 5년의 법정기한 내에 투자를 시행할 때 정부는 신규 투자액의 50%까지 과세소득에 대한 세금을 감면해 준다.

(5) 장비도입 및 기술관련 투자인센티브

① 투자비용공제(*Investment Allowance Incentive*)

제조업 및 서비스 분야 기업이 5년 한도 내에 R&D, 건설공사 등의 인가된 프로젝트에 신규 투자할 경우 생산시설에 대한 신규투자금액의 50%까지 법인세를 공제해 준다.

② 해외융자액에 대한 지원(*Approved Foreign Loan Scheme*)

생산설비 구입을 위해 해외금융기관으로부터 20만 싱가포르달러 이상 융자를 받은 경우에 이자에 대한 원천과세를 감면해 준다.

③ 가속 삼가상각 지원(*Accelerated Depreciation Scheme*)

기계설비에 대한 통상적 감가상각률(초기 20%, 매년 5~20%) 대신, 컴퓨터 및 자동화 설비, 산업용 로봇 등에 대해 연 100% 혹은 33.3%의 감가상각을 인정해주거나 혹은 산업용 건물에 대해 25년간 감가상각을 인정하는 제도이다.

(6) R&D, 지적재산권, 혁신 관련 투자인센티브

① 승인된 로열티

선진기술 및 노하우 도입에 대한 해외 로열티 지불시 비거주자에 대한 지급 로열티에 대해 원천과세를 전액 또는 부분적으로 면제해준다.

② 연구개발비에 대한 이중세액공제(*Double Deduction for R&D Expenses*)

이는 대상제조업 및 서비스업 연구개발 관련 경상비(감가상각비 제외)를 대상으로 한 세액공제제도이다. 싱가포르에서 연구개발 활동 수행 시 국내등록기업의 제품 상품화가 가능한 R&D 비용에 대해 이중세액을 공제해준다.

(7) 공동투자

공동투자(*Co-Investments*)는 상업적인 기준으로, 외국인 투자가와 케이스별 협상을 통해 이루어지므로 일정하게 정해진 것은 아니다. 통산 10~20% 정도의 지본보유 형태로 이루어지며, 투자금액은 해당시설의 건설비용에 상당한다.

(8) 투자가에 대한 은행대출보증제도

투자가에 대한 은행대출액에 대해 EDB가 보증을 하는 것으로 투자가가 상환을 못할 경우 EDB가 대금상환채무를 대신해주는 제도이다.

3) 투자자유지역

투자자유지역은 1989년 고촉통 부총리에 의해 협소한 국토의 한계를 극복하기 위한 방안으로 제시되었다. 이는 싱가포르의 협소한 국토로 인해 발생되는 문제와 한계를 주변지역과의 협력을 통해서 해결할 수 있다는 발상이며, 그 내용은 주변 지역에 투자하여 향후 주변지역에서 획득한 요소들이 국민소득의 주요 구성부문이 되도록 하는 지역화 전략이다. 구체적으로는 성장삼각지대 개발계획으로서 싱가포르, 말레이시아의 조호루, 인도네시아의 리아우를 연결하는 '삼각지대'(SIJORI: Singapore, Malaysia Johor, Indonesia Riau Island)를 공동 개발하여 해외 투자유치를 위한 공단을 조성하자는 구상이다.

이는 토지와 자본에서 비교우위에 있는 국가들끼리 상호보완성을 최대한 살려 각 국가의 제조업뿐만 아니라 해외 투자자도 유치하고자 하는 전략이다. 싱가포르는 운송, 사업 네트워크, 통신, 은행업에서 비교우위를 지니고 있기 때문에 센터를 싱가포르에 두고 생산기능만 이전하는 방식을 취한다. 다국적 기업 유치 시에도 이와 똑같이 적용하여 지역총괄본부를 싱가포르에 두고 공장은 SIJORI에 유치하도록 하고 있다. 이로 인해 싱가포르는 1980년대와 1990년대의 노동집약적 산업을 조호루와 리아우 주변의 바탐섬으로 이전하였다.

5. 해외직접투자 유치의 성공요인

헤리티지 재단(the Heritage Foundation)과 월스트리트 저널(*Wall Street Journal*)이 측정하는 경제자유도(*economic freedom*)[4] 부문에서 싱가포르는 12년 연속 홍콩에 이어 2위를 차지했으며, 세계은행과 국제금융협력(*International Finance Corporation*)이 공동으로 조사한 'Doing Business 2008'에서는 2008년 싱가포르가 총 178개 국 중 비즈니스하기 좋은 국가 1위로 선정되었다(〈표 4-7〉). 싱가포르의 지리적 위치와 더불어

〈표 4-7〉 비즈니스 하기 좋은 국가(2008)

Economic Freedom (2008)		Doing Business (2008)	
순 위	국 가	순 위	국 가
1	홍 콩(90.3)	1	싱가포르
2	싱가포르(87.4)	2	뉴질랜드
3	아일랜드(82.4)	3	미 국
4	호 주(82.0)	4	홍 콩
5	미 국(80.6)	5	덴마크
6	뉴질랜드(80.2)	6	영 국
7	캐나다(80.2)	7	캐나다
8	칠 레(79.8)	8	아일랜드
9	스위스(79.7)	9	호 주
10	영 국(79.5)	10	아이슬란드

4) 경제자유도는 전 세계 161개국을 대상으로 조사하는 각국의 경제부문의 자유도에 대한 측정이다. 10개 세부항목별로 1~5점의 점수를 부여한 후 전체 총점에 대한 각국별 평균점수를 산출하여 순위를 매기는 방식을 취하고 있으며, 평가대상 항목은 각국의 무역정책, 정부의 재정부담의 수준, 정부의 경제간섭도, 통화정책, 자본수지 및 외국인 투자, 금융제도, 임금 및 물가, 부동산 소유제도, 정부규제, 암시장 활동 등이다.

경제적, 사회적, 정치적 제도는 비즈니스 수행은 물론 해외직접투자 유치에서 최적의 환경을 제공해준다. 이 절에서는 싱가포르가 해외직접투자를 성공적으로 유치하도록 해주는 다양한 조건들에 대해서 살펴보겠다.

1) 중계무역 중심지와 자유무역정책

싱가포르는 지리적으로 동남아의 중심에 자리 잡고 있고, 인접성이 용이하여 오래전부터 동남아 중계무역의 중심지였다. 이러한 독특한 입지를 활용하여 현재 싱가포르는 동남아 무역, 금융, 물류의 중심지와 전 세계 상품이 집결되고 인근 각지로 재수출되는 중계무역센터의 역할을 수행하고 있다.

2005년 싱가포르는 세계 1위 컨테이너항으로 부상했다. 그 파급효과로 물류업체가 보관, 상표부착, 포장, 유통 등 부가서비스를 제공하는 제3자 물류업이 세계적으로 발달하게 되었다. 그 밖에 세계 3대 정유시설을 보유한 항만, 세계 49개국 140개 도시를 잇는 국제 항공허브로 활약하고 있으며 시간대에 있어서도 근무시간 중 3개의 경제권과 거래가 가능하기 때문에 금융센터로서도 전략적인 위치다. 이로 인해 국제 선물시장, 환거래시장 등이 발달하여 이와 관련된 외국기업이 600여 개나 활동하고 있다.

2) 효율적인 시스템

도시국가인 싱가포르는 국가가 하나의 유기체처럼 움직인다. 즉 EDB가 기획하고 결정하면 정부기관, 민간기업, 노조, 일반국민까지 유기적으로 움직이는 시스템을 가지고 있다. 이처럼 싱가포르는 도시국가로서 체계적인 국가운영시스템을 최대한 활용하고, 투자관리체제를 효율적으로 실행할 수 있다는 장점이 있다.

3) 물가안정 위주의 정책

싱가포르 정부는 불황을 타개하기 위해 통화팽창정책을 택하면 물가가 오르고 성장과 고용은 낮아진다는 입장을 가지고 있다. 따라서 마이너스 성장기에도 항상 물가안정 기조를 유지한다. 싱가포르 경제는 개방경제 체제로 인해 재정 및 환율정책이 외부의 영향을 받게 된다. 따라서 중앙 연금기금(Center Pension Funds) 등을 통해서 유동성을 흡수하는 전략을 채택하는데, 유동성이 부족한 경우는 싱가포르 통화청이 개입하여 외환 매매나 스왑거래 등을 통해 국내 유동성을 공급한다. 통화청은 환율로 인해 수입물가가 지나치게 오르는 것을 방지하고 있다. 한편 국가임금위원회에서는 적정 임금가이드라인을 제시하여 지나친 임금인상이 물가에 악영향을 끼치는 것을 방지한다.

4) 우수한 비즈니스 인프라

싱가포르는 높은 교육수준과 안정성을 갖춘 노동력을 갖추고 있다. 이러한 점이 중국과 동남아 신흥 시장의 성장에도 불구하고 지속적으로 해외직접투자를 꾸준히 유입할 수 있는 기반이 된다. 싱가포르는 아시아 최고 수준의 지적재산권을 보유하고 있고, 기술 및 과학 인프라 등 인프라 경쟁력에서 상위를 차지하고 있다. 기술 인프라 경쟁력은 세계 2위, 과학 인프라 경쟁력은 13위(2007년)이며, 기초인프라 1위, 교육 11위, 건강 및 환경 14위로 제반분야 인프라가 잘 정비되어 있다. 이를 종합하면 전체 인프라 경쟁력은 세계 3위에 이른다.

5) 정보의 섬으로의 기반구축

정보기술화 촉진을 위해 제시된 'IT 2000계획'은 정보인프라를 통해 싱가포르를 아시아 지역의 정보 중심지로 만들겠다는 전략이다. 1990년대에 추진되기 시작한 이 전략은 정부와 정부투자기관이 총 망라되어 있는 국가컴퓨터위원회(NCB: *National Computer Board*)에서 주관하고 있다. 'IT 2000계획'은 싱가포르의 모든 가정, 학교, 공장을 하나의 컴퓨터 망에 연결하는 것을 추구하고, 이로써 외국기업들에게 보다 높은 정보통신 서비스 혜택을 제공하는 것을 목표로 하고 있다.

6) 영어의 공용화

1965년 말레이 연방에서 독립한 이후 리콴유 총리는 영어 공용화를 실시하였다. 이는 인종별 모국어와 함께 영어를 필수적으로 배우도록 하는 정책이다. 따라서 현재 싱가포르의 공용어는 영어, 중국어, 말레이어, 타밀어의 네 종류로 지정되어 있는데 노동인구가 영어를 사용할 수 있는 이러한 환경은 해외기업에게 인력채용과 회사업무에 큰 도움이 된다.

7) 선진화된 외국인 생활여건

싱가포르는 약 30개의 국제학교를 보유하고 있다. 따라서 외국인 자녀의 교육문제가 해결된다. 또한 높은 수준의 의료서비스를 제공하며 의료시설(28개 종합병원, 1,900개의 개인병원, 16개 정부 복합 병원운영) 또한 충분히 구비되어 있다. 또한 도심 차량제한제를 실시하고 있는데 이는 경제활동이 보다 원활하게 이루어지기 위한 목적에서 도입된 것이다.

8) 정치적 안정

싱가포르는 전통적으로 정치체제가 안정되어 있으며, 급격한 정치변동의 경험이 없다. 이는 도시국가의 특성상 국가통제가 용이한 것에 기인하기도 하지만 대부분의 국민들이 정부정책을 지지하고 있다는 것이 가장 큰 요인이다. 싱가포르는 아시아 국가 중 정치가 가장 안정(Finance Asia 평가, 2001)되어 있다는 평가를 받고 있다. 국민들의 정부에 대한 지지의 원인 중 하나로서 연금제도 등이 사회적 안정에 기여한 측면이 있다고 평가되기도 한다.

6. 성공적인 해외직접투자 유치의 의의

싱가포르는 다른 개발도상국들의 경우와 달리 초기부터 해외자본에 대해 개방적이었다. 해외자본과 다국적기업의 진출로 인한 시장의 종속을 우려하는 종속이론(*dependent theory*)의 경고가 싱가포르에게는 적용되지 않았다. 이러한 싱가포르의 독특성은 싱가포르의 정치와 경제 그리고 사회구조가 걸어온 독특한 역사적 경로에서 기인한다고 볼 수 있다. 싱가포르는 지리적인 위치로 인해 고대부터 동남아 중개무역항의 역할을 했으며, 영국 동인도 회사의 무역기지로서 활동했다. 따라서 개방경제에 대한 두려움보다는 개방경제의 이점을 먼저 경험했다고 볼 수 있다. 한편 영국의 오랜 통치는 영어의 사용을 확산시켰으며, 이로 인해 독립 직후 영어공용화를 추진할 때 큰 사회적 저항이 없었던 것으로 보인다.

싱가포르는 축적된 자산을 기반으로 하여 1990년대 이후에는 주변 아시아 지역을 대상으로 싱가포르의 해외투자 즉 OFDI(Outward FDI)를 확대시키고 있다. 싱가포르의 OFDI는 주변 아시아 국가의 낮은 임금을 기반으로 하는 제조업에 대한 투자라는 점에서 기타 FDI와 다른 특징을 보인다(Ellingsen, Likumanhuwa and Nunnenkmp, 2006). 싱가포르는 2002년 이후 아시아를 넘어 점차 세계로 그 투자의 범위를 넓히고 있다.

싱가포르의 외자유치 전략은 두 차례의 경제위기를 제외하고는 성공적으로 싱가포르 경제를 이끌었다. 이러한 성과는 권위주의적인 통치구조에 대한 불만을 완화시켰으며, 한편으로는 정치적 안정의 원인이 되기도 하였다. EDB를 비롯한 정부부처의 경제운용 방식은 국가의 이익을 목표로 하고, 운영과정에서는 철저히 시장원리를 도입함으로써 목표 지향적이면서도 효율적인 결과를 가져왔다. 또한 물가안정 위주의 경제정책과 영어의 공용화로 인한 국내 노동력의 고급화를 고임금으로 이어지게 하였으며, 높은 경제 성장률이 안정적인 연금제도의 운영을 가능하게 함으로써 경제의 선순환구조를 형성하도록 하였다.

제5장

해외투자유치국가의 사례연구 2
두바이의 해외투자유치에 대한 분석*

박 용 수**

1. 두바이 '투자국가'에 대한 접근법

두바이 경제의 외형적 성과나 이를 주도했던 리더십에 대한 소개서와 두바이 투자 등을 위한 실용적인 지침서가 많아지고 있다. 이것은 우리 사회에서 두바이 발전사례에 대한 관심이 커지고 있음을 반영하는 것이다. 그렇지만 두바이의 경제성과나 발전전략에 대한 체계적인 연구는 아직 미흡한 편이다. 이러한 상황에서 '투자국가'는 최근 두바이 사례에 대해 체계적인 접근에 의미 있는 관점이 될 수 있다. 특히 중동의 작은 항구도시 두바이는 내수시장이나 생산기지가 미비한 상황에서 곧바로 투자국가로 전환한 사례로서 다른 어느 지역보다 '투자국가' 관점에 적합하다고 할 수 있다.

투자국가는 기본적으로 투자유치, 해외투자, 사회투자의 측면으로 구분할 수 있다. 투자국가의 세 측면은 구분되면서도 상호 연계성을 갖고 있어 세 측면을 유기적으로 파악할 때 세계화시대 해당 국가경제의 특징

---

* 두바이에 대한 이 장의 내용은 최근 미국발 전 세계적 금융위기가 대두되기 직전 시점에서 정리한 것이다.

** 연세대학교 국가관리연구원 연구교수.

을 이해할 수 있다. 다만 국가에 따라 투자국가의 세 측면 중 주요 측면이 다르고, 같은 국가도 시간의 변화에 따라 주요 측면이 변화할 수 있다. 두바이는 '투자국가'의 세 측면 중에서 투자유치 중심의 사례로서, 투자유치 성과를 바탕으로 해외투자와 사회투자에도 적극적인 관심을 나타내고 있다.

이 장에서는 투자유치를 중심으로 두바이 사례의 특성을 살펴볼 것이다. 이를 위해 우선 두바이의 최근 경제성과를 직접투자유치 규모, GDP 성장률, 산업별 비중, 인구 등을 통해 정리할 것이다. 이를 통해 두바이 경제가 해외자본의 투자유치를 중심으로 발전했음을 확인할 것이다. 그 다음 두바이 경제성과를 가능케 한 두바이 발전전략의 특징을 정리할 것이다. 두바이의 투자유치전략은 두바이를 명품브랜드화하여 투자유치 부문의 허브로 만드는 것이다. 투자유치를 위해 두바이는 도시건설 방식의 인프라 투자와 특구 방식의 경제자유지역을 설치했다. 인프라 구축을 위해 두바이는 천문학적 비용을 투자하여 사막이나 바다에 최첨단 도시를 건설했고 두바이 투자유치허브를 만들기 위해 세금과 규제가 없는 특구(*free zone*)를 만들었다.

이 장에서 주목하고자하는 부분은 두바이 정부의 주도성이다. 지도자를 중심으로 두바이 정부는 어떤 조건에서 이와 같은 투자유치전략을 추진했는지 검토할 것이다. 지도자 중심의 두바이 정부의 특징은 두바이 해외투자 방식에도 직접적인 영향을 미쳤다. 두바이는 국내투자유치 성과에 기초하여 성장한 두바이 공기업을 중심으로 외국자본에 대한 공격적인 해외투자를 추진했다. 필요한 경우 외국 거대자본과의 협조를 통한 해외투자를 추진했다. Green Field방식의 직접투자유치와 달리 두바이의 해외투자는 직접투자 중에서 M&A방식으로 추진되었다. 최근에는 금융자유지역을 통해 간접투자를 위한 인프라를 강화하여 중동의 금융중심지로 거듭나고 있다.

두바이정부는 국내투자유치 조건의 질적 수준향상을 위해 사회투자에 적극적이다. 특히 2007년 초에 발표된 'Dubai Strategic Plan 2015'에서 사회투자가 강조되고 있다. 그렇지만 두바이의 사회투자 부분은 아직 취약하다. 또한 두바이에서 사회투자는 시민사회나 시민권의 강화와는 다른 정부와 자본에 의한 정보, 교육, 의료 산업 또는 시스템 투자를 의미한다.

본론에서는 이러한 두바이 사례가 어떤 방식으로 전개되었고, 그 과정에서 나타난 특징이 무엇인지 살펴볼 것이다. 그리고 두바이 발전전략이 가능했던 두바이의 조건을 검토할 것이다. 그 중에서도 정부중심성, 특히 최고지도자가 갖고 있는 조건을 중심으로 살펴볼 것이다. 이를 통해 두바이 사례가 한국에 주는 함의에 대해 정리할 것이다.

2. 두바이의 경제성과

이 글이 투자국가의 관점에서 접근하는 만큼 우선 두바이의 경제성과 중에서 투자유치 성과를 살펴볼 필요가 있다. 두바이 통계청에 의하면 두바이는 2005년 104억 USD 가까이 투자유치를 했고, 2006년에는 13.4% 증가한 118억 USD 가까이 투자유치를 했다. 2006년의 경우 두바이 투자유치액은 UAE 전체 투자유치의 60%를 상회한다. 두바이의 직접투자유치 규모를 타국과 비교하기 위해서는 GDP대비 FDI 비율을 검토하는 것이 유용하다.

〈그림 5-1〉에서 나타나는 바와 같이 FDI/GDP 수준은 두바이, 홍콩, 싱가포르 등 도시국가들이 높고, 이 세 국가 중에서도 두바이가 가장 높다. OECD국가 중에서는 영국과 프랑스가 높고 브릭스 중에는 중국과 러시아의 수준이 높다. 일본은 위의 그래프에서 2005년 수치를 사용했지만 2006년의 경우 마이너스 수준의 국내투자유치 결과를 나타냈다. 한국은 일본에 비해 높은 수준이지만 전반적으로 낮은 수준에 머물러 있음을

알 수 있다.

이제 두바이에 대한 FDI가 주로 어떤 부문에서 이루어졌는지 살펴보자. 〈표 5-1〉을 보면 두바이의 업종별 FDI유치현황을 알 수 있다.

〈그림 5-1〉 2006년 각국별 FDI/GDP

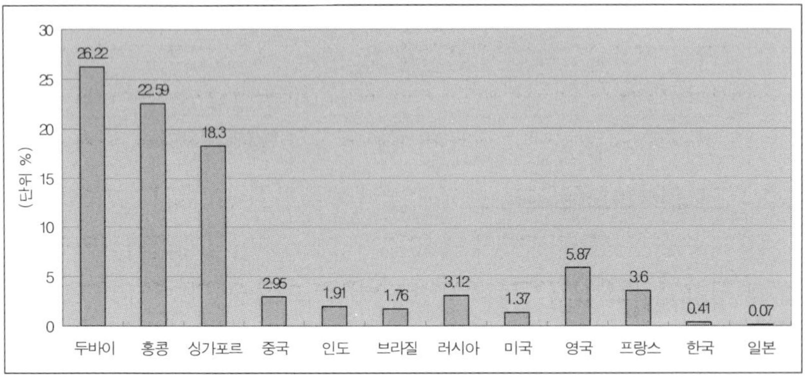

출처: World Bank 국가별 Key Development Data & Statistics.
* 두바이는 두바이통계청 자료, 일본은 World Bank 2005년 자료.

〈표 5-1〉 2005, 2006년 두바이 FDI 업종별 유치현황

(단위: 백만 달러, %)

업 종	2005년	2006년	증가율
농 업	4.44	3.61	−20
광 업	305.00	361.67	18.6
제조업	204.72	294.72	43.9
수전력	10.83	12.78	19.9
건설업	3677.50	4070.00	10.7
도소매업	2205.28	2415.56	9.5
호텔 및 요식업	0.83	10.56	1054.7
교통 및 통신	167.50	236.39	41.0
금융 및 보험업	3591.94	4173.61	16.2
기 타	230.56	216.67	−6.1
총 계	10,398.61	11,795.56	13.4

자료: 두바이통계청. 이영희(Kotra) 2008에서 재인용.

〈그림 5-2〉 UAE inward and outward FDI 추이

(단위: 백만 USD)

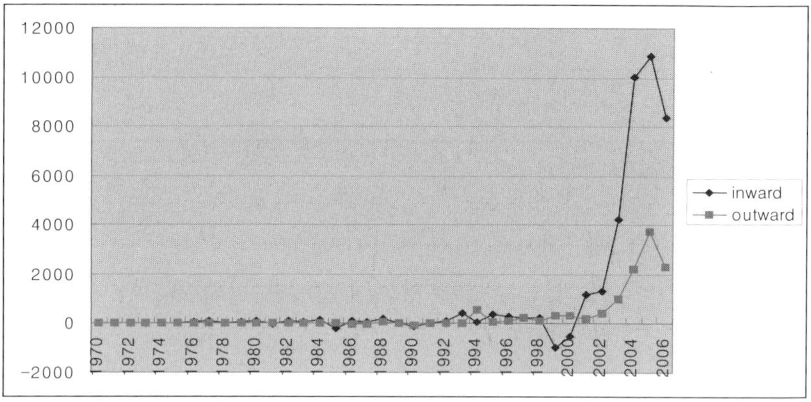

자료: UNCTAD Handbook of Statistics, 2008.

* UAE전체를 다룬 UNCTAD 자료와 달리, 두바이 통계청 자료에 따르면 2006년 두바이 FDI(투자유치)는 2005년에 비해 13.4% 증가했다.

투자유치 업종 중에서 가장 큰 비중은 금융 및 보험업 분야와 건설업 분야인데 대략 35% 수준으로 두바이 투자유치의 두 기둥에 해당된다. 건설업의 비중이 큰 것은 두바이가 도시건설을 지속하기 때문이고, 금융 부문의 비중이 큰 것은 두바이가 중동금융의 허브로 급성장하고 있음을 보여준다. 그리고 도소매업의 비중이 20% 수준을 유지하고 있으며, 증가율로 보면 호텔 및 요식업이 가장 두드러졌다. 이것은 관광객 급증과 인구증가 결과에 기인하는 것임을 예상할 수 있다. 제조업과 교통 및 통신부분도 두드러진다. 호텔, 요식업, 교통, 통신, 도소매업의 비중이 크고 최근 비중이 커진 것은 관광레저산업 육성전략과 관련되어 있다.

UAE의 한 지역인 두바이의 직접투자유치 통계를 찾지 못해 UAE통계를 정리했다. 두바이의 직접투자유치 규모는 UAE전체 투자유치 규모 180억 USD의 60%를 상회한다〔UAE FDI 대비 두바이 비중: 60.46%(2005년), 61.88%(2006년)〕. 두바이 유치 FDI총액에서 2006년은 2005년 대비 13% 증가했다. 이러한 비중을 염두에 두고 최근에 나타난 두바이의

〈표 5-2〉 두바이에 대한 FDI의 국가별 비중

(단위: %)

연도	영국	일본	인도	미국	네덜란드	한국	GCC	여타 아랍국가	기타 국가	합계
2005	30.8	23.3	11.1	10.5	4.1	1.9	2.6	1.4	14.3	100
2006	35.9	21.6	9.7	6.3	3.7	3.0	2.8	1.3	15.7	100

자료: 두바이통계청 보고서 FDI 06-02.

투자유치규모의 기본적인 변화추이는 〈그림 5-2〉에서 확인할 수 있다.

〈그림 5-2〉에서 나타나듯이 UAE의 투자유치는 2000년 이후 급격히 상승했다. 2000년 이후 UAE의 inward FDI 규모가 outward FDI의 2~3배 수준에 달하고 있음을 알 수 있다. 두바이가 UAE의 지방정부인 만큼 그 차이가 불가피하지만 두바이의 투자유치 비중이 높은 만큼 이를 통해 두바이 투자유치의 추세를 확인할 수 있다.

또한 두바이에 투자하는 국가는 인근 중동지역 국가들이 중심이 아니다. 〈표 5-2〉에서 알 수 있듯이 영국, 일본, 미국 등 선진국들이 주도적으로 투자하고 있다. 이것은 두바이의 FDI유치가 중동지역의 오일머니 수준을 벗어나고 있음을 나타내는 것이다. 이외에 두바이에 대한 FDI에는 인도와 한국이 적극적임을 알 수 있다. 두바이에 입주한 기업 수는 1992년 480개 기업, 1995년 800개 기업, 1999년 1,633기업, 2002년 2,051기업으로 증가했다.

외국자본의 국내투자유치 결과 두바이 경제는 GDP성장률이 높고 특히 비석유 부문의 성장률이 높아 UAE GDP에서 차지하는 비중이 커지고 있다. 그 결과는 〈그림 5-3〉에서 확인할 수 있다.

〈그림 5-3〉에서 알 수 있듯이 두바이의 GDP규모는 10년 만에 3배 이상 증가했고, 그 중에서 비석유부문은 4배 가까이 증가했다. 이와 같은 두바이의 경제성장 결과 1인당 GDP도 2005년 3만 2천 달러에 달했다. 이것은 두바이정부가 2000년에 세운 2010년 목표를 5년 만에 초과 달성

〈그림 5-3〉 연도별 두바이 GDP 규모 변화 추이

(단위: million AED, %)

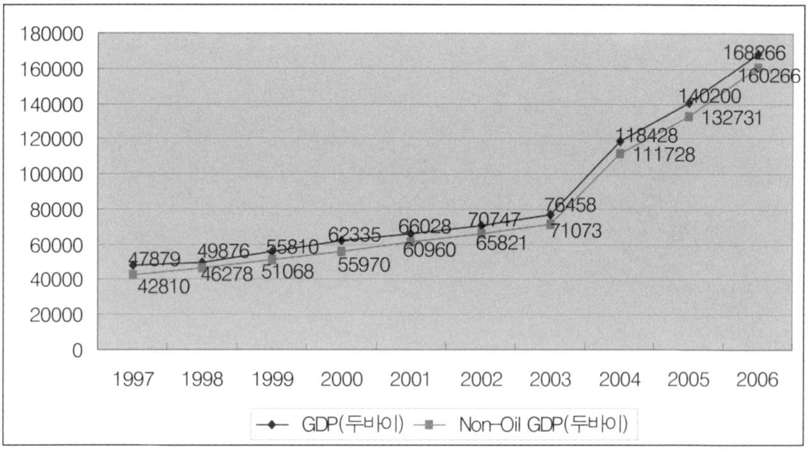

자료: 두바이통계청 연도별 Satistical Yearbook.

한 것이다. GDP 성장률 또한 2000년부터 2005년까지 연평균 13% 수준을 유지했다. UAE의 GDP 성장률은 중국보다 높고, 두바이는 UAE 평균보다 높은 수준이다. 특히 비석유부문의 성장률이 평균성장률을 상회해 산업다각화전략이 가시적 성과를 나타내기 시작했음을 보여준다. 예를 들어 2003년부터 두바이의 관광수익이 석유수출 수익을 상회했다고 한다. 2006년 두바이 산업구조는 무역·호텔·요식업 24.9%, 건설·부동산 24.1%, 제조업 15.7%, 원유·가스 5.1%, 기타 30.2% 수준이다.

다만 UAE 대비 GDP 비중은 점차 축소되고 있다. 이것은 지속적인 유가상승과 밀접히 관련되어 있다. UAE 석유매장량은 아부다이가 압도적이기 때문에 보유 석유자원의 비중이 낮은 두바이는 유가상승에 따라 UAE 대비 두바이 GDP 규모가 축소되고 있다고 할 수 있다. 반면 비석유부문에서 두바이의 GDP 비중은 지속적으로 높아졌음을 알 수 있다. 다만 최근 아부다비의 산업화가 추진되면서 2004년부터 42%대에서 정

〈그림 5-4〉 UAE대비 두바이 GDP

(단위: %)

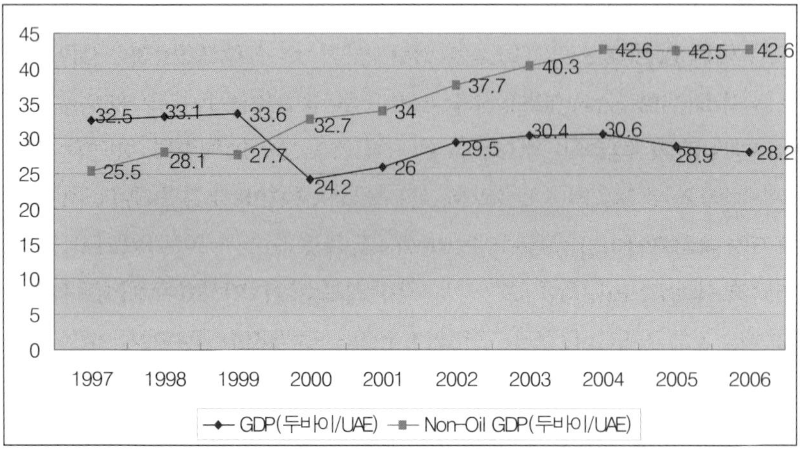

자료: 두바이통계청 연도별 Satistical Yearbook.

체되고 있다. 다만 인플레이션율이 높아 경제성장과 외국자본유치에 치명적일 수 있다.

두바이의 수출입 규모는 2004년부터 급격히 증가하고 있는데 이것은 유가인상효과에 기인하는 바 크다. 두바이는 수출보다 수입규모가 압도적으로 크고 증가추세 또한 지속적이다.

〈그림 5-5〉를 보면 두바이의 수입규모는 GDP 규모보다 큰 데 비해, 수출은 수입의 10분의 1 수준도 안 되며, 재수출의 규모가 수출규모보다 훨씬 크다. 이것은 두바이가 물류국가의 성격이 강함을 의미한다. 2000년대 접어들어 위의 세 지표가 모두 가파르게 상승하고 있다. 그리고 두바이의 주요 수출품목에서 보석이나 귀금속류의 비중이 가장 크다. 실제 두바이 금시장은 세계에서 손꼽히는 규모와 수준을 나타내고 있다. 두바이의 수출 대상지역은 인도, 이란, 제벨알리특구, 파키스탄, 쿠웨이트 등 대부분 중동 및 인근지역을 중심이다. 두바이가 세계수준의 항구와 공항을 갖고 있지만 수출에서는 아직 지리적 한계를 벗어나지 못하고 있

〈그림 5-5〉 두바이 수출입 추이

(단위: 백만 AED)

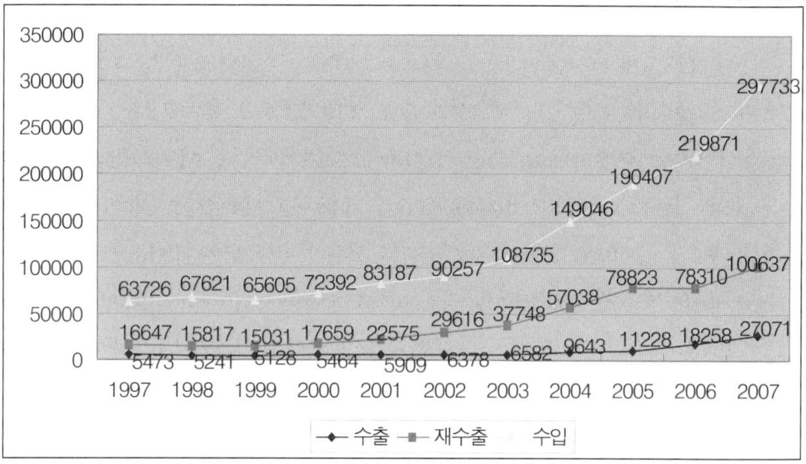

자료: 두바이통계청.

음을 알 수 있다. 두바이의 주요 수입대상국은 1위 중국부터 인도, 미국, 일본, 독일 순이고 증가율도 높다.

다음으로 두바이의 인구변화추이를 살펴보자.

〈표 5-3〉을 보면 우선 두바이의 급격한 인구증가 현상을 확인할 수 있다. 이와 같은 급격한 인구증가요인은 첫째, 건설업 관련 노동력과 전문가 수요 증가, 둘째, 유아사망률 감소·기대수명 증대 등이다. 두바이 인구의 성비율은 극단적으로 불균형하고, 특히 경제개발이 심화될수록 불균형이 심화되고 있다. 이것은 외국인들의 비중 증가와 동시에 진행되는 현상이다. 현재 두바이의 총인구 중 80% 이상이 외국인이고 그 비중은 더욱 커지고 있다. 이것은 건설업 비중이 커지면서 가중되고 있는데, 특히 1960년대 대규모 건설사업 이후 건설 노동자 비중이 1965년 17%에서, 2000년 26%로 높아진 바 있다. 두바이로 들어오는 외국인들은 다양한데 인종별로 직종 및 계층이 차별화되어 있다. 예를 들어 영국계 은행 경영진은 인도나 파키스탄 출신 창구직원이나 비서를 선호하고, 이란인

〈표 5-3〉 두바이 인구변화 추이

(단위: %, 명)

연 도	1985	1995	2000	2001	2002
남성비율	66.66	69.36	70.95	71.65	72.36
여성비율	33.34	30.34	29.05	28.35	27.64
총 계	370,788	689,420	862,387	910,336	960,950
연 도	2003	2004	2005	2006	2007
남성비율	73.08	73.81	74.87	75.50	76.13
여성비율	26.92	26.19	25.13	24.50	23.87
총 계	1,014,379	1,070,779	1,321,453	1,421,812	1,529,792

자료: 두바이통계청.

들은 거리 청소부가 많다. 이외에 두바이 관광객은 2006년에 700만 명을 상회했다. 당시 인구 150만이 안 되는 지역에서 대단한 규모라 할 수 있다.

이상으로 살펴본 바와 같이 기본적으로 총량지표만으로도 두바이의 급성장과 투자유치의 급증을 쉽게 확인할 수 있다. 다음 절에서는 이러한 두바이의 경제성과가 어떤 전략에 의해 가능했는지 살펴보겠다.

3. 해외투자유치를 위한 전략

앞에서 두바이의 경제성과가 통상보다 투자유치에 기인하는 것임을 확인했다. 이제 이러한 투자유치를 가능케 한 조건을 인프라와 제도로 구분하여 검토하고자 한다.

1) 인프라 투자

두바이의 면적은 4,114km^{2}로서 한국 충남의 절반 규모이고, 국토의 90% 이상이 사막이다. 최근 두바이정부는 3S(Sun, Sand, Sea)를 자원으로 강조하지만 사실상 석유 이외의 자원은 부재한 상황이다. 두바이지역은 20세기 초까지 주로 진주산업이 활성화됐었지만, 제1, 2차 세계대전 동안 두바이 진주산업이 불황을 겪었고, 1950년대까지 인구 1만 명 수준의 대가족 중심사회를 유지했다. 또한 두바이는 상업항구도시이지만 해안수심이 얕아 대규모 선박이 정박할 수 없고 그 배후에 시장이나 생산기지가 존재하지 않았다.

1960년대 이래 석유자원을 개발하여 1970년대 이미 세계 최고수준의 1인당 국민소득을 달성한 바 있고, 석유수익은 재정에 큰 기여를 했다. 이 자금을 시작으로 두바이는 지리적 조건을 활용하여 석유자원고갈을 대비하는 산업다각화를 추진했다. 지리적으로 사우디와 이란 사이의 해안에 위치한 두바이는 중동의 중심지이자 아시아-유럽을 연결하는 상업항구도시의 입지를 갖고 있다. 두바이의 과감한 물류기지 인프라 투자는 이러한 입지조건을 한편으로 활용하고 다른 한편으로 넘어서기 위한 것이었다.

두바이는 점진적인 발전전략을 추진하기보다 출발부터 세계최고 수준의 시설을 추진했다. 이것은 두바이 인근 지역의 수요에 대응하기보다 시설확장으로 확대 가능한 잠재수요까지 고려한 것으로 과도한 비용부담을 감수하는 전략이라 할 수 있다. 사막이나 바다 이외에 투자유치에 필요한 조건이 부재한 상황에서 두바이는 세계 최대, 최고 수준의 시설투자를 통해 이를 극복했던 것이다. 두바이가 시작한 투자유치를 위한 인프라는 물류와 교통을 위한 것이었고, 이를 기초로 결제와 투자를 위한 금융 인프라를 구축했다. 그 이후 금융산업을 위해 필수적인 IT산업 및 지식산업을 유치하기 위해 투자했으며, 최근에는 관광, 레저, 엔터테인먼트 등 사람을 끌어들이기 위한 방향의 인프라를 확충했다.

두바이는 지리적 조건을 활용한 물류교통허브 전략하에 1959년 크리크 준설을 시작으로 대규모 물류 인프라를 건설하였다. 두바이 크리크는 원래 수심 60cm, 폭 수십m 수준의 규모였으나, 공사를 통해 수심 6m, 폭 수백m 규모로 확장되어 바다와 내륙을 잇는 두바이의 기본적인 교통물류 수단이 되었다. 그 이후 두바이는 1972년 라시드항을 개항하여 대규모 선박 16척이 정박할 수 있는 당시로서는 초현대식 항구를 준설했다. 라시드항은 그 이후 지속적으로 확장되었지만 두바이의 최대항구 자리를 1979년 세계최대 인공항 제벨알리(Jebel Ali)항에게 내주어야 했다. 제벨알리항은 항공모함의 정박도 가능한 규모와 시설을 갖추고 있으며 2007년 현재 컨테이너 1,070만 TEU를 처리하여 세계 7위를 기록했고, 이것은 2006년에 비해 20% 증가한 것이다.[1)]

두바이는 항구뿐 아니라 공항에도 적극적으로 투자했다. 1960년에 건설된 두바이 공항은 2002, 2003년 국제항공운송협회(IATA)에 의해 '최고 공항'으로 선정될 정도로 시스템이 최고 수준으로 갖추어졌다. 2008

---

1) 참고로 2007년 항만 컨테이너 처리실적 순위를 보면 다음과 같다. 1위 싱가포르 2,794만 TEU, 2위 상하이 2,615만 TEU, 3위 홍콩 2,399만 TEU, 4위 선전 2,019만 TEU, 5위 부산 1,326만 TEU, 6위 로테르담 1,079만 TEU, 7위 두바이 1,070만 TEU, 8위 카오슝 1,026만 TEU, 9위 함부르크 990만 TEU, 10위 청도 946만 TEU(한국컨테이너부두공단, 2007).

년 1월 현재 세계 205개 지역과 연결되고, 취항항공사가 120여 개에 달하며 2007년에는 연간 3천만 명 이상의 승객이 이용했다. 그런데 두바이는 두바이 공항보다 몇 배 큰 규모의 최첨단 공항을 준비중이다. 두바이는 초기 투자비용으로 100억 달러를 투자하여 항공기 4대가 동시에 이착륙 가능한, 연간 1억 2천만 명의 승객이 이용할 수 있는 알막툼 국제공항을 준비중이다. 알막툼 국제공항은 주거, 산업, 물류 복합단지를 건설하기 위한 두바이 월드 센트럴(Dubai World Central) 프로젝트의 일환이다.

두바이는 중동(이란, 사우디, 이라크)과 세계(아프리카, CIS) 지역을 잇는 항공, 해운의 메카로서 UAE 비원유부문 교역량의 75% 담당하고 있다. 육로도 잘 정비되어 2주 내에 사우디를 거쳐 터키까지 도착하고, 남쪽으로는 3일 이내에 예멘까지 수송 가능하다. 그리고 2010년부터 지하철이 완공되어 두바이 공항과 두바이 전역을 연결하게 될 것이다.

1980년대 이후 항구와 공항의 배후지에 특구를 형성하는 과정에서도 두바이는 천문학적 규모의 비용을 들여 최첨단 시설을 유치했다. 1985년 제벨알리 자유무역지대 조성 이후 다국적기업 유치를 위해 교외지역 도시외곽 순환형 도로망과 교외지역 방사형 도로 네트워크를 건설했다. 데이라(Deira) 지역은 주요 금융 행정중심지로 개발, 국제공항의 입지, 항만물류 중 재수출 기능의 중심지역으로 개발했고, 소하천 이외의 지역에는 수입 컨테이너항, 주요 산업지역입지, 세계무역센터 등의 랜드마크를 건설했다. 이 시기 새로운 상업 금융중심지인 제벨알리까지 성장회랑이 건설되었다. 이러한 변화는 두바이의 1993년부터 2012년까지 도시지역 전략계획(Dubai Urban Area Strategic Plan)에 따라 추진된 것으로 2004년 605km^2 수준으로 확대되고 2015년까지 501km^2를 추가 개발할 예정이다.

두바이의 인프라투자는 부문별로 볼 때 교통·물류, 금융, 지식·IT, 부동산·관광 등의 4대 허브전략으로 나타나고 있다. 그 결과 2007년 초 140만 인구가 2020년 520만 명 이상으로 증가할 것이 예상된다. 이에 대비 도로망(440억 디르함), 대중교통수단(트램, 대중교통, 해상교통) 확충, 경전철 건설(242억 디르함) 포함 813억 디르함 규모의 도로교통개발 프로젝트를 추진했다. 2008~2016년 1조 디르함(2,778억 달러) 규모의 호텔 및 서비스 부문 프로젝트 추진(바와디 프로젝트: 2016년까지 1,000억 디르함 규모의 두바이 최대 숙박·관광개발 프로젝트 추진. 두바이 홀딩스 계열사 타트위르사 추진), 두바이 관광객 규모를 2010년까지 1500만 명으로 늘릴 계획이다. 이를 준비하기 위해 관광, 레저, 오락, 쇼핑, 세계최고 최대 위락시설 건설하여 두바이 시내 인근 사막도로 10km에 100여 개 이상의 극장과 1500여 개의 식당을 만들 예정이다.

나아가 두바이는 인공 섬 개발 프로젝트를 추진중이다. '팜 주메이라'는 건설중인 인공 섬 중에서 가장 작은 규모이지만 직경 5.5km의 원형 방파제와 그 내부에 부챗살 모양의 매립지를 만들고 있다. 외부 방파제에 필요한 바위는 이집트 피라미드 두 개 분량이고, 매립에 필요한 모래는 미국 맨해튼 면적을 1m 높이로 쌓을 수 있는 규모이다. 또한 모래를 방파제 내 부챗살 모양 중에서 정확한 위치에 매립하기 위해 인공위성을 통한 GPS 측량정보를 준설선에 보내고 있다. 또한 공사로 인한 수질오염을 막기 위해 방파제는 300m 간격으로 개방하고 교량을 설치하여 해수 유출입을 용이하게 만들고 있다. 물론 여기에는 최고급 관광레저 시설을 설치할 계획이다. 두바이 해변에는 그 이외에도 '팜 제벨알리', '팜 데이라', 'The World', 해저호텔 하이드로폴리스 등이 추진중이며, 이미 세계에서 가장 높은 최고급의 버즈 알 아랍 호텔과 세계 최고층 건물 버즈 두바이 타워가 있다.

호텔 및 사무실 콤플렉스로 세계에서 가장 높은 건물인 버즈 두바이와 세계최대 규모 쇼핑센터인 두바이 몰 또한 두바이 서비스 산업을 위한 인프라의 대표적 사례이다. 이외에도 두바이 랜드, 워터프런트, 더 월드, 팜 아일랜드 등 대규모 초호화 관광레저 단지를 건설중이다.

이와 같이 두바이 정부는 초기의 과감한 투자유치를 위한 인프라건설로 성공을 거두고 나서 안정적인 발전전략을 채택하기보다, 오히려 더욱 규모가 큰 과감한 사업을 추진하고 있다.

2) 해외투자유치를 위한 제도

경제자유지역(*free zone*)을 통해서 실시되는 두바이의 투자유치제도는 투자기업에게 파격적인 혜택을 부여한다. 우선 세제혜택의 경우 경제자유지대에는 법인세와 소득세가 없다. 다만 은행업, 상업용 부동산, 석유산업에 대해서는 세금이 존재한다. 술·담배를 제외한 상품의 수입관세도 5% 수준이며 이조차 6개월 안에 재수출하는 경우 환불받는다. 자유지역에서는 투자자의 100% 지분 소유가 가능하다. 다만 투자 진출시 자유무역지대 이외의 지역에서는 외국인 지분 한도율이 49%로 제한된다. 경제자유지역에서는 외환거래도 무제한으로 보장된다. 정부의 주 수익원은 항만이나 공항의 수입, 국영회사의 배당금 등이다.

그리고 두바이가 유치기업을 위해 혜택을 부여하지만 노동자와 관련해서는 노동쟁의가 법으로 금지되어 있다. 두바이 자유지역에는 기업이 필요한 인력을 사용하는 데 제도적 제약이 없다. 또한 외국인 중시정책이라는 이슬람국가로서는 파격적인 문화개방정책을 채택했다. 개신교, 가톨릭, 불교, 힌두교 등 각 종교단체를 허용해고, 술과 돼지고기를 허용했던 것이다. 이것은 "상인에게 좋은 것은 두바이에게 좋다"(*What is good for the merchant, is good for Dubai*)는 두바이 지도자의 신념에 기초한 것이다. 이러한 관점이 두바이 경제발전을 가능케 한 인구 80% 이상의 외국인의 유입을 가능케 했다.

2007년 현재 UAE의 29개 자유경제지대 중에 23개[2]가 두바이 지역에

---

2) Jebel Ali Free Zone, Dubai Airport Free Zone, Dubai Media City, Dubai Internet City, Dubai Cars & Automotive Zone, Gold & Diamond Park, Dubai Knowledge Village, Dubai Metals & Commodities Centre, Dubai

서 운영되고 있다. 각 경제자유지역에서는 투자기업에 대해 이와 같은 제도적 혜택이 분야에 따른 지원정책과 함께 부여된다. 이 중에서 가장 대표적인 제벨알리 자유지역은 UAE 투자 외국자본의 95% 이상을 유치하고 있다. 두바이 정부는 제벨알리 항구를 건설할 때부터 원유 고갈에 대비한 산업육성과 두바이를 중동의 중계무역 중심지로 육성할 것을 목표로 삼았던 것이다. 이곳은 자치행정구역으로 중앙정부와 독립적으로 운영된다. 두바이 시내 중심에서 35km 지점, 100km^2 규모이다. 2005년 말 현재 119개국에서 혼다, 필립스, 소니, 노키아, 삼성 등 5,000개 사가 입주했다. 중동지역에 진출한 대부분의 외국기업들이 두바이에 물류센터를 설치하고 있으며, 입주신청서 제출 후 2주일이면 결정된다.

국제금융센터(DIFC: *Dubai International Financial Centre*)는 2004년 9월 개장되어 외환, 투자, 금융 등 다양한 분야에 걸쳐 운영되고 있다. 이익에 대한 비과세, 100% 소유권 인정, 환전무규제, 해외송금 자유, 운영상 지원, 시설 서비스 제공 등이 보장된다. 또한 DIFC에서는 법원조차 UAE나 두바이 법원이 아니라 유럽계 판사가 다수이자 수석 판사로 구성된 자체 법원이 운영된다. 두바이는 국제금융산업 클러스터 형성을 통해 중동 금융허브의 지위를 확보하고, 세계적으로 뉴욕, 런던, 동경 금융시장의 연결역할을 하겠다는 목적을 갖고 있다. 금융자유지역은 2004년 헌법까지 바꾸면서 만들어졌으며 50층 본부건물과 15개의 다른 고층건물로 구성되어 중동의 금융허브로 급부상하고 있다. 두바이증권거래소(DFM: *Dubai Financial Market*)는 2005년 9월 개장한 이후 2006년 12월, 1만 여개의 일자리를 창출하면서 2008년 1월 현재 세계 6위 규모의

Silicon Oasis, International Media Production Zone, Dubai Maritime City, Dubai Healthcare City, Dubai Studio City, Dubai International Financial Centre, Dubai Industrial City, Dubai Outsource Zone, Dubai Aid City, Dubai Biotech & Research Par, Dubai Logistics City, Dubai Flower Centre, Dubai Festival City, International Humanitarian City, Dubai Techno Park, Dubai Auto Zone.

증권시장으로 성장했다.

주변지역에 위치한 Dubai Knowledge Village, Dubai Media City, Dubai Internet City는 Technology and Media Free Zone을 구성하고 있다. Dubai Internet City는 2000년 설립되어 통신 분야 기업이 접근할 수 있는 기반시설을 제공하고 있다. MS, IBM, Dell, Oracle, Cisco 등 세계 최고수준의 IT기업을 유치했는데, 금융·물류·관광허브는 IT기술의 뒷받침 없이는 불가능하다는 두바이 지도자 셰이크 모하메드의 판단에 의해 적극 추진되었다. Dubai Media City는 2001년 1월 '창조하는 자유'를 모토로 뉴미디어 산업을 위한 커뮤니티로 개발되었다. 100% 외국인 회사 소유권, 소득세·법인세 50년 동안 면제 등의 미디어 자유지대라는 통상적 업무혜택을 받고 있다. 인터넷 도시 인근에 CNN, 로이터 통신 등의 미디어 기업의 입주를 위해 조성한 것으로 잡지, 전문서적, 판촉물, 온라인 콘텐츠, E-Book, 미디어 디렉토리, 가이드북 등 편집, 출판, 인쇄사업의 중심지이다. Dubai Knowledge Village에 유치된 교육기관에 대해서는 세금면제, 토지무상제공, 소유권 100% 인정 등의 혜택이 제공된다. 건축비 이외의 비용은 두바이 입주기업으로부터 펀드를 받아준다. 기업들은 수입의 일부를 가질 수 있고 졸업생을 채용할 수 있다. 외국 주요 대학의 단과대학(경영대는 미국대학, 과학대는 독일대학, 음대는 프랑스 대학 등)을 유치하여 고등교육 클러스터 형성, 세계 고등교육 허브를 추구한다. 학생들은 역내 시설 및 프로그램[3] 참여 및 시설 활용이 가능하며 자유무역지대 입주기업에서 인턴십 활동이나 벤처설립기회를 보장하고 있다. 2010년까지 5만 외국인 유학생 유치를 목표로 2012년까지 Academic City 구성을 추진중이다. Dubai Silicon Oasis는 반도체 산업의 육성을 위한 free zone으로 IC 디자인, 시험시설, 연구기관, 제

3) International Academic Institutions and Programs, Professional Training, R&D, Management Development Centers, E-learning Contests, Systems, Service Providers 등 다양한 프로그램 운영.

조회사, 주거단지를 포함한다.

이외에 Dubai Logistics City는 해운, 항공, 육상 서비스 제공을 위한 복합운송거점이자 통합물류기지역할을 한다. Dubai Flower Centre는 중동 아프리카 지역 최초의 농산물·화훼 전문특구로 유럽, 아시아, 아프리카를 잇는 물류허브를 추진하고 있다. 두바이는 20세기 초 이래 귀금속시장이 형성되어, 방문객 70% 이상이 귀금속시장 방문하고 있다. Gold & Diamond Park는 귀금속 전문거래지역으로 두바이를 지역 내 귀금속 중개허브로 만들 계획이다. 또한 DMCC(Dubai Metal and Commodities Centre)를 국제 귀금속의 비교가 가능하고 다양한 국제 고객들의 취향을 만족시킬 수 있는 세계 귀금속거래 중심지로 만들 계획이다. Dubai Textile Village는 UAE 직물시장, 쇼룸, 상점 특구이며, Dubai Carpet Free Zone은 지역 특산물인 카펫 교역의 중심지이다.

Healthcare City는 두바이에 입주한 외국기업 인력에게 필수적 인프라인 병원, 학교, 의료서비스 기관 유치를 통해 의료서비스, 의학, 의료산업 클러스터를 추진하여 중동, 중앙아시아, CIS 역내 최고수준의 의료허브를 추구하고 있다. 국제도시에는 다양한 국가별 건축특징에 따라 국가별 테마단지, 국제전시장, 호텔, 관광시설이 들어선다.

이와 같이 경제자유지역이 두바이정부가 추구하는 투자전략에 따라 다양한 분야별로 형성되어 진행되고 있다. 두바이정부는 경제자유지역의 제도를 통해 개별 경제자유지역 내에 산업클러스터를 형성하고, 경제자유지역 간의 유기적 관계를 통해 시너지 효과를 추구하고 있다.

4. 두바이의 해외투자

중동의 산유국들은 원유수출금의 80~90%를 국제금융시장에 투자할 수 있다. 실제로 중동 산유국들은 오일달러의 절반가량을 국부펀드(SWF)에 투입하여, 최근 이들 펀드들이 서브프라임 사태로 가치가 급락한 월가 투자은행 지분을 매수하기도 했다. 두바이 지도자들도 예외가 아닌데, 주로 M&A방식으로 적극적으로 해외투자를 하고 있다.

예를 들어 Dubai Holdings는 두바이 경제, 사회 발전에 기초가 될 수 있는 대규모 인프라나 투자를 위한 집단이다. 이들은 20억 달러 규모의 GSEF(Global Strategic Equity Fund)를 운용하고 있다. 이 펀드는 최근 일본의 가전회사 Sony, 홍콩의 금융기관 HSBC, 유럽의 방위산업체 EADS N.V. 등의 지분을 사들였다. 두바이 지도자가 보유하고 있는 DIC는 전 세계에 걸쳐 130억 달러에 달하는 자산을 보유하고 있다(*Financial Times*, 2008.3.3). 2004년 Dubai Holdings의 자회사로 해외투자를 목적으로 구성된 DIC(Dubai International Capital)는 2008년 2월 향후 3~4년 동안 인도, 중국, 일본에 50억 달러를 투자할 계획이라고 밝혔다(*Financial Times*, 2008.2.19).

두바이 포트 월드(Dubai Port World)는 두바이 항만운영회사(공기업)로서 그 기능은 제벨알리항 관리, 확장에만 머무르지 않는다. 이 기업은 세계 4위 항만운영업체로서 사우디 제다항, 이디오피아 지부티항, 인도의 코친항, 루마니아 콘스탄차 항만 등 세계 30개국에 걸쳐 51개의 터미널, 4개 자유무역지역, 3개 물류센터 등을 보유하고 있다. 특히 2004년 CSX 월드터미널과 영국의 P&O Ports를 인수하여 주목받았다.

두바이 금융기관 DFM, DIFX가 공동으로 설립한 Borse Dubai는 2007년 나스닥 지분 19.99%를 확보하기로 계약했다. 중동 및 북부아프리카 투자기업의 60~70%가 두바이에 본부를 두고 있다. 2007년 두바이 거래소는 미국 나스닥과 협의하여 북구거래소인 OMX(이것의 전신은 스웨덴 스톡홀름 증권거래소이다) 인수를 위해 제휴했는데, 두바이거래소가 40억 달러로 OMX지분 전체를 인수하고, 이것을 나스닥에 양도하는 대신 나스닥 지분 19.9%와 나스닥 소유 런던증권거래소(LSE) 지분 30% 중 28%를 취득하는 계약을 체결했다. 나스닥과의 협조를 통해 두바이거래소는 미국과 유럽의 주요 거래소에 적극적으로 진출할 수 있었고, 나스닥의 브랜드 가치와 시스템 활용을 통해 두바이 금융시장에 외국자본 유치와 해외 M&A를 가속화할 계획이다. 반면에 나스닥은 두바이 국제금융거래소(DIFX)에 출자하여 중동의 오일머니에 기초한 자금을 확보할 수 있게 되었다(한국금융연구원, 2007).

ENBD(Emirate National Bank of Dubai)는 GCC 역내의 최대 은행이며, 2007년 3월 EBI(Emirates Bank International)와 NBD 간의 합병으로 만들어졌다. UAE는 최근 은행이 포화상태라고 인식하여 외국은행지점 설립을 제한하고, 국내은행간 합병을 장려하고 있다. ENBD 지분 56%를 두바이 국영회사 ICD(Investment Corporation of Dubai)가 보유하고 있다. 이외에도 Emaar는 두바이 정부지분 30%의 중동 최대 부동산개발 업체로 성장했다.

이와 같이 두바이의 해외투자 주체는 국내투자 유치를 위한 인프라 건설 작업과 관리를 위한 기업이나 기관이다. 다시 말해 두바이는 투자유치 과정과 조직을 해외투자로 전환시켰다.

5. 두바이의 사회투자

두바이정부는 지속적인 고도 경제성장을 위해서는 사회발전을 위한 인프라가 뒷받침되어야한다는 것을 인식하고 있다. 사회문제 해소를 통해 사회발전이 가능하다고 할 때, 두바이가 당면한 사회문제는 크게 두 가지로 구분할 수 있다. 하나는 압도적인 외국인 중심의 시장에서 내국인들이 경영이나 노동에 적극적으로 참여하지 못하고 있다는 점이다. 다른 하나는 다양한 외국인들 간의 생활수준의 격차가 심하다는 점이다. 지금까지 두바이 정부의 사회투자정책은 전자를 해소하는 데 집중해 왔으나 아직 충분히 해소되지 못하고 오히려 심화되는 경향을 보이고 있다. 그러나 최근 다양한 외국인들에게서 외국인과 내국인들 간의 조화에 대한 정책이 제시되고 있다.

이러한 상황에서 두바이의 사회정책은 크게 내국인과 외국인 대책으로 구분된다. 내국인에 대해서는 정부의 사회정책을 통해 공적인 영역에서 사회서비스가 제공되지만, 외국인에 대해서는 사적 영역을 통해 사회서비스가 제공된다.

주택정책의 경우 내국인에게 개인별로 1400m^2 규모의 토지를 무이자 융자로 제공하고 있다. 이에 내국인은 새로 개발되는 도시주변으로 이주하는 양상이 나타나고 있다. 외국인 주택은 민간부분이 담당하며 법으로 산업단지 내에 종사자들의 주택을 제공하도록 규정되어 있다.

교육정책 또한 내국인과 외국인이 구분된다. 내국인은 유치원부터 고등교육까지 공교육시스템을 통해 무상교육아 제공되고, 외국인은 사적인 교육시스템을 통해 서비스를 받게 된다. 특히 고등교육의 경우 두바이는 특구형식을 통해 세계 각국의 단과대학을 유치하여 내국민들에게는 다양한 혜택을 주고 있다.

의료서비스도 마찬가지로 내국인에 대해서는 무료로 제공되는 데 비해 외국인들에게는 경쟁적인 가격이 허용된다.

두바이정부는 내국인에 대한 공적 서비스 제공에 적극적이지만 두바이 시장에서 내국인의 참여가 높아질 가능성은 거의 없다. 2009년 노동시장에서는 자국민 비율이 8% 수준으로 예상되며, 2020년에는 4%대 수준으로 하락할 것으로 예상된다. 두바이정부에 의해 조사된 내국민 실업률은 13% 수준이나 실질 실업률은 이보다 높을 것으로 예상되고 있다.

외국인들 간의 차별과 관련해서는, 법률 · 의료 혜택에서 아랍인, 서구인에 비해 동남아인들이 차별 대우를 받는다고 한다. 이러한 문제를 해소하기 위해 2008년 7월 지역발전청(CDA: *Community Development Authority*)이 설립되었다. 이 기관은 사회발전, 국민정체성 강화, 다양한 국적을 가진 사람들 간의 조화 그리고 시민과 거주자들의 사회역할 강화를 목적으로 설립되었다. 두바이 사회부(Ministry of Social Affair)와 협조를 통해 사회투자관련 사업을 추진할 계획이다.

두바이정부는 2015 두바이경제개발계획(Dubai Strategic Plan 2015)을 통해 다음과 같은 사회발전 목표를 설정했다.

(1) 국가정체성 강화: 자국민의 사회 참여 및 소속감 강화, 고유문화 인지도 제고.
(2) 자국민 일자리 창출: 선별적 분야에 자국민 노동력 제고를 통한 일자리 창출.
(3) 공교육: 학교운영 투명성 및 재정능력 제고, 교과과정 및 교수법 개선, 교육환경 개선.
(4) 의료서비스: 의료부문에 대한 정부지원강화, 의료보험제도 개선, 의료산업에 대한 전반적인 수준 개선.
(5) 사회서비스: 자국민에 대한 사회서비스 개선.
(6) 노동: 외부 노동인구 유입 증가에 발맞춘 노동자 권익 향상, 노동법 및 관련 규정 개선.
(7) 문화: 영화관, 극장, 박물관 등 문화시설 확충. 국제 문화예술 행사 개최.

그렇지만 두바이가 경제발전의 성과만큼 사회발전에서도 성과를 나타낼 수 있을지는 지켜보아야 한다.

6. 두바이 정부의 주도성

두바이신화가 거론될 때 항상 지도자의 창조적 리더십, 개방성이 강조된다. 사실상 두바이 지도자들의 장기적 안목에서 비롯된 결단 없이 현재의 두바이는 상상할 수 없다. 여기에서는 두바이 지도자들이 과감한 결정을 할 수 있었던 조건을 살펴볼 것이다. 두바이 지도자들이 과감한 투자결정을 할 수 있었던 조건은 크게 정치적 권한과 경제적 권한으로 구분된다.

정치적으로 두바이는 아랍에미리트 내부의 한 부족인 Bai Yas 부족의 Maktoum 가문에 의해 지배되는 왕정국가이다. 두바이를 지배하고 있는 막툼가문은 무장세력이 아니라 상인전통의 가문이며 두바이 내에서 이들 가문에 경쟁할 수 있는 가문은 없다. 또한 민주주의 정치체제가 아닌 만큼 지도자의 결정은 즉각적으로 추진되며, 행정부를 견제하고 감시할 수 있는 의회가 존재하지 않는다. 지도자의 임기도 존재하지 않는 만큼 승계문제도 거의 발생하지 않고, 지도자의 임종의 경우 그 이전부터 정부에 참여해왔던 왕족에게 자연스럽게 승계가 이루어진다. 그리고 두바이에는 두바이정부의 투자전략에 동의하고 들어온 외국인들이 80% 이상을 차지하는 만큼, 두바이정부에 반대할 수 있는 시민사회도 거의 존재하지 않는 상황이다. 그러므로 두바이지도자는 정부의 이름으로 발전전략을 과감하게 추진할 수 있었던 것이다. 다만 두바이지도자들은 강력한 정치적 권한에도 불구하고 상인적 마인드로 통치했다. 외국인들의 유입을 위해 영어사용에 불편이 없고, 이슬람사회에서 금지되는 술이 허용된다. 이것은 상인적 마인드에 기초한 지도자의 결단에 의해 가능한 것이다.

경제적으로 두바이 지도자는 투자전략을 적극적으로 추진할 수 있는 자원을 확보하고 있다. 두바이에서는 예전부터 농가가 점유한 필지 이외의 모든 토지는 지배자에게 귀속되어 있다. 통치자는 1960년 이전에 개발된 토지 이외의 지역에 대해 자유롭게 처분 가능하다. 결국 도시발전 패턴을 중앙집권적으로 통제할 수 있는 것이다. 두바이 정부부처의 지도자와 공기업의 대표는 막툼가문 출신이다. 1960년 이후 개발된 도시 이외의 모든 토지는 지배자의 소유인만큼 새로운 도시개발에 필요한 토지 보상 등의 비용이 불필요하다. 친기업적 독재체제에 의한 중앙집권적 정책결정방식에 의해 도시개발이 추진되었다. 도시개발과정에서 시민참여는 없었다. 특히 정부는 사막에 대한 소유권을 바탕으로 이곳을 집중하여 개발했다. 1960년대 이후 도시개발은 주로 석유개발 수익자금으로 충당했으며, 국내투자유치를 위해 과감한 투자를 했다.

두바이 투자전략의 주체는 지도자로서 두바이 주요 민간기업은 지도자 가족 소유기업으로 사실상 국영기업과 마찬가지이다. 두바이 정부는 Dubai Holdings, Investment Corporation of Dubai(ICD) 등을 통해 주요 기업과 프로젝트를 직접 장악하고 있다. Dubai Holding은 두바이 지도자 셰이크 모하메드가 소유하는 투자회사로서 의장 및 이사장은 UAE 정부 각료 모하메드 알거가워(Mohammad AlGergawo)가 맡고 있다. Dubai Holding은 Jumeirah Group, TECOM Investment, Dubai Group, Dubai Proprerties Group, TATweer, Sama Dubai, Dubai International Capital 등 두바이의 주요 그룹을 소유하고 있다. 이들 그룹은 다시 두바이 주요 기업과 기관을 운영하고 있다.

Jumeirah Group은 세계 최고 최대 호텔인 버즈 알 아랍 호텔을 비롯하여 건설중인 팜 주메이라 사업을 추진하고 있으며 이외에 숙박, 교육, 레저 및 엔터테인먼트 사업을 운영하고 있다. TECOM Investment는 통신, 교육, 생명공학, 에너지 분야의 사업을 하고 있으며, 대표적으로 두바이 특구 중에 하나인 Dubai Internet City를 운영하여 MS, SONY, 삼성 등 세계적인 IT기업을 유치하고 있다. Dubai Group은 금융, 부동산, 제조업, 통신 부문에서 사업을 하며 뉴욕, 피츠버그, 런던, 홍콩, 콸라룸푸르 등에 사무실을 갖고 세계 각지에 투자하고 있다. Dubai Investment Group, Dubai Capital Group, Dubai Financial Group, Dubai Banking Group, Dubai Insurance Group, Noor Investment Group 등을 통해 26개국에서 16,000명의 직원을 고용하고 있다. Dubai Proprerties Group은 부동산개발, 자산관리 사업을 하며 산하에 Dubai Properties, Salwan, Injaz, Dubai Asset Management, Dubai Retail, Dubai Hospitality 등이 있다. TATweer는 부동산, 숙박, 에너지, 건강, 교육, 레저 및 엔터테인먼트 사업을 중심으로 Dubai Land, the World를 통해 두바이 관광, 레저 산업을 주도하며, BAWADI를 통해 세계 최대 숙박, 쇼핑, 엔터테인먼트 지역을 담당하고 있다. 이외에 Dubai Healthcare City, Dubai Mercantile Exchange and Dubai Industrial City 등의 특구를 운영하고 있다. Sama Dubai는 부동산개발업체로 Dubai International Properties로 알려져 있다. 지중해 게이트, 튜니스, 라군 사업을 진행하고 있다. Dubai International Capital는 숙박, 금융, 부동산, 건강, 레저 및 엔터테인먼트 사업을 하고 있는 투자회사이다.

ICD(Investment Corporation of Dubai)는 두바이정부 투자기관으로서 두바이 주요 금융기관을 비롯한 주요 기간산업을 지배하고 있다. ICD가 지배하고 있는 부문과 기업은 다음과 같다. 금융부문의 Commercial Bank of Dubai, Dubai Financial Market, Dubai Islamic Bank, Dubai Multi Commodities Centre(DMCC), Emirates Bank International Limited, Emirates National Securitisation Corporation(ENSEC), Middle East Finance Company(HSBC-MEFCO), National Bank of Fujairah, National Bank of Dubai, National Bonds, Noor Islamic Bank, Shuaa Capital, Union National Bank, Union National Bank, 운송부문의 Roads & Transport Authority/ Dubai Transport Corporation, Emirates/DNATA, Dubai Aerospace Enterprise(DAE), DP World, 유틸리티와 에너지 부문의 Dubai Electricity & Water Authority(DEWA), Emirates National Oil Company(ENOC), 산업부문의

Clevelanad Bridge & Engineerion M. E. (Pvt.) Company Ltd., Dubai Alminium Company Limited(DUBAL), Dubai Ice Plant & Cold Stores, DUCAB, Emirates Rawabi, Jeema Mineral Water PSC, 부동산부문의 Dubai Coast Real Estate Investments Co(L. L. C), Dubai Development Co. PSC, Dubai World Trade Centre(DWTC), Emaar Properties PJSC, Jebel Ali Free Zone, Le Meridien-Dubai, Techno Park, 레저부문의 Dubai International Marine Club(Le Meredien Mina Seyahi), Dubai Golf Office, 여타 지주회사로 Dubai Investments PJSC, Emirates Investment & Development Co., Galadari Group, Dubai Dry Docks 등이다.

이상의 명단에는 두바이의 주요 투자유치 프로젝트와 해외투자를 추진한 대부분의 기업과 기관들이 포함되어 있다. 이들 기관과 기업들은 두바이 정부의 투자총괄기관 두바이 투자개발청(Dubai Development and Investment Authority)과 협조관계를 유지하고 '두바이전략계획 2015'의 실현을 위해 노력하고 있다.

7. 기타요인

두바이가 경제적 성과를 낼 수 있었던 배경에는 정치적 배경을 무시할 수 없다. 이는 상인계열의 두바이 지도자의 경제전략에 대한 판단뿐 아니라 정치적 판단이 적절했음을 보여주는 것이다.

1) 국내정치

국내정치 안정은 경제발전의 기본요인이다. 두바이와 UAE는 중동에서 국내정치가 안정적인 국가이다. 두바이가 속한 UAE는 7개 Emirate[4)]

로 구성된 연방국가이다. 각 Emirate의 지도자들은 혈연관계이며, 연방의 주요 직책을 맡고 있다. UAE는 형식적으로 대통령제이지만 연임제한이 없고 대통령은 각 Emirate 지도자들 간의 합의에 의해 선출된다. 지금까지 아부다비 지도자인 셰이크 자에드(1966~2004)[5] 그리고 최근 셰이크 칼리파가 UAE 대통령직을 승계하고 있다. 또한 두바이 지도자는 라시드 빈 사에드(1958~1990)에서 막툼 빈 라시드(1990~2006) 그리고 모하메드 빈 라시드(2006~현재)로 승계되었다. 연방을 유지하기 위해서는 연방을 구성하는 개별 Emirate 간의 관계가 중요한데, UAE 건국 초기의 갈등을 넘어선 이후 아부다비와 두바이를 중심으로 각 Emirate 간의 관계가 원만하다. 특히 UAE의 수도이자 가장 많은 석유자원을 확보하고 있는 아부다비와 두바이의 관계가 밀접하다. 현재 두바이 지도자 셰이크 모하메드는 UAE의 국무총리로서 대통령이자 아부다비 지도자인 셰이크 칼리파의 신임을 얻고 있다.[6]

2) 대외관계

대외관계의 안정성은 외국자본 유치를 위한 필수 조건이다. 두바이는 전통적으로 한편으로는 패권국가와의 밀접한 관계를 유지하면서 다른 한편으로는 온건한 세력균형 외교전략의 관점에서 역내 국가들과 우호적 관계를 유지했다. 19세기 초 영국이 인도와의 항로를 확보하기 위해 군대를 파견한 이후 1967년 수에즈운하 사건 때까지 영국과 평화조약을 유

4) 아부다비(Abu dhabi), 두바이(Dubai), 샤르자(Sharjah), 아즈만(Ajman), 후자이라(Fujairah), 라스 알 카이마(Ras Al Khaimah), 움 알콰인(Umm al Qaiwain).

5) 세이크 자에드는 농업발전위해 관개시설 정화에 사재 출연. 지도자의 가족소유 우물 사용권을 전 국민에게 부여.

6) 이 두 지도자는 셰이크 자에드 시대에 장관직을 역임했다. 셰이크 칼리파는 법무부 장관.

지했다. 1967년 영국이 수에즈에서 군대를 철수하자 지역 내 힘의 공백에 따른 대응과정에서 1971년 아랍에미리트(UAE)를 결성했다.[7] 그리고 이란혁명 직후 그 확산을 막기 위해 1980년 걸프협력위원회[8] (GCC: *Gulf Cooperation Council*) 결성을 주도했다. 1990년 걸프전 파병을 계기로 미군기지가 설치되어 영국철수로 발생한 안보공백을 미국이 채우게 되었다. 1999년 나토의 세르비아공습을 지지하여 나토와의 우호적 관계도 확립했다. 또한 레바논, 소말리아에 PKO 참여뿐 아니라 이라크와 팔레스타인에 대한 인도적 지원 등 세계 구호활동에 적극 참여하고 있다. 이란-이라크 전쟁(1980~1988) 중에 두바이 상인들은 이란에 소비재와 설비를 공급하여 국제 항만물류 서비스 산업이 성장했다.[9] 이란, 오만 등과의 영토분쟁에 대해서도 갈등을 확대시키지 않고 충돌 없이 협상으로 해결했다.

이상에서 살펴본 바와 같이 두바이는 민주주의체제는 아니지만 지도자가 상인의 관점에서 투자친화적인 정책을 추진할 수 있는 정치적 조건을 대내외적으로 형성하기 위해 노력했음을 알 수 있다.

8. 결론: 두바이의 취약점 및 과제

두바이의 현란한 경제성과에도 불구하고 그 취약성과 우려에 대해서 최근의 미국발 금융위기 이전부터 지적되었다. 물론 세계적 금융위기 상황에서 그 취약성의 위험성은 더욱 강화될 가능성이 크다. 한국이 두바

7) UAE 건설과정에서 카타르, 바레인은 분리.

8) 지역동맹을 통해 이란혁명과 이란-이라크 전 발발 직후 이란혁명 확산 방지 추구, 이란-이라크전 여파 확산 방지, 국내 외국인 이주에 대한 공동대응 및 경제개발을 위한 협조 목적. 이란-이라크전 당시 두바이는 이란, 아부다비는 이라크 지지.

9) 두바이와 달리 아부다비는 이란-이라크전에서 이라크를 지지.

이모델을 고려할 때도 가시적으로 나타난 성과 이외에 두바이가 갖고 있는 취약성과 이로 인한 위험성을 신중히 고려해야할 것이다. 아래 내용은 두바이 관련 코트라 등의 기존 연구성과에 의존했음을 밝혀둔다.

(1) 최근 두바이의 가장 큰 투자제약요인은 물가상승이다. 두바이의 경우 최근 주택임차료, 소비재가격, 인건비 등 3대 비용이 급격히 상승했고, 특히 주택임대료 상승이 소비자물가 상승을 주도하고 있다. 이에 대응해 임차료의 경우 정부가 인위적으로 2007년 1년 동안 7% 수준으로 상승률을 억제시키는 조치를 취하고 있다. 다만 두바이의 경우 이것은 입주신청자에 비해 건물이 부족한 상황을 반영하는 것으로, 석유가 상승이 물가상승을 주도하는 요인인 다른 나라들과 다르다.

두바이 물가상승요인 이외에도 두바이 투자에 대한 비용 증가요인은 산재해 있다. 공공서비스 비용에 대한 정부보조 비중이 컸지만, 두바이의 인구 및 경제 규모 증가에 따라 정부 부담이 커지면서 점차 수요자 부담으로 전환되는 추세이다. 또한 2009년부터 부가가치세(3% 수준)가 도입된다. 그리고 전기, 용수, 상하수도 공급 등 사회기반시설에 대한 지원금이 국내총생산에서 차지하는 비중이 증가되면서 이에 대한 비용을 소비자 부담으로 전환하는 추세이다.

(2) 최근에 두바이의 과잉투자우려가 제기되고 있다. 그 근거 중 하나로 아부다비, 도하 및 사우디아라비아의 개발에 의한 경쟁의 심화를 고려할 때 향후 두바이는 과잉투자로 인한 문제가 심각해질 가능성이 있다. 이미 언론에서는 두바이보다 아부다비가 발전 가능성이 더 크다는 의견이 제시되고 있다. 아부다비가 두바이보다 더 큰 석유자본을 보유하고 있으며 중화학 등 제조업 투자규모 면에서도 아부다비가 두바이의 2배 이상이고, 현재 1인당 GDP도 두바이의 2배가 넘는 4만 5천 달러이기 때문이다. 아랍에미리트 대통령이자 아부다비 지배자인 셰이크 칼리파 나

흐얀의 개인재산(210억 달러)도 모하메드(140억 달러) 두바이 통치자보다 더 크다. 최근 두바이는 물가급등 현상에 어려움을 겪고 있으나, 아부다비는 안정적이라는 것이다(〈주간조선〉, 2008. 2. 11).

(3) 금융감독시스템의 한계로 금융시장의 신뢰와 안정성도 아직 문제로 남아있다.

(4) 행정절차 상의 문제도 없지 않다. 두바이는 사업자 면허 갱신업무 관련 Service Agent(Sponsor), 외국인 직원 비자업무 PRO(Public Relation Officer)와의 계약이 의무화되어 있다. 자국민 실업해소의 일환이기도 한 이 제도는 업무과정이 복잡하고, 시간이 오래 걸리며, 처리과정에서 담당 관료들의 자의성 드러나기도 한다.

(5) 정부의 주 수입원 중에 하나인 항만 이용료가 과다한 편이다. 그리고 계약서 독소조항도 존재하는데 예를 들어 컨테이너 작업사고 발생 시 수요자에게 과실책임이 부과된다.

(6) 기본적으로 제조업 기반이 취약하다. 이것은 두바이 산업다각화의 한계로 필수적 중간재, 기계 등 구입에 불편하다. 또한 대부분의 소비재와 노동력을 수입하고 있는 상황으로 두바이정부는 이에 대한 수입대체 산업화를 추진했으나 관광, 건설업, 금융 이외의 분야에서는 성과가 제한적이다.

(7) 사회갈등이 지금까지는 잠복되어 있었지만 앞으로 이것이 폭발할 수도 있다. 지금까지 법으로 금지된 노동쟁의는 미국, EU와의 FTA체결을 계기로 허용되기 쉽다. 이것은 두바이 사회내부에 존재하는 극심한 빈부격차, 다민족사회의 갈등과 중첩되어 폭발적인 사회문제로 떠오를

수 있다.

(8) 두바이는 대중교통시스템이 미흡하여 대부분 자가용을 이용한다. 대중교통은 유동인구의 5% 수준에 그친다. 따라서 외곽순환도로와 도시철도의 도입이 요구되며 도로 및 수상교통체계가 증진되어야 한다.

아직 진행형이지만 지금까지의 결과로 볼 때 두바이는 해외자본의 국내투자유치와 적극적인 해외투자를 통해 경제의 양적 성장과 석유의존성을 낮추는 방향으로 경제구조의 질적 전환에 성공한 사례이다. 두바이에 투자국가의 관점에서 접근할 때 투자유치, 해외투자, 사회투자 간의 유기적 연계성을 시차를 두고 확인할 수 있었다. 투자전략을 부문별로 볼 때, 두바이는 항구와 공항을 중심으로 하는 물류기지 형성에서 시작하여 결제와 투자를 위한 금융산업 육성, 이를 위한 IT 및 지식 산업 그리고 기술력에 기초한 관광, 레저, 엔터테인먼트 사업으로 연결되는 연계 투자전략을 성공적으로 추진했다. 그리고 투자의 방식과 관련하여 두바이는 간접투자보다 직접투자 방식에 성공적이었고, 직접투자 중에서도 green field 방식의 국내투자유치에 성과를 나타냈다. 두바이에는 외국자본이 M&A를 추진할 만한 대상이 제한적인데, 그것은 두바이의 주요 기업들이 대부분 공기업이거나 지도자들이 직접 소유한 기업이기 때문이다. 반면에 두바이의 해외투자는 M&A방식이 지배적이었다.

그렇지만 두바이의 경제성과는 두바이가 갖고 있는 예외적 조건을 배경으로 하고 있음을 간과해서는 안 된다. 두바이는 적극적인 해외자본 투자유치전략 이외에 석유의존적 산업구조를 벗어나기 힘들었다. 태양, 바다, 모래로 대표되는 두바이의 환경은 사실상 극단적인 투자유치 전략을 불가피하게 만든 조건이었다. 이러한 전략을 가능케 했던 것은 두바이가 경제적 · 정치적으로 지도자와 가문에 의해 지배되고 있다는 점이다. 두바이에서 셰이크 모하메드와 그의 막툼가문은 정치적으로 경쟁자

없는 세력이며, 경제적으로 대부분의 토지를 소유하고 있었다. 새로운 도시개발을 위한 사회적 갈등이나 경제적 비용에 대한 부담이 거의 없었던 것이다. 유일한 비용은 건설과정에 들어가는 비용이다. 이러한 배경에서 지도자와 그 가문은 공기업과 투자기업을 통해 두바이의 주요 기업과 시설을 소유하고 있다. 이들에게 도시개발은 그 자체로서 자산가치의 급격한 상승을 의미한다. 이러한 조건에서 두바이는 투자유치를 위한 공격적인 투자를 추진할 수 있었고, 해외투자 또한 적극적으로 추진하고 있다.

또한 두바이의 경제성과가 앞으로도 지속가능한지 면밀한 검토가 필요하다. 두바이의 현재 성공이 미래의 성공을 보장하는 것이 아니기 때문이다. 지도자에 대한 절대적 의존경향은 산업다각화가 이루어지고 경제규모가 커져 복잡화되면 문제가 되기 쉽다. 건설과 투자유치에 기초한 경제성장으로 인플레이션이 유발되기 쉽고 이는 이미 두바이 경제에 초미의 걸림돌로 등장했다. 인플레이션은 투자자들의 수익성을 약화시키고 이것은 외국자본의 철수로 연결될 수 있다. 최근 두바이에는 부동산 거품론이 대두되고 있다. 기본적으로 두바이 전략은 환상적 이미지에 기초한 관광사업의 경향을 띠고 있다. 그런데 역사적으로 암스테르담, 런던, 뉴욕, 싱가포르, 홍콩 등의 금융도시는 강력한 제조업 기반이 뒷받침하고 있다.

마지막으로 두바이의 경제적 성과의 의미를 검토할 필요가 있다. 두바이의 성과는 누구를 위한 것인가? 특히 두바이 주민들에게 어떤 의미를 부여하는가를 고민할 필요가 있다. 두바이 발전의 성과를 두바이 주민들이 얻기는 어렵다. 두바이 개발과 투자유치 그리고 해외투자의 성과는 사실상 부동산과 자산을 보유하고 있는 지도자의 것일 수밖에 없고, 주민들은 현재의 급격한 발전과정에 참여할 수 있는 여지가 거의 없기 때문이다.

이와 같이 두바이는 한국과 조건이 다르고 발전전망이 밝은 것만은 아니다. 그럼에도 불구하고 한국에서 특히 이명박 정부 등장 이후 두바이에 대한 관심이 더욱 높아지고 있다. 이명박 정부 대통령직 인수위원회에서 데이비드 엘든 두바이 국제금융센터기구 회장은 국가경쟁력 강화특위 공동위원장을 맡기도 했다. 두바이 모델의 한국 적용 사례도 늘어날 전망이다. 그렇지만 두바이가 UAE 중에서도 한 지방이고 경제자유지역은 두바이에서도 제한된 일부 지역에 한정되어 있다. 그러므로 두바이 사례를 한국에 적용하기 위해서는 세금, 지분허용, 노사관계, 외국인 등에 대해 기존 한국사회의 맥락과 전혀 다른 특구가 허용될 수 있는 지역으로 제한될 수밖에 없다. 새만금, 인천 송도, 서울 용산 등의 개발전략에 두바이의 특구 방식을 추구할 가능성이 크고, 부산, 인천, 광양, 인천공항에 대한 배후단지 및 물류단지 개발 및 확대를 추진하고 있다.

그렇지만 두바이 모델의 가장 중요한 특징은 다른 나라를 벤치마킹하기보다 스스로의 발전모델을 만들어나갔다는 점이다. 한국이 두바이를 통해 배운다면 그것은 두바이를 모방하는 것이 아니라 한국의 새로운 발전방향을 만들고 실천하는 것이다.

제6장

사회투자국가의 사례연구

김 윤 태*

1. 사회투자란 무엇인가?

오랫동안 경제발전과 사회발전은 서로 모순적인 개념으로 이해되었다. 경제발전은 성장, 이윤, 축적과 깊은 관련을 가진 데 비해 사회복지는 사회적 권리, 이타주의, 재분배를 의미한다(Midgley, 1999). 경제발전은 경제적 부를 창조하고 대다수 사람들의 생활수준을 향상시키는 역동적인 과정이다. 사회복지는 빈곤층과 저소득층을 지원하는 사회서비스의 재원을 마련하기 위해 경제성장으로 형성된 부를 재분배하는 것으로 간주되었다. 그리하여 1950년대 이후 선진산업국가에서 사회복지의 목적은 사회정책을 통해 자원을 재분배하는 것으로 이해되었다. 하지만 1980년대 이후 사회복지의 재분배를 추구하는 사회지출 때문에 경제발전이 방해를 받는다는 주장이 널리 확산되었다. 사회복지를 비판하는 사람들은 생산적 경제에서 비생산적 사회지출로 자원을 이전하면 결국 경제적 성과를 악화시킬 것이라고 지적했다. 그들은 경제성장을 지속하기 위해서 사회지출의 비용을 축소해야 한다고 강조했다. 사회복지의 감축은

* 고려대학교 세종캠퍼스 사회학과 교수.

소비보다 생산을 강조하고 경제성장을 위한 자본의 동원을 통해 고용창출, 임금인상, 생활수준의 향상을 가져올 수 있다고 기대했다.

재분배를 강조하는 사회복지 모델을 주장하는 사람들은 커다란 혼란에 빠졌다. 비록 일부 학자들은 사회복지 프로그램이 경제성장을 악화시키지 않았다는 경험적 증거를 제시하기도 했지만, 이들의 주장은 무시되었다(Lindert, 2004). 복지국가의 관료주의, 정부의 과잉부담, 복지의존은 새로운 사회문제로 부각되었다. 이제 필요, 사회적 권리, 이타주의를 통한 전통적인 재분배 정책은 많이 약화되었다. 대신 '사회투자'(*social investment*)라는 새로운 개념이 사회복지의 대안적 모델로 커다란 영향을 미치기 시작했다. 사회투자의 관점은 사회정책과 경제정책이 서로 통합되어 경제성장을 위한 긍정적 기여를 할 수 있다고 주장한다. 또한 사회투자를 위한 사회의 공공자원의 할당을 통한 재분배 정책이 경제에 더 많은 자원을 제공할 수 있다고 지적했다. 1990년대 중반 이후 새로운 사회복지의 모델로 사회투자국가가 경제성장에 기여할 수 있다는 주장이 선진산업국가의 유권자들에게 큰 반향을 얻기 시작했다. 복지국가의 지속가능성을 위해 경제성장을 촉진하는 사회투자를 확대해야 한다는 주장은 널리 확산되었다.

일반적으로 선진산업국가의 복지국가는 세 단계를 거치며 발전했다. (1) 1950년대 이후부터 1970년대 중반까지 복지국가의 지속적인 확대와 발전의 시기, (2) 1970년대 중반 이후부터 1990년대 중반까지 복지국가에 대한 공격과 도전의 시기, (3) 1990년대 중반 이후 최근까지 복지국가의 개혁과 재편을 위한 새로운 시도의 시기로 변화했다(Huber and Stephens, 2001; Iversen, 2005).

첫 번째 시기는 복지재정이 증가하고 사회서비스의 범위가 급속도로 확대되면서 복지국가의 발전이 이루어진 시기이다. 이 시기는 케인스주의 경제정책을 통해 국민경제가 발전하고 '자본주의의 황금기'라고 불릴 만큼 빠른 경제성장을 이룩하였다. 두 번째 시기는 경제의 자유화와 국영기업의 민영화를 통해 경제를 통제하는 정부의 권력이 약화되는 과정과 관련이 있다. 스태그플레이션과 실업률 증가 때문에 복지국가의 서비스에 대한 요구는 증가했지만 정부의 재정적 압박은 심각해졌다. 세 번째 시기의 주요 특징은 점점 국제화되는 시장에서 국가 경쟁력을 강화하는 것이 국가의 새로운 역할로 부각되었다는 것이다. 복지가 필요한 시민에게 수동적으로 지원하는 국가에서 시민의 자활을 격려하고 책임성을 강화하며 유급노동으로 이동하도록 도와주는 역할을 수행하는 국가로 전환해야 한다는 시각이 확산되었다. 이제 사회정책은 사회적 급여의 전달에서 사회투자의 방향으로 이동하고 있다.

선진산업국가에서 복지국가로의 변화가 발생하면서 동아시아의 복지국가에도 많은 영향을 주었다. 지난 수십 년 동안 동아시아 국가의 복지체제는 '발전적' 혹은 '생산적' 복지국가로 간주되었다. 사실 이미 유럽의 복지국가들도 19세기와 20세기 초에 생산적 관심에서 복지국가를 만들기 시작했다. 이러한 관심은 노동시장의 효과적인 운영을 통해 다른 국가들과 전쟁을 수행할 수 있는 우수한 산업노동력과 군사력을 충원하려는 목표를 추구했다. 지금 새롭게 개편하는 현대 복지국가는 다시 경제적 목표를 위해 복지국가가 기여해야 한다고 주장한다. 이제는 노동시장에 참여할 수 없는 빈곤층을 강제로 규제하는 빅토리아 시대의 구빈법(Poor Law)과 달리 노동시장의 노동이동성과 고용가능성을 강조하는 사회투자를 강조한다. 1990년대 후반 이후 한국을 비롯한 동아시아의 복지체제도 우수한 노동력이 노동시장에 참여하도록 지원하는 사회투자에 주목했다.

이 글은 선진산업국가에서 추진한 복지개혁의 최근 프로그램들을 검토하면서, 어떻게 새로운 사회투자전략 또는 정책이 도입되는지 살펴볼 것이다. 다양한 선진산업국가에서 어떻게 사회투자정책이 실행되고 있는지 조사하고, 복지국가의 작동 방식이 어떻게 변화하고 있는지 설명할 것이다. 이 글은 선진산업국가들 가운데 영국, 프랑스, 독일의 사례를 주로 다룰 것이다. 이들은 상대적으로 규모가 크고, 복지국가의 변화를 설명하는 대표적 사례로 간주되기 때문에 선택했다. 동시에 국가의 규모는 작지만 복지국가의 변화를 설명하는 대표적 사례로 자주 인용되는 네덜란드, 덴마크, 스웨덴의 사례도 검토하고 적절하게 인용할 것이다. 이를 통해 지난 10년 동안 한국에 도입된 복지제도의 성격을 분석하면서 사회투자전략과 어떤 관련이 있는지 평가할 것이다.

2. 복지국가의 새로운 변화

케인스주의와 복지국가는 산업사회에서 발생한 다양한 사회문제를 해결하기 위한 새로운 정책을 제시했다. 전통적 산업사회에서는 대규모 제조업이 부를 창조하는 수단이었고 높은 경제성장률을 유지했다. 노동시장은 남성 위주의 육체노동자가 주를 이루었고 높은 수준의 가족 임금을 제공하였다. 가족구조도 전업노동자인 남자와 가사노동을 전담하는 여자로 구성되어 대부분의 가정은 남성 부양자 모델(*male-breadwinner model*)로 구성되었다. 인구학적 구조도 상대적으로 높은 출산율과 낮은 노인 인구의 비율을 유지하면서 주로 가족이 아동과 노인을 위한 돌봄(*care*)을 제공하였다. 안정적인 경제구조에서 전통적인 복지국가의 프로그램은 주로 실업, 노령, 산업재해 등 소득의 중단, 또는 질병으로 인한 비용 지출 등을 지원하는 정책이었다. 특히 사회정책의 주요 초점은 소득상실을 보전해주는 소득보장 프로그램이었다.

20세기 후반 이후 지식기반경제와 서비스산업의 비중이 점점 확대되는 탈산업사회의 복지체제는 새로운 구조적 긴장에 직면했다. 전통적 산업사회의 실직, 산재, 질병 등과 같은 '구사회적 위험'(*Old Social Risk*)과 달리 '새로운 사회적 위험'(*New Social Risk*)이 나타나고 있는 것이다. 서비스 경제를 향한 전환, 고령화의 급속한 진행, 가족의 약화, 노동시장의 유연화가 진행되면서 탈산업사회에는 새로운 사회적 욕구가 증대했다. 탈산업사회가 확대되면서 현대 복지체제는 비정규직 노동의 증가, 맞벌이 가정에서 일자리와 가족생활을 동시에 수행해야 하는 어려움, 노약자를 위한 요양과 돌봄의 필요성이 증가하는 등 새로운 복지의 영역이 나타나는 변화에 대비해야 한다(Taylor-Gooby, 2004: 3~4). 이에 따라 새로운 사회서비스에 대한 요구가 급격하게 증가했다. 생애주기에서 고용의 단절을 겪는 노동자들을 위한 고용의 접근성을 지원하는 교육과 훈련, 맞벌이 가정과 한부모 가정의 여성들이 일과 가정의 균형을 유지할 수 있도록 지원하는 공공보육, 노인에 대한 간병·간호·돌봄 체제의 지원 등은 탈산업사회에서 새로운 관심을 끄는 사회서비스의 영역이다(Esping-Andersen, 1999; Pierson, 2001; Esping-Andersen, Gallie, Hemerijk and Myles, 2002).

선진산업국가들은 새로운 사회적 위험에 대응하는 복지체제를 유지하는 과정에서 고용의 확대, 사회적 형평성, 재정긴축 사이의 트라일레마(*trilemma*)의 문제에 부딪힌다. 특히 서비스 경제가 확대되면서 고용의 확대와 고용의 질의 문제가 서로 대립된다. 사회서비스 영역의 발전을 통한 고용확대는 소득 불평등을 확대하거나 정부의 재정적자를 악화시키는 사태를 야기했다. 미국 정치학자 아이버센과 렌은 어느 사회나 지나친 불평등, 사회서비스의 고용, 공공예산의 균형 유지를 동시에 실현할 수는 없다고 주장했다(Iversen and Wren, 1998). 이러한 복지체제의 트라일레마가 발생하는 이유는 다음과 같다. 먼저, 서비스 부문에 있는 대부분의 고용은 국가간 이동이 가능하지 않기 때문이다. 노동시장의 지구화는 충분하게 이루어지지 않았다고 볼 수 있다. 또한 노동집약적 서비스의 생산성은 제조업의 생산성에 비하면 충분하지 않기 때문에 고용의 비중이 점점 커지고 있다. 그러나 서비스 부문 생산성의 증가 속도가 느리기 때문에 고용의 질이 낮다. 그리하여 생산성의 수준에 따라 매우 편차가 큰 불평등한 임금구조가 형성된다. 더 큰 문제는 이러한 불평등한 노동시장은 성별, 교육 수준에 따라 분리되는 경향이 있으며, 장기적으로 지속되는 경향이 크다.

서비스 경제가 증가하면서 발생하는 복지체제의 트라일레마는 대부분의 선진산업국가들이 직면하는 공통적인 문제이다. 만약 서비스 임금이 하락하도록 방치하여 가격을 낮추고 고용을 증대시킨다면, 정부의 재정부담 없이 고용의 증대를 이룰 수도 있지만, 임금 차이와 사회적 형평성은 악화될 수 있다. 반대로 정부가 공공부문의 소비를 확대하여 노동자들을 상대적으로 높은 임금으로 고용하는 경우 사회적 형평성을 증대시킬 수 있지만, 정부의 재정부담은 커질 수 있다. 이러한 정책은 서로 다른 목표를 추구하기 때문에 심각한 어려움에 직면한다.

서비스경제의 확대에 따른 복지체제의 변화가 한 가지 모델로 수렴되는 것은 아니다.[1] 고용안정, 형평성, 재정적 제한 사이의 트라일레마에 대응하는 복지체제의 방법은 커다란 차이가 있다. 선진산업국가에서 이러한 트라일레마에 대응하는 방법은 크게 세 가지로 나타난다(Iversen, 1998). 첫째, 영미권의 신자유주의 유형(*Neoliberal Model*)은 정부예산과 공공서비스의 발전을 제한한다. 상대적으로 낮은 생산성에 따라 임금이 결정되는 민간서비스 부문에서 고용이 성장해야 한다고 보기 때문인데, 수입의 차이가 발생하여 중산층의 일자리와 불안정하고 급여가 낮은 노동자 사이의 격차가 커진다. 미국과 영국이 대표적인 나라들이다. 둘째, 유럽 대륙 국가들의 기독민주적 유형(*Christian Democratic Model*)은 시장

1) 덴마크의 사회학자 에스핑앤더슨은 《복지자본주의의 세 가지 세계》에서 복지국가를 자유주의, 보수적 코포라티즘, 사회민주주의 등 세 가지 유형으로 분류했다. 에스핑앤더슨은 복지국가의 유형화 기준으로 복지국가의 시장에 예속된 정도(탈상품화), 복지국가의 정책이 코포라티즘을 통해 이루어지고 있는 수준, 노동자집단이 정치적으로 조직화된 수준, 복지정책과 경제정책이 통합된 정도에 따라 구분했다(Esping-Andersen, 1990). 세계 각국의 복지체제가 반드시 세 가지 유형에 맞아 떨어지는 것은 아니고 다양한 '혼합형'이 존재하지만, 에스핑엔더슨의 세 가지 유형론은 아직까지 가장 널리 사용되고 있다.

이 유도하는 불평등의 심각성을 우려한다. 그리하여 국가가 가족과 공동체에 적절하게 개입한다. 정부는 긴축예산과 사회적 평등을 동시에 추구한다. 그리하여 새로운 고용이 제한되어 노동시장에 포함된 사람들과 노동시장에서 배제된 사람들 사이에서 대립이 발생한다. 독일과 유럽 대륙의 나라들이 이에 해당된다. 셋째, 북유럽 국가들의 사회민주적 유형(*Social Democratic Model*)은 평등과 고용의 성장을 동시에 추구한다. 그리하여 공공서비스를 확대할 필요성을 인정하고 정부의 긴축예산을 포기함에 따라 정부재정을 둘러싼 문제가 발생한다(Timonen, 2004). 또한 공공서비스 부문과 민간시장 부분의 노동자들 사이의 긴장이 발생한다.[2] 스웨덴과 북유럽 국가들이 이러한 유형에 속한다. 위와 같은 세 가지 유형은 단순히 고용정책뿐만 아니라 노사관계, 기업지배구조, 교육과 훈련, 사회정책과 밀접한 관련을 가지고 있다(Bernard, 2007).

3. 사회투자전략의 등장

1930년대 스웨덴의 경제학자 군나르 뮈르달은 사회정책이 경제성장에 기여하는 투자라고 주장했다. 그 후 스웨덴의 렌-마이드너 모델은 경제정책과 사회정책을 통합하는 적극적 노동시장정책을 강조했다. 이러한 스웨덴 모델은 사회투자의 원형이라고 볼 수 있다. 최근 널리 사용되는 사회투자의 개념은 영국의 사회학자 앤서니 기든스 교수의 《제 3의 길》(1998)에서 사용되면서 널리 알려졌다.[3] 기든스는 1980년대 보수당의

---

2) 스칸디나비아 국가에 복지체제의 트라일레마가 실제로 존재하지 않는다는 반론도 있다. 네덜란드의 사회학자 허머직은 스칸디나비아 국가가 불평등의 저하, 높은 수준의 고용, 적절한 공공지출을 동시에 유지하고 있다고 주장했다(Hermerijck, 2002).

3) 1998년 영국의 앤서니 기든스 교수는 《제 3의 길》에서 사회민주주의의 쇄신을

공격으로 심각한 위기에 처한 복지국가를 위한 새로운 개혁안을 제공했다. 기든스는 평등을 '포용'(*inclusion*)으로 정의하고 불평등을 '배제'(*exclusion*)로 간주한다.[4] 포용은 넓은 의미에서의 시민권을 의미한다. 기든스는 복지국가를 불평등을 제거하는 메커니즘으로 생각하기보다는 사람들이 위험에 도전할 수 있도록 도와주는 일종의 보험체계가 되도록 해야 한다고 제시하고 있다. 기든스는 이러한 '사회보험으로서의 복지'가 시민들의 생활에서 적극적인 역할을 하면서도 지나친 간섭을 줄이는 '적극적 복지'(*positive welfare*)라고 강조했다. 이에 국가의 역할은 기업활동을 장려하고 인적 자본에 대한 사회적 투자를 강조하는 것이라고 주장하며 이러한 국가의 역할을 '사회투자국가'(*social investment state*)라고 불렀다(Giddens, 1998: 99).

영국의 사회정책학자 루스 리스터는 사회투자국가 또는 사회투자전략이라고 불리는 새로운 복지모델의 주요 특징을 제시했다(Lister, 2004: 160).

① 전통적 복지국가 모델의 조세와 지출(*Tax and Spend*)을 대체하는 사회투자라는 새로운 용어를 사용한다. ② 인적 자본과 사회적 자본에 대한 투자를 강조한다. 특히 아동과 지역사회를 위한 정책에 집중한다. ③ 아동을 미래의 시민노동자로서 우선적으로 고려하고 성인의 사회적 시민권

주장하면서 급진적 중도의 등장을 강조했다. 제 1의 길은 국가통제를 강조하는 사회민주주의, 제 2의 길은 자유시장을 강조하는 신자유주의인데 비해, 제 3의 길은 국가, 시장, 시민사회의 협력을 강조한다. 사회민주주의는 사회적 형평성을 추구하고, 신자유주의는 시장의 효율성을 강조하는 데 비해, 제 3의 길은 두 가지 가치를 동시에 추구한다.

4) 기든스는 새로운 평등주의가 사회정의와 경제적 역동성을 동시에 고려해야 한다고 주장한다. 따라서 전통적 재분배 장치는 유지하지만 일정한 수정이 필요하다고 강조한다. 대신 장기적 빈곤과 사회적 배제 계층을 지원하고, 특히 노동시장의 이동을 촉진해야 한다고 지적한다. 새로운 평등주의에 관한 자세한 논쟁은 Giddens and Diamond(2005) 참조.

은 노동의 의무에 따라 규정한다. ④ 미래지향적 사회정책을 추진한다. ⑤ 평등을 촉진하는 소득의 재분배보다 사회통합을 촉진하는 기회의 재분배에 초점을 둔다. ⑥ 국제경쟁력을 강화하고 지식경제의 성공을 위해 개인과 사회가 적응한다. ⑦ 사회정책과 경제정책을 통합적으로 고려하지만, 여전히 사회정책은 경제정책의 '시녀'(*handmaiden*)로 간주된다. ⑧ 표적집단(*target group*)을 우선적으로 고려하는 정책과 자산조사(*means test*) 프로그램을 선호한다.[5)]

위와 같은 사회투자전략이 가장 대표적으로 나타난 나라는 영국이다(박순우 · 최영, 2007). 1998년 블레어 정부는 〈우리나라를 위한 새로운 큰 계획: 복지를 위한 새로운 계약〉(*New Ambitions for Our Country: A New Contract for Welfare*)을 발표하고 새로운 복지정책에 의해 사람들의 직업과 개인적인 삶이 힘을 갖도록 하는 '적극적 복지'를 제시하였다(Department of Social Security, 1998). 이는 기든스 교수가 제시한 '적극적 복지'를 적극적으로 수용한 것이다. 블레어 정부는 더 이상 빈곤과 불평등에 대한 낡은 해결책이 적용되지 않는다고 주장하면서, 권리와 의무 모두를 기반으로 하는 국가와 시민 사이의 '복지협약'(*Welfare Contract*)이라는 개념을 제시했다. 블레어 정부가 추진하는 복지개혁의 핵심은 교육에 대한 투자, 국가보건서비스(NHS)의 개혁, 뉴딜(New Deal) 정책이었다. 블레어 정부가 추진한 복지개혁의 비전은 자기이익을 추구하는 개인주의와 집단적 책임성을 서로 결합시켜 조화를 이루는 것이다.[6)] 전반적

5) 퍼킨스는 사회투자정책의 공통적 특징으로 경제정책과 사회정책의 통합, 소득재분배보다 기회의 재분배, 경제활동의 참여 등을 강조한다고 지적한다(Perkins, Nelms and Smyth, 2004).

6) 이러한 '권리와 책임' 원칙은 실업급여에 적용되어 급여 대상자가 직업훈련이나 구인 제안을 받아들이지 않을 경우 지급이 중단된다. 블레어 정부는 장기 결석자의 부모에 대한 자녀수당의 지급을 중단하는 법안을 제출하였다. 또한 반사회적 세입자에 대한 주택수당 지급을 중단하는 방안도 추진하였다. 이러한 조건부 복지제도는 다른 분야에서도 여러 가지 수단이 동원되어 추진되었다. 비슷한 맥락

〈표 6-1〉 영국 블레어 정부의 주요 경제지표(1997~2003)

(단위: %)

	GDP 성장률	인플레이션	금 리	실업률
1997	3.3	3.1	7.25	6.5
1998	3.1	1.6	6.25	6.1
1999	2.9	1.3	5.50	5.8
2000	3.9	0.8	6.00	5.2
2001	2.3	1.2	4.00	5.1
2002	1.8	1.3	4.00	5.1
2003	2.2	1.3	3.75	4.9

주: 인플레이션 비율은 전년 동기 대비 소비자 물가이다. 금리는 영국은행 RP 금리이다.
자료: IMF and OECD, Office for National Statistics 1997~2004.

으로 블레어 정부의 '복지협약'은 국가가 제공하는 복지급여에 의존해서 살아가는 데 익숙해진 사람들을 자립하도록 유인하고 격려하며 궁극적으로 급여를 받지 않고 살 수 있게 만들겠다는 계획이다. 그리하여 국가급여는 경제적 도움이 가장 필요한 사람들에 한정해 지원할 것이라고 강조했다.

이 가운데 가장 주목할 만한 정책 변화는 고용정책이다. 블레어 정부는 고용을 새로운 사회정책의 기초로 보았고 적극적 노동시장(*active labor market*)의 역할이 복지개혁의 초점이 되었다. 과거와 같이 일자리가 없는 사람에게 실업급여를 지급하는 소극적 복지 대신 복지와 노동을 연계하는 적극적 복지를 강조하기 시작했다. 블레어 정부는 선거에서 승리한 후 즉각 6가지 고용계획의 원칙을 발표했다(HM Treasury, 1997). 첫째, 경제적 성장과 안정을 추진하기 위해서 낮은 인플레이션 비율을 위한 새로운 통화정책과 황금률의 재정정책을 유지한다. 둘째, 인적 자본에 투자

에서 블레어 정부는 독신모들 가운데 일을 하거나 교육 또는 훈련을 받겠다고 동의하는 경우에만 통합아동보호센터에 자녀를 보낼 수 있는 자격을 주고, 병원 약속을 지키지 않는 환자들에게 벌금을 부과하는 방안도 추진하였다.

를 증대하고 직업교육을 강화하기 위해 민간분야 투자자와 협조한다. 셋째, '일을 향한 복지'(*welfare to work*) 프로그램은 청년층과 장기 실업자들을 위한 고용 프로그램을 도입하고 기존의 조세와 급여체계도 고용 증대를 위한 체계로 개혁한다. 넷째, 적극적 노동시장 정책(*active labor market policy*)은 생산시장 개혁과 경쟁정책을 도입하고, 노동시장의 이동성을 증진시킨다. 정부는 또한 단순하고 공정한 규제개혁을 추진함과 동시에 모든 정책 영역에서 중소기업을 적극 지원한다. 다섯째, 새로운 최저임금제와 노동시간 지침을 도입하고 노동자의 권리를 보장하는 유럽연합(EU)의 사회헌장(Social Charter)에 조인한다. 1998년 블레어 정부는 시간당 3.80 파운드 수준의 국가최저임금제를 도입한다. 그리고 사회에서 소외된 개인이나 집단을 위해 정부가 적극적인 사회정책을 추진한다.

이와 같은 노동시장정책과 고용정책은 거시경제정책의 측면에서 볼 때 케인스주의 경제정책의 포기와 통화주의(*monetarism*) 정책의 수용으로 평가할 수 있다. 그러나 동시에 새로운 최저임금제와 유럽연합 사회헌장의 수용은 사회민주주주주의적 요소를 도입한 것으로 볼 수 있다. 이러한 두 가지 요소의 절충은 인플레이션과 재정지출의 증대 없이 경제성장과 고용증대를 이루기 위한 블레어 정부의 '일을 향한 복지'(*welfare to work*) 프로그램이라는 표현에서 잘 나타난다(김윤태, 2005). 이러한 정책은 1990년대 미국의 클린턴 행정부가 추구한 근로연계복지(*workfare*) 정책과 비슷하다. 클린턴 행정부는 조세감면, 균형재정과 함께 투자 증대, 고용창출을 동시에 추진하고자 했다. 이러한 노동시장정책은 스웨덴의 적극적 노동시장정책의 영향을 받았다.[7] 실업대책의 기본방향이 실업자 개개인의 능력과 필요에 맞는 적극적 노동시장정책 프로그램을 제공하는

7) 실업자에게 실업수당을 현금으로만 지급하던 방식과 달리, 재취업을 위한 교육과 재훈련을 지원한다. 재훈련 프로그램에 참여하지 않는 사람은 실업수당의 지급을 중단한다. 이러한 노동시장 정책은 사회정책을 분배중심의 소극적, 소비적 복지에서 투자 중심의 적극적, 생산적 복지로 변화시켰다.

것으로 실업자들의 지식, 기술, 교육수준을 향상시키는 취업교육훈련과 정비된 취업서비스, 그리고 공공부문의 일자리 창출이 주요한 구성요소가 되었다. 또한 블레어는 '제 3의 길' 프로그램이 취업 인센티브를 위한 세제개혁, 최저임금제의 도입, 저임금 소득자에 대한 조세면제, 취업여성을 위한 탁아시설 증대 등을 목표로 한다고 공언했다(Blair, 1998).

블레어 정부가 추진하는 '일을 향한 적극적 복지'(*active welfare to work*) 정책은 세 가지 새로운 요소를 제시했다(HM Treasury, 1998b). 첫째, '뉴딜' 프로그램은 노동시장으로부터 제외된 청년층, 장기 실업자, 편부모 가정, 장애자 집단 등에 초점을 맞춘다. 그러나 실업급여의 지급 조건으로 개인이 구직을 위해 스스로 노력해야 한다고 강조하며, 보수당 정부의 정책과 유사한 개인의 책임 또는 선별주의에 입각한 경제적 효율성의 개념을 강조한다. 둘째, 1999년 제정한 국민최저임금제를 통해 기본적 차원의 권리로서 임금 지불이 가능하도록 하고, 근로 가족과 장애자에 대한 조세감면 등 조세제도를 통해 지원한다.[8] 셋째, 모든 사람이 새로운 노동력으로 발전할 수 있도록 교육과 기술의 투자를 강화한다.

블레어 정부의 노동시장정책은 청년실업을 낮추기 위한 고용정책에 주요 초점을 맞추었다. 블레어 정부는 보수당 정부의 교육과 직업훈련정책의 실패로 말미암아 50만 명의 청년들이 교육훈련을 받지 못하거나 실업상태이며, 17~18세의 교육 수혜의 비율은 경제개발협력기구(OECD) 국가들 가운데 최하위라고 비판하였다. 블레어 정부는 우선 1980년대 국영기업의 사유화로 등장한 민간기업에 대해 초과이득세(*windfall tax*)를 부과하여 마련한 재원으로 25세 미만의 청년 25만 명에게 대규모 직업훈련을 실시함으로써 장기실업을 해소하겠다는 계획을 발표했다.[9] 블레어

---

8) 블레어 정부의 노동시장정책은 미국의 클린턴 행정부의 영향을 많이 받았다. 블레어 정부의 '일하는 빈자'(*working poor*)에 대한 강조에서도 클린턴 행정부의 경험은 큰 영향력을 발휘한다. 미국의 근로연계복지(*workfare*)에 대해서는 김종일(2003) 참조.

정부는 보수당의 직업훈련 정책인 '청년훈련계획'을 폐지하고, 여기서 나오는 재원으로 직업훈련을 실시하여 2000년까지 모든 청년들이 18세 이전에 2급 이상의 국가기술자격증을 보유할 수 있도록 하겠다고 발표했다(HM Treasury, 1997: 8). 블레어 정부는 또한 고등학교를 졸업하는 16세 이후 청년들의 기술교육을 강화하기 위해 민간기업과 합작하여 산업대학을 신설하고 산업 현장과 가정에서 신기술을 습득할 수 있는 평생교육 체계를 강조하였다. 2002년에는 기존의 급여기관과 고용서비스를 고용센터로 통합하여 취업가능인구를 지원하는 기구로 확대하였다. 새로운 고용정책이 실행된 이래 청년실업은 반감했고, 100만 개의 일자리가 창출됐으며, 복지부문 지출은 30억 파운드(약 6조원) 가량 감소했다고 발표했다(김윤태, 2005: 208).

블레어 정부는 일반적으로 실업문제를 해결하기 위한 고용정책을 모두 장기적인 관점에서, 훈련을 통한 노동력 수급의 불균형을 해소함으로써 실업문제를 완화하려고 시도했다. 또한 실업자에 대해서는 보조금의 지급보다는 이들에 대한 취업가능성을 높이면서 민간부문에 의한 수요창출에 역점을 두었다. 동시에 블레어 정부의 '일을 향한 복지'(*welfare to work*) 프로그램은 정부가 노동시장에서 적극적인 역할을 수행하면서 최저임금의 기준을 인상하고 기술교육을 강조하는 고용정책을 추진했다. 이는 보수당 정부가 실업률의 증가를 막기 위해 정부의 시장 개입을 반대한 것과는 다르다.[10] 블레어 정부는 또한 지방자치단체가 보유하고 있는 공공주택을 매각한 돈으로 다시 공공주택을 대량 건설하여 고용창출

---

9) 초과이득세(*windfall tax*)는 국영기업의 사유화로 큰 이익을 얻은 기업들에 부과하는 특별조세로서 British Telecom, British Gas, BAA(공항관리기업), 전기회사들이 주요 과세대상 기업들이다.

10) 인적 자본에 대한 사회적 투자가 고용증대와 소비촉진을 통한 내수부양효과가 있고 경제성장에 기여한다는 지적도 있다. 실제로 최근 적극적 노동시장정책을 도입한 스웨덴과 노르웨이뿐 아니라 유사한 정책을 도입한 미국과 영국의 실업률은 점차 하락하였다(OECD, 1997~2004).

〈표 6-2〉 영국의 실업률

(단위: %)

	1997	1998	1999	2000	2001	2002	2003	2004
전체	6.5	6.1	5.8	5.2	5.1	5.1	4.9	4.7
남성	7.3	6.9	6.3	5.8	5.7	5.6	5.5	5.1
여성	5.7	5.3	5.2	4.7	4.6	4.6	4.3	4.2

자료: Office of National Statistics, 1997~2004.

을 위해 공공부문이 적극적인 역할을 수행해야 한다고 주장했다. 벤처기업 육성과 과학기술 투자에 민간자본과 함께 정부가 적극적인 역할을 수행할 것도 강조했다.

1997년 블레어 정부의 새로운 고용정책이 지속적으로 실행된 이후 실업은 계속 감소되었다. 2004년 기준, 영국의 실업률은 30년 만에 가장 낮은 수준으로 감소하였다. 2005년에는 실업급여 신청자가 862,000명으로 감소하여 1975년 이래 가장 낮은 수치를 기록했다(김윤태, 2005: 208). 25세 이하 실업자를 대상으로 한 뉴딜 프로그램은 구직과 직업기술 향상을 적극 지원하는 정책이었는데 점차 편부모, 장애인, 50세 이상 실업자, 음악가 등 다양한 사회집단들에게도 확대되었다. 이와 같이 사람들에게 근로의욕을 불러일으키고 실업자에게 일자리를 제공하는 블레어 정부의 고용정책은 점차 경기부양의 원동력이 되기도 하였다.

4. 사회투자정책의 주요 내용

사회투자전략을 도입하는 복지체제의 변화는 이제 다양한 복지국가에서 나타나는데, 특히 유럽연합(EU)에서 잘 나타나고 있다. 새로운 사회투자정책은 통화주의 경제정책의 처방에 비판적이다. 통화주의는 복지국가가 경제성장과 아무런 관련이 없고, 오히려 경제 생산성에 나쁜 영향을 미친다고 지적한다. 그래서 복지국가는 어쩔 수 없는 악이거나 최소한의 사회안전망을 제공하는 것에 그쳐야 한다고 주장한다. 하지만 사회투자전략은 복지재정의 지속적 압력을 인정하면서 전통적 사회서비스를 효과적으로 제공할 수 있는 방안을 적극적으로 모색한다. 사회투자적 사회정책은 경제에 부담이 되는 복지지출이 아니라 경제에 도움이 되는 사회투자로서의 복지를 강조한다. 정부의 사회지출을 통해 노동시장의 유연성을 개선하는 한편 노동력의 질, 적응성, 유용성을 개선하려는 노동시장정책을 추진한다. 이렇게 경제적 효율성과 사회적 형평성을 동시에 강조하는 입장이 사회투자정책의 핵심적 내용이다.

〈표 6-3〉 OECD 주요 국가의 GDP 대비 공공 사회지출

(단위: %)

	1990	1995	2000	2003	1995~2000	1990~2003
오스트리아	23.7	23.6	25.3	26.1	−1.3	2.4
벨기에	25.0	26.4	25.3	26.5	−1.1	1.5
덴마크	25.5	28.9	25.8	27.6	−3.1	2.1
핀란드	24.5	27.4	21.3	22.5	−6.1	−2.0
프랑스	25.3	28.3	27.6	28.7	−0.7	3.4
독 일	22.5	28.6	26.6	27.6	0.0	5.1
이탈리아	19.9	19.8	23.2	24.2	3.4	4.3
일 본	11.2	13.9	16.1	17.7	2.2	6.5
한 국	3.0	3.5	5.1	5.72	1.6	2.7
네덜란드	24.4	22.8	19.3	20.7	−3.5	−3.7
노르웨이	22.6	23.5	22.2	25.1	−1.3	2.5
스웨덴	30.5	32.5	28.8	31.3	−3.7	0.8
영 국	17.2	20.4	19.1	20.1	−1.3	2.9
미 국	13.4	15.4	14.6	16.2	−0.8	2.8
EU 15국 평균	21.9	23.9	22.5	23.9	−1.4	2.0
OECD 평균	17.9	19.9	1934	20.7	−0.5	2.8

자료: oberon.sourceoedd.org.

1) 고용확대를 위한 사회투자정책

1980년대와 1990년대 유럽 국가들의 실업률은 매우 높은 수준으로 치솟았다. 실업은 중요한 사회문제이자 민감한 정치문제로 부각되었다. 1995년 유럽연합(EU)의 〈성장 경쟁력과 고용〉에 관한 백서와 경제협력개발기구(OECD)의 〈직업 전략〉은 새로운 고용정책을 제시했다. 고용과 성장을 성공적으로 이룩한 국가는 대체로 시장의 상황에 맞춰 임금과 고용의 규정과 급여체계가 운영되고, 고용에 필요한 훈련을 잘 제공하는 국가였다. 유럽연합의 보고서는 노동시장의 규제가 강한 유럽보다 노동시장의 규제가 약한 미국이 고용 확대에 더 성공적이라고 인정했다. 유럽연합의 고용전략은 노동시장의 탈규제를 적극적으로 수용하면서 급여체계의 활성화(*activation*)와 연구개발(*Research and Development*) 투자의 확대를 제안했다. 이는 인적 자본(*human capital*)과 유연안정성(*flexicurity*)을 개선하는 교육과 훈련을 강조했다. 이는 노동시장에서 개인이 스스로 직장을 이동하고, 새로운 일자리를 얻을 수 있도록 도와준다.

최근 유럽연합은 경쟁력 있고 역동적인 지식기반 경제가 되어야 하며, 10년 내에 더 많은 일자리, 더 좋은 일자리, 더 큰 사회통합을 이루고 지속가능한 경제성장을 달성해야 한다는 목표를 설정했다. 새로운 고용전략은 무엇보다도 기술개발의 중요성을 강조하면서 적극적 노동시장정책을 제시하였다. 먼저 개인의 생애주기(*life course*)를 고려하여 새로운 경력으로 신속하게 이동할 수 있도록 지원한다. 유연안정성, 세금과 급여체계 사이 연계의 개선, 그리고 사회적 동반자(*social partnership*)의 적극적인 참여에 더 큰 관심을 가진다. 또한 지식기반 경제에 필요한 기술을 개발하고 새로운 투자를 확대한다.

유럽 국가들의 노동시장정책에서 유연안정성을 강화하는 정책이 확산되면서 새로운 결과를 만들고 있다(Dufour and Morrison, 2005). 독일, 프랑스, 스페인은 고용에 대한 규제 수준이 높지만 실업률은 낮아지지

〈표 6-4〉 OECD 주요 국가의 실업률

(단위: %)

	1980~1987	1988~1995	1996~1999	2000~2001	2002
네덜란드	10.0	7.2	4.7	2.6	2.8
독 일	6.1	5.6	7.1	6.4	6.8
스웨덴	2.3	5.1	8.7	5.3	4.9
스페인	17.6	19.6	15.8	11.0	11.4
미 국	7.6	6.1	4.8	4.4	5.8
아일랜드	13.8	14.7	8.9	4.0	4.4
영 국	10.5	8.8	6.9	5.2	5.1
이탈리아	6.7	8.1	9.9	8.4	7.4
일 본	2.5	2.5	3.9	4.9	5.4
프랑스	8.9	10.5	11.9	8.9	8.7

주: 실업률 수치는 OECD 표준율에 맞게 산정하고 국제노동기구(ILO) 규정에 따랐다. 이탈리아와 미국의 실업규정은 자국의 기준을 인용하였다. 미국은 1993년 이전에 만들어진 통계를 OECD 기준에 맞춘 것을 사용하였다. 스페인은 1996년 이후부터 ILO 규정을 따랐다. 독일은 1989년 통일 이전에는 서독을 기준으로 하였다.

자료: Nickell et al., 2005: 2.

않았다. 스웨덴에서만 예외적으로 노동시장에 대한 규제로 낮은 실업률과 높은 고용률을 성취할 수 있었다. 경제협력개발기구(OECD)는 인적자본에 대한 투자가 장기적인 고용전망과 일자리의 안정성을 강화하는 핵심요소라고 강조했다. 이는 노동시장 유연화를 이루기 위해 탈규제만 강조하는 단순한 사고와는 다르다. 새로운 고용전략은 실업자들에게 취업기회와 사회보장을 동시에 제공한다. 또한 개인이 장기실업을 피하도록 도와주는 사회투자정책이 중요하다. 반면에 직업의 이동 비율은 고용비율과 상당히 긍정적인 상관관계를 가지고 있다. 영국, 네덜란드, 덴마크처럼 고용률이 높은 국가의 노동자의 이동비율은 프랑스, 이태리, 벨기에처럼 고용률이 낮은 나라에서 나타나는 일자리 이동비율에 비교하면 두 배 정도 높다(Taylor-Gooby, 2007: 91).

노동자의 교육과 훈련 프로그램의 중요성은 1990년대 말과 2000년대 초에 네덜란드와 덴마크의 경험에서 잘 나타난다. 노동시장의 유연화가 확대되면서 노동자의 고용 안정성은 약화되었지만, 활성화와 직업훈련을 통해 실업률은 점차 저하되었다. 네덜란드와 덴마크에서 경제개발협력기구(OECD)의 고용보호지표는 상대적으로 낮았지만, 남성의 실업률은 4.4%와 4.5% 정도로 유럽연합 25개국 가운데 가장 낮은 편이다(Taylor-Gooby, 2007: 92). 네덜란드와 덴마크는 노동시장의 유연화를 주요정책으로 채택했지만 시장 메커니즘에 전적으로 맡기는 대신 부가가치가 높은 직업을 확대하는 사회적 급여와 직업훈련 프로그램을 강조한다. 특히 덴마크는 1990년대 이후 노동시장의 유연안정성과 활성화 전략을 전면적으로 실시하였다. 또한 6개월 이상 실업자에게 '개인행동계획'을 작성할 권리를 부여했다. 이에 따라 실업자의 급여수급기간이 획기적으로 단축되었다. 덴마크는 유럽연합과 경제협력개발기구(OECD)가 발간하는 정책보고서에서 자주 대안적 모델로 제시되었다.

2) 사회통합을 위한 사회투자정책

사회투자정책은 사회의 빈곤과 사회적 배제를 축소하고 장기적으로 사회통합을 실현하는 정책을 추진한다(Jenson and Saint-Martin, 2003). 한 사회의 빈곤은 사회적으로 배제된 취약집단을 만들고 사회통합을 약화시킨다. 특히 유급노동을 하지 못하는 실업자가 빈곤층으로 전락할 가능성이 매우 크다. 개인의 교육수준, 연령, 성별 차이가 고용기회를 갖기 위한 중요한 기준이 된다. 그리하여 노동시장에서 배제된 실업자, 고령자, 청년들의 빈곤율이 가장 높다. 특히 유럽 국가에서 빈곤율이 가장 높은 집단은 청년세대 집단이다. 노인세대 집단은 복지국가가 제공하는 노령연금을 받기 때문에 빈곤율이 상대적으로 낮다. 노동시장의 신규 진입자의 규모가 적어질수록 청년세대의 빈곤은 증가한다. 특히 아동을 부양해야 하는 한부모 가정의 빈곤율이 매우 높다.

빈곤율은 국가들마다 상이하다. 즉 자유주의적 복지체제를 가진 영미권 국가와 남유럽 국가의 빈곤율이 가장 높고, 대표적인 사회민주적 복지체제인 스웨덴에서 가장 낮다. 특히 한 가정 내에 유급노동을 하는 사람이 한 명도 없는 경우 빈곤율이 높다. 가족 성원 가운데 유급노동에 종사하는 사람이 있다면 빈곤에서 벗어나는 데 큰 도움이 된다. 이러한 빈곤율의 구성을 보면 유급노동에 취업할 기회를 더 제공해야 한다는 주장은 큰 설득력을 가진다. 또한 여성이 가장인 한부모 가정(*female-headed households*)의 빈곤율이 높기 때문에 여성의 고용 접근성을 높이기 위한 아동보육의 지원이 매우 중요하다. 여성 가장은 높은 연령, 낮은 기술수준, 노동시장에서 성차별, 양육의 부담으로 인해 노동시장에서 유급노동을 갖는 데 매우 불리하다.

실업은 일시적 실업과 장기적 실업으로 다양하게 나타난다. 사회민주적 국가인 스웨덴과 자유주의적 국가인 영국의 실업률이 가장 낮다. 독일 등과 같이 노동조합, 사용자, 정부 사이의 사회적 협의가 발전한 보수적 코포라티즘 체제 국가의 실업률은 평균 10% 수준으로 높은 편이다. 러시아, 동유럽 등 구공산권 국가의 실업률은 더 높으며, 특히 장기적 실업의 비율도 높다. 개인의 교육수준은 실업의 위험과 높은 상관관계가 있다. 유급노동 인구 가운데, 대학교육을 받은 사람들이 그렇지 않은 사람들보다 2~3배 정도 더 많다. 노동시장에 새로 진입하는 청년세대 가운데 저숙련 기술을 가진 사람들이 실업자가 될 가능성이 더 많다. 실업률은 남녀 성차와도 일정한 상관관계를 가지고 있다. 남녀 간 성별 격차가 가장 작은 스웨덴과 영국을 제외하고 대부분의 나라에서 여성이 남성보다 실업률이 더 높다.

고용률은 청년층과 고령자 집단에서 낮게 나타난다. 이는 실업률과 비슷한 경향을 보인다. 고용률은 나라별로도 차이를 보인다. 대체적으로 남유럽 국가의 고용률이 가장 낮다. 보수적 코포라티즘 체제 국가와 구공산권 국가의 고용 비율은 중간 정도이며, 스웨덴과 영국의 고용 비율이 가장 높다. 고용의 구조에서 성별 차이가 뚜렷하게 나타난다. 여성의 시간제 노동 비율은 남성보다 훨씬 더 많다. 특히 독일, 영국, 스웨덴에서 그렇다. 반면에 지중해연안 국가들과 폴란드에서는 여성의 시간제 노동 비율이 덜 높은 편이다. 스웨덴과 영국의 매우 상이한 사회모델은 고용과 관련된 성과가 상대적으로 좋은 편이다.

사회투자가 생애과정을 통해서 실질적인 이익을 준다는 증거가 제시되면서 사회투자 전략의 중요성이 중요하게 부각되었다. 덴마크 사회학자 에스핑앤더슨과 여러 학자들은 두 가지 근거에 기초하여 어린이에 대한 투자를 강조한다(Esping-Andersen, 2002). 아동 단계의 투자는 이후 인생과정의 고용의 성공과 연결된다. 이는 조기 학교교육과 아동양육에 정부가 개입하여 적극적 역할을 수행해야 한다는 주장을 지지하는 사람들이 널리 활용하는 견해이다. 또한 이러한 사회투자는 어린이들이 성인이 되었을 때 자녀 양육을 더 잘하도록 돕고, 다음 세대에 더 좋은 고용성과를 만들 수 있다. 이에 따라 다시 장기적으로 우수한 노동력을 양성하기 위해서는 아동보육을 더욱 강조해야 한다. 특히 빈곤층과 취약집단의 자녀 보육을 지원하고 부양아동이 있는 여성의 취업기회를 개선하기 위한 적극적 지원체제가 필요하다. 아동보육, 여성의 고용기회, 어린이를 위한 사회투자는 서로 긴밀하게 연결된다. 유럽의 사회적 포용전략은 노동, 소득지원 정책과 결합하는 정책을 주요 목표로 설정한다. 특히 교육수준이 낮은 여성을 지원하는 정책이 가장 시급하다. 결국 빈곤을 줄이기 위한 가장 효과적인 예방 전략은 어린이를 위해 적극적으로 투자하는 것이다.

최근 경제협력개발기구(OECD)와 유럽연합이 제시하는 핵심적 사회정책은 노동시장의 이동성을 촉진할 규제 감축과 사회보장제도를 정비하는 한편, 연구개발(R&D), 훈련과 교육을 결합시키는 정책을 중요하게 다루는 것이다. 이러한 사회정책은 단순히 시장의 자유를 확대하고 복지를 삭감하려는 정책이 아니다. 사회투자를 강조하는 사회정책은 사회의 빈곤율을 줄이고 삶의 기회를 확대하는 고용의 중요성을 강조한다. 국가 경쟁력을 향상시키고 빈곤을 줄이는 수단으로 유급노동에 참여하는 인구를 확대하기 위해서는 우선 교육과 훈련의 수준이 낮은 청년층과 고령자 집단을 주요대상으로 설정한다. 실업상태에 있거나 시간제 노동에 종사하는 여성 인구도 주요대상이다. 이혼율의 증가로 한부모 가정이 증가하면서 자녀 양육책임을 갖고 있는 여성에게 기회를 제공하는 정책도 필요하다. 연구개발과 인적 자본에 대한 투자는 고용의 부가가치를 높이는 데 매우 유용한 전략이다. 이는 고용정책의 탈규제를 강조하는 동시에 수동적 정책에서 적극적 정책으로 전환하는 방향과 긴밀하게 연결되어 있다. 이에 따라 유럽의 여러 국가들은 노동시장의 유연화와 적극적 노동시장정책을 긴밀하게 결합시키는 정책을 채택하고 있다. 이에 대한 자세한 내용은 다음에서 살펴볼 것이다.

3) 적극적 노동시장정책과 사회투자

1990년대 이후 유럽중앙은행(ECB)은 케인스주의(Keynsianism) 개입방식에 반대하여 낮은 인플레이션이라는 목표를 수행하기 위해 국가채무와 재정적자에 대한 엄격한 제한을 강조했다.[11] 이러한 긴축재정 정책은 유럽의 국가에서 반드시 지켜진 것은 아니었지만, 대부분의 국가에서 재정적자는 감소하였고 물가는 안정되었다. 노동시장에 대한 규제는 완화되었고 적극적 노동시장정책이 확산되었다. 노동시장정책의 핵심내용은 직업 이동에 의한 직접적 지원보다는 활성화 전략이다. 대부분의 국가에

11) 1991년 마스트리히트(Mastricht) 조약 체결은 경제정책의 새로운 추세를 반영하는데, 이 조약 체결국은 엄격한 긴축재정 수단을 수용해야만 했다. 특히, 유로화를 새로 만들기로 한 이 조약은 GDP 3% 이하로 연간 재정적자 감소, 공공부채를 GDP의 6% 이하로 감소, 그리고 각국 중앙은행에 상당한 자율성을 보장할 것을 요구했다.

서 사회적으로 취약한 집단, 특히 기술 수준이 낮은 청년층, 여성층, 고령층을 지원하는 정책이 강조되었다. 하지만 대부분의 유럽 국가의 연구개발을 위한 재정지출과 인적 자원의 향상은 큰 성과를 거두지 못했다.

유럽연합의 경제목표에 가장 밀접히 연관된 응용학문 연구와 지식기반경제의 고용확대 속도는 그리 빠르지 않았다. 연구개발 투자를 국내총생산(GDP)의 3%로 증가시킨다는 유럽연합의 목표를 향한 움직임은 서서히 이루어지고 있다. 대체로 유럽 국가들과 미국의 연구개발 투자는 2000년 이후 정체되었다. 스웨덴, 노르웨이, 덴마크, 노르웨이 등 스칸디나비아 국가의 기술개발, 교육, 정보통신 분야의 투자는 다른 국가에

〈표 6-5〉 OECD 주요 국가의 미래투자비율

	1992	1995	2002
덴마크	14.4	15.4	17.8
핀란드	13.8	14.8	16.9
스웨덴	15.6	17.7	14.7
노르웨이	–	–	21.1
독 일	11.8	11.8	13.4
프랑스	12.3	13.2	14.2
이탈리아	8.9	9.9	11.3
벨기에	12.2	12.6	15.1
오스트리아	11.6	11.8	14.3
아일랜드	12.7	13.5	11.3
영 국	13.2	14.5	15.5
그리스	6.0	7.6	10.2
포르투갈	9.8	11.2	13.9
에스파냐	8.1	8.9	11.1
미 국	13.1	14.2	16.1
일 본	10.4	10.7	14.5
EU/USA	0.89	0.86	0.86

주: 미래 투자는 기술개발(R&D), 교육, 정보통신기술에 대한 투자를 포함한다.
자료: Eurostat; EITO.

비해 높은 편이지만, 코포라티즘 체제의 국가와 남유럽 국가들은 미국과 일본에 비해서도 낮은 편이다. 스웨덴은 응용학문 연구・투자에서 가장 앞서 있으며, 다음으로 독일, 프랑스 등 코포라티즘 체제 국가들이 뒤따르고 있다. 남유럽 국가들과 구공산권 국가들의 연구개발 투자비율은 낮은 편이다.

(1) 연구개발과 교육훈련

최근 유럽연합이 제시한 '역동적인 지식기반 경제'라는 목표는 교육과 연구개발에 관심을 가져야 한다고 강조한다. 유럽연합 국가들은 교육 표준의 향상을 추구하여 상당한 성과를 얻었다. 1995년에서 2005년 사이에 유럽에서 고등학교 교육을 받은 학력자의 인구 비율이 56%에서 66%로 증가했다. 20~24세 연령대 인구에서 고등학교 학력자의 비율은 69%에서 75%로 증가했다. 1992년 이후 대학교육에 등록한 인구는 약 35%가 증가했다. 영국과 유럽연합의 신입 회원국(폴란드, 체코, 헝가리)의 증가율이 가장 컸다. 과학과 기술분야 대학원을 졸업한 학생은 북유럽 국가들, 영국, 프랑스에서 급격히 상승했다. 1998년 전체 대학원생은 10.2%인데 2003년에는 13.1%로 상승하였다. 이는 미국을 상당히 앞선 비율이며 일본과 비슷한 수준이다(Taylor-Gooby, 2008: 95).

연구개발 투자비율과 고용률은 일정한 상관관계를 가지고 있다. 고용률은 스웨덴 등 사회민주주의 체제의 국가들과 독일 등 코포라티즘 체제의 국가들에서 가장 높다. 하지만 산업분야별 고용률의 추세는 차이가 있다. 자유주의 체제를 유지하는 영국의 경우 제조업 분야에서는 고용비율이 상대적으로 높지만, 지식집약적 서비스 고용의 비율은 급속히 감소하고 있다. 일반적으로 유럽에서 지식집약적 제조업 분야의 고용은 증가하고 있지만, 유럽연합 15개 국가의 서비스 분야에서 1995년에서 2004년 사이 일자리가 6.3%에서 5.8%로 감소했다(Taylor-Gooby, 2008: 95). 이러한 감소는 향후 지속될 것으로 보이지만, 1990년대 후반의 정보통신산업의 거품 붕괴의 수준과 같은 것은 아니다. 오히려 유럽에서 연구개발 투자는 지식집약적 제조업 분야의 고용률과 긴밀한 관계가 있다고 볼 수 있다.

(2) 적극적 노동시장 정책의 확대

경제활동 능력은 있지만 실업상태에 있는 사람에게 현금소득을 제공하기 위하여 정부의 재정을 지출하는 수동적 정책 방안은 많은 비판을 받았다. 정부의 실업대책은 일자리가 없는 사람들이 자발적으로 유급노동에 참여하도록 격려하고 지원하는 능동적 프로그램으로 변화해야 한다는 주장이 확산되었다. 특히 독일과 스웨덴은 실업급여의 지출비율이 가장 높은 나라들이다. 하지만 최근 고용기회를 확대하기 위한 훈련과 재교육을 지원하는 능동적 프로그램을 위한 지출비율이 급속하게 증가했다. 아직도 영국과 이탈리아에서는 능동적 프로그램의 지출수준이 낮은 편이다.

1990년대에는 독일과 같은 코포라티즘 체제에서 조기퇴직을 결정한 노동자를 위한 재정지출이 감소하였다. 1980년대에는 프랑스, 독일, 이탈리아에서 실업의 증가에 대처하여 조직 노동자를 보호하기 위해 조기퇴직이 확대되었다. 하지만 정부의 재정 압박이 커지고 노동조합의 정치적 영향력이 약화되면서 조기퇴직 노동자를 지원하는 재정지출이 감소하였다. 이러한 재정압박은 실업자에게 단순하게 급여를 제공하는 수동적 프로그램에서 근로동기를 강화하는 능동적인 프로그램으로 정책방향을 전환하는 데 영향을 주었다.

(3) 활성화 : 노동력의 능력 향상

활성화(*activation*) 정책은 인구의 대부분이 유급노동을 수행할 수 있도록 촉진하고 지원한다. 다양한 유럽 국가들이 활성화 정책이 추구하는 정책적 방향성을 실현하기 위해 여러 가지 정책을 추진하였다. 이 가운데 덴마크의 사례가 대표적이다. 덴마크는 1994년 노동시장 유연화를 위해 전반적인 노동시장구조의 개혁을 단행한 이래 실업률이 5%대로 급감하고 인플레이션 없는 성장을 달성했다. 덴마크는 취업지원제도를 실업자의 필요에 따라 지원하는 방식으로 전환하여 큰 정책 효과를 거두었다. 노동시장정책의 탈집중화와 지역수요에 맞는 프로그램을 도입하는 한편, 임금보조의 성격을 갖는 직업훈련은 과감하게 축소하고 취업 동기를 강화하는 정책을 강조했다.

활성화 정책은 나라마다 다양한 차이가 있지만 대체로 다음과 같은 정책을 실행하고 있다. 첫째, 노동시장의 규제가 적은 저임금 노동자가 노동에 더 많은 동기를 가질 수 있도록 유인하는 정책을 실행한다. 기술 수준이 낮은 저임금 노동자가 시장에서 배제되지 않도록 새로운 기술을 습득하려는 동기부여가 중요하다. 새로운 기술훈련은 더 많은 고용기회를 제공할 수 있다. 둘째, 유급노동자가 조기은퇴를 선택하거나 실업상태에 머물지 않도록 실업급여와 연금 등 사회보장제도를 새로 정비한다. 특히 실업급여를 받는 사람들의 구직활동을 요구하지 않는 수동적 급여체계를 축소한다. 동시에 빈곤층을 위한 사회부조도 구직활동과 직업훈련의 참여를 요구하는 장치를 제도화한다. 새로운 고용기회의 정보와 기술훈련의 정보를 위한 다양한 조직적 역량을 강화한다. 실업위험이 높은 위험집단인 기술 숙련도가 낮은 청년 인구와 한부모 가정을 위한 특수 프로그램을 실행한다. 특히 저소득층 가정을 위한 보육시설과 서비스 제공을 강화한다.

(4) 저임금 노동자의 노동 이동성 강화

사람들이 임금수준이 낮은 직업에 취업하도록 촉진하는 다양한 방안들이 제기되었다. 대표적인 방안은 최저임금제이다. 유럽연합은 일찍이 최저임금제를 도입했으나, 영국은 1999년 최저임금제를 도입했다. 유럽의 상당수 국가들이 저임금 노동자를 지원하는 다양한 제도를 도입하거나 기존 제도를 더욱 강화하였다. 1999년 영국은 미국식 소득공제 제도를 도입했다. 2001년 프랑스도 정부가 저소득자를 지원하는 보조금 NPI를 도입했다.

노동시장의 유연성을 강화하기 위한 다른 방안으로 노동시장의 규제가 완화되었다. 1998년부터 독일은 시간제, 저임금 노동자를 위한 사회보호제도를 축소했다. 2005~06년 프랑스는 청년층의 일자리 보호규제를 완화하는 제도를 도입하려다 파리 도시에서 폭동이 일어났다. 이처럼 노동시장의 유연성을 증대하려는 계획은 심각한 정치적 갈등을 야기하는 경우가 있다.

(5) 공공부조의 조건부 수급제도

실업자와 극빈층을 위한 사회적 급여가 축소되면서 공공부조 프로그램도 많은 변화를 겪었다. 1990년대 이후 미국의 공공부조가 대표적이다. 클린턴 행정부는 TANF (Temporary Assistance for Needy Families) 를 도입하여 조건부 수급제를 강화하고 공공부조를 수급할 기간을 제한했다. 프랑스와 독일 정부는 공공부조의 수급자격에 대해 더 엄격한 조건을 요구했다. 공공부조의 급여청구자는 적극적으로 구직활동에 나서야 했고 정부에서 제안하는 고용기회를 거부하는 권한을 제한했다. 공공부조는 일정한 시기 동안만 시한부로 제공하고 급여를 제공하는 기간도 단축되었다. 대표적인 사례로 프랑스 PARE 프로그램과 독일의 하르츠 IV (Hartz IV) 개혁을 들 수 있다. 정부는 개인별 사례관리담당 공무원을 임명하여 급여 청구자들의 조건을 평가하고 다시 노동시장에 진출할 수 있도록 훈련과 재교육 프로그램을 제공한다.

덴마크의 고용지원제도는 주목할 만하다.[12] 정부는 구직기회와 직업

12) 덴마크는 과거에 7년간 실업급여를 지급하던 실업보험제도를 개혁하여 4년 수급기간과 3년의 노동시장 활성화(*activation*) 기간으로 구분했다. 이후 1996년 수급기간을 2년으로 단축하고 다시 1999년 25세 이상 실업자의 수급기간을 1년으로 더욱 단축했다.

훈련의 기회를 많이 제공하는 한편, 실업자가 노동사무소가 제공하는 일자리나 직업훈련 기회를 거부할 경우 실업수당의 지급을 중단한다. 또한 실업자와 해당 노동사무소 사이의 계약으로 '개인행동계획'을 체결하며 담당공무원이 사례관리에 따라 적극적으로 구직활동을 지원한다. 1998년 이후 영국도 사례관리 담당공무원이 직접 실업자를 찾아가 구직활동을 어떻게 적극적으로 하고 있는지 조사하고 감독한다.

(6) 표적집단에 대한 집중

유럽의 대부분의 국가에서 숙련기술 수준이 낮고 저임금 노동에 종사하는 청년, 여성, 노인계층 등 실업과 빈곤에 빠지기 쉬운 고위험(*high-risk*) 집단을 지원하는 프로그램이 운영되고 있다. 이러한 선택주의 접근법은 투자 대비 효과가 가장 클 것으로 보이는 표적집단에 집중한다. 대표적인 사례로 영국을 꼽을 수 있다. 1997년 영국에서는 청년실업을 축소하기 위한 '뉴딜' 프로그램이 도입되었다. 6개월 이상 실업 상태에 있는 25세 이하 청년층을 위해 급여를 지급하는 뉴딜 프로그램을 실행하면서 청년 실업률이 감소하였다. 프랑스에서도 조기퇴직자에 대한 정책에서 청년실업자에 대한 정책으로 중심이 이동했다. 1997년 실업 지원 대책에 일자리 창출과 직업훈련을 지원하는 프로그램이 결합하였다. 이는 2000년에 도입되었으며 다른 나라들의 활성화 정책과 유사하다.

근로활동을 지원하는 활성화 정책은 특히 한부모 가정의 어머니에 초점을 맞춘다. 한부모 가정의 어머니의 고용기회를 확대하는 정책은 부양아동을 보호하는 정책과 긴밀하게 연결된다. 이는 개인적 조건에 맞추는 특수한 사례관리 방안으로 운영된다. 동시에 아동보호와 유아보육 시설을 확충하여 한부모 가정이 더 많이 이용할 수 있도록 지원한다. 한부모 가정의 여성 가장이 직장생활과 일상생활의 균형을 이룰 수 있도록 하면서 부모로서의 권리를 확대하는 개혁은 활성화 정책과 관련이 있다.

1990년대, 유럽의 대부분의 국가들은 한부모 가정의 여성가장을 지원하기 위한 다양한 제도를 도입하였다. 1993년 유럽연합이 제정한 노동시간, 1996년의 부모의 양육휴가, 1997년의 시간제 노동에 대한 지침을 결정하면서 부모들의 직장생활과 일상생활의 균형을 유지할 수 있는 권리를 보장하기 위해서 다양한 법률제도를 정비하였다. 또한 부모의 출산휴직과 육아휴직 기간을 지속적으로 확대하였다. 독일, 스페인, 영국에서는 긴급한 상황에 처한 가족이 휴직을 요청하거나 노동시간을 유연하게 결정할 수 있도록 부모들의 권리를 확대하였다.

이와 같은 유럽연합(EU)의 새로운 사회투자전략은 안정적인 경제 환경, 규제 축소, 수동적 급여의 축소, 고위험 집단을 위한 지원 프로그램의 확대를 포함한다. 그러나 지식기반경제의 발전은 충분하게 이루어지지 않았고, 노동자의 직업 이동을 지원하는 정책도 충분하게 도입되지 못하는 상황이 지속되고 있다. 이에 2000년 유럽연합은 포르투갈 리스본에서 유럽연합 각료이사회를 개최하고 유럽연합의 발전을 위해 설정한 주요 어젠더로 '리스본 전략'(Risbon Strategy)을 발표한다. 유럽연합(EU)이 발표한 '리스본 전략'은 역동적 지식기반경제, 지속가능한 경제성장, 일자리 창출을 통한 사회통합 등 유럽연합 차원의 새로운 전략적 목표를 제시하였다. 또한 유럽 각국의 사회정책도 '개방적 조정'(*Open Coordination*)을 통해 상호조율하기로 결정하였다. 이는 유럽형 사회모델(*European Social Model*)이라는 관점에서 유럽연합 회원국들이 각국의 사회정책 실천과정을 검증하고 본보기가 될 수 있는 실천사례를 살펴보며 서로 교훈을 얻도록 하기로 합의한 것이다(Ferrera, Hemerijck and Rhodes, 2001). 하지만 유럽연합과 그 회원국들이 리스본 전략을 제대로 추구하지 못해 기대에 미치지 못하다는 비판도 제기되었다. 이런 조건에서 리스본 전략의 목표를 실행하기 위한 적극적인 정책 프로그램의 실행이 필요하다는 지적이 대두하고 있다.

5. 유럽 사회투자정책의 새로운 방향

최근 유럽의 사회투자정책은 대부분 노동시장의 규제완화, 유연성의 확대와 관련이 있다. 이는 또한 1990년대 중반 경제협력개발기구(OECD)가 강조했던 것처럼 취약집단을 지원하는 복지제공과 수동적 급여 체계에서 유급노동으로 진입하도록 장려하고 적극적인 근로동기를 촉진하는 사회보호체제를 정비하는 정책 변화와 깊은 관련이 있다. 아직 대부분의 유럽의 나라들에서 지식기반경제를 위한 투자와 고용의 이동성을 확대하는 정책은 큰 효과를 거두지 못하고 있다. 하지만 새로운 사회투자정책은 일정 정도 고용률을 확대하며 성과를 거두기 시작했다는 지적도 있다.

경제개발협력기구(OECD)의 고용통계를 보면, 1990년대 중반 이후 유럽 국가의 15~64세 여성 인구의 고용은 50%에서 57%로 증가했고, 1995년과 2004년에 남성 인구의 고용은 71%에서 73%로 증가했다. 여성이 남성보다 시간제 노동에 종사하는 비율은 매우 높다. 남성의 시간제 노동은 7%인 데 비해, 여성의 시간제 노동은 31%이다. 이러한 고용률의 상승이 반드시 사회투자정책의 결과라고 보기는 쉽지 않다. 각국의 고용률은 경기순환, 국제적 경쟁, 경제의 부문 간 연계효과, 기술혼합, 노동시장정책 등 다양한 요소의 영향을 받는다. 그러나 새로운 사회투자정책이 고용을 촉진하는 효과를 가지고 있다고 보인다. 특히 여성의 고용률이 급속하게 증가했다는 사실은 아동보육의 지원과 여성을 위한 기회평등의 정책이 일정한 효과를 가지고 있음을 보여준다.

지난 수십 년 동안 대부분의 유럽 국가에서 고용보호의 수단이 약화되었으나, 독일 등 코포라티즘 체제 국가에는 많이 남아 있다. 이러한 코포라티즘 체제 국가들은 노동시장정책을 결정하는 과정에 노동조합과 경영자가 동시에 참여하는 강력한 전통을 가지고 있다. 그리고 실업급여와 공공부조의 범위와 수준이 상대적으로 관대한 편이다. 코포라티즘 체제 국가인 프랑스, 독일, 그리고 남유럽 국가에서는 핵심 노동력 중 노동시장 유연화에 완강하게 저항하는 집단이 있다. 이는 주로 연령이 높은 조직노동자이며, 사회보험 연금과 다른 급여에서 많은 혜택을 받고 있다. 관대한 노령연금은 고령자 빈곤의 감소에는 긍정적 영향을 주지만, 새로 노동시장에 진입하는 청년의 고용기회에는 부정적인 조건이 된다. 정부가 강력한 조직력을 갖춘 노동조합의 요구를 수용하면 기업들은 노동시장의 신규 진입 인력을 축소하여 노동비용 절감을 시도할 가능성이 크다. 또한 정부, 기업, 노동조합의 코포라티즘 교섭체제에 핵심 노동력에서 배제된 실업자, 시간제 노동자, 여성의 요구는 제대로 표출되지 못하고 있다. 반면에 코포라티즘 대표체제는 핵심 산업 분야에서 높은 수준의 투자와 높은 생산성을 촉진하는 역할을 했다.

정부가 노동시장에 개입하는 범위와 수준이 나라별로 다양한 유형으로 나타나고 있다. 크게 영미권 국가, 독일 등 코포라티즘 체제의 국가, 스웨덴 등 사회민주주의 체제의 국가 등 세 가지 유형으로 나누어 볼 수 있다. 첫째, 영미권 국가에서는 공적 부조와 실업급여의 수준이 낮은 편이지만, 노동시장의 유연성이 높은 편이다. 지난 10년간 경제호황으로 고용률이 높아졌지만, 시간제 노동과 계약제 노동도 급증했다. 둘째, 독일 등 코포라티즘 체제의 국가들은 현금 급여는 발달했지만, 노동시장의 규제가 많다. 관대한 사회보호체제를 유지하는 데 비해 신규 진입자에 대한 노동시장의 장벽이 높아 청년 실업률이 높은 편이다. 제조업 핵심산업 분야의 조직화된 남성노동자에 비해 서비스 분야의 시간제 노동에 주로 참여하는 여성의 고용률이 상대적으로 낮은 편이다. 셋째, 스웨덴에서는 정부의 현금 급여가 높은 수준을 유지하는 한편, 정부가 노동시장에 적극적으로 개입하여 전체 노동력의 30% 수준의 고용을 창출했다. 그리하여 민간부문의 영리기업에는 주로 남성 노동자들이 고용되고, 여성들은 주로 국가부문의 서비스부문에 고용되는 노동시장의 분절화가 발생하였다.

특히 스웨덴과 영국의 노동시장정책은 매우 대조적이다. 두 국가는 최근 높은 고용률을 성취했는데, 두 국가의 고용정책은 매우 다르다. 스웨덴은 여성, 청년, 고령 노동자의 활성화와 통합을 추진하는 노동시장정책으로 가장 성공을 거둔 모델로 평가를 받는다. 영국도 스웨덴 모델을 따라 취약계층의 활성화와 통합을 추진하는 노동시장정책을 추진하였다. 그러나 두 국가의 구체적인 노동시장정책은 많은 차이를 보이고 있다. 스웨덴에서는 활성화 정책과 함께 실업 급여에 많은 비용을 지출하고 있으며, 아동양육과 다른 사회서비스를 위해서도 많은 예산을 지출하고 있다. 이에 비해 영국은 노동시장의 탈규제를 추진하며, 자산조사 또는 소득공제를 통한 아동양육 지원정책을 도입하여 취약계층만 제한적으로 지원하는 정책을 추진한다.

유럽 각국의 노동시장 정책의 차이는 국제적 경쟁에 대응하는 각국 정부, 기업, 노동조합 등 다양한 사회세력의 정치적 관계와 밀접하게 연결되어 있다(김종일, 2002). 특히 각국 정부와 기업은 국제적 경쟁에 대해 매우 민감하게 반응하다. 하지만 새로운 경제구조와 고용구조에 적응하는 노동시장정책에서 아무런 이득을 얻을 수 없다고 생각하는 사회집단은 개혁에 강력하게 저항할 수 있다. 현재 유럽 각국의 사회보장제도와 노동시장정책의 개혁에 가장 강력하게 저항하는 세력은 노동조합이다. 특히 코포라티즘 체제의 국가에서 노동조합의 정치적 영향력은 매우 강력하며, 지속적으로 노동시장의 개혁을 반대하였다. 일부 남유럽 국가에서도 노동자들의 정치적 반발은 매우 강력하다. 이러한 정치적 역학관계는 전통적 복지국가의 주요 제도를 그대로 유지하게 하기도 하고, 일부 국가의 개혁 속도와 방향을 바꾸기도 한다.

그러나 유럽 국가 노동조합의 정치적 영향력은 지난 수십 년 동안 눈에 띄게 약화되었다. 20세기 후반 동안 노동자들이 가장 큰 영향력을 가졌던 영국, 독일, 프랑스에서도 노동조합의 영향력은 예전과 같지 않다.

1980년대 영국에서는 대처 정부가 국영기업의 사유화를 추진하고 노동조합운동을 억압하면서 노동조합의 조직률이 급감하였다. 전통적인 제조업 노동자의 수가 감소하는 한편, 노동조합 내부에서도 강경파와 온건파, 또는 전통주의자와 현대화주의자의 분열이 발생하였다. 1997년 블레어 정부가 등장한 이후 실업자에게 제공하는 현금 급여의 수준과 범위를 제한하는 근로연계복지(*workfare*)를 포함한 사회보장개혁에 대해 노동조합은 제대로 반대하지 못했다. 독일과 프랑스에서도 핵심 노동력의 성원들에게 유리한 조기은퇴를 위한 지출비용을 유지하지 못했다. 이에 상당수의 노동조합과 사회민주당의 온건파 지도부는 복지국가의 관행을 그대로 유지하기보다 노동력의 질을 향상시키는 정책이 필요하다고 공공연하게 주장한다. 하지만 새로운 노동조합의 정책 전환도 현실에서는 훨씬 더 많은 장애에 부딪혔다.

결국 유럽 국가는 전반적으로 기업의 이익을 강화하려는 정치적 운동에 비해 노동자의 이익을 지키려는 운동의 힘은 급속도로 약화되는 추세다. 이에 따라 사회투자전략을 추진하기 위해 필요한 연구개발 투자와 노동 이동성의 지원을 위한 적극적 활성화보다 소극적인 활성화가 주로 이루어졌다. 새로운 사회투자전략은 유럽 수준의 정책 토론과 논의에서 많이 등장하지만 각국 정부의 정책에서 실제로 실행되지 못하는 경우가 많다.

이제 유럽 차원의 사회투자정책에 관한 논쟁은 새로운 방향으로 이동하였다. 새로운 사회투자정책은 경제적, 사회적 진보와 높은 고용을 연결하고, 이를 달성하기 위한 최선의 방법은 인적 자본에 대한 투자이며, 이는 유급노동에 대한 적극적 지원과 격려, 노동시장의 유연화를 이루기 위해 규제완화를 추진하는 정책과 깊은 연관이 있다. 현재 유럽 국가들은 위와 같은 공통적 정책 방향을 지향하는바, 먼저 전통적인 사회부조의 수동적인 수단들을 버리고 급여 수급자의 근로동기를 촉진할 수 있는 능동적 수단들을 선택한다. 둘째, 청년, 여성, 노인 등 취약집단을 통합하고, 더 많은 청년과 여성이 고용에 참여하도록 지원하는 사회정책을 도입한다. 고용률이 증가하면서 유급노동은 증가했지만, 부가가치와 생산성이 높은 산업 분야를 지원하는 연구개발과 교육훈련에 대한 투자는 충분하게 이루어지지 않고 있다. 이러한 정책 목표를 추구하는 과정의 경로와 속도는 나라에 따라 다르며 유럽 각국 체제의 차이와 다양한 정치체제에서 발생할 수 있는 정치적 조건은 새로운 정책의 진로에 여러 가지 영향을 미치고 있다.

6. 한국의 사회투자정책

1998년 김대중 정부가 등장한 이후 한국의 복지제도는 급속하게 발전하였다. 1997년 발생한 외환위기 이후 어려운 경제 조건에서도 사회보험을 확대하고 공공부조를 도입하면서 복지제도와 복지재정은 지속적으로 확대되었다. 김대중 정부는 전통적인 복지국가의 시혜적 복지 대신 근로능력을 촉진하는 '생산적 복지'를 제안하며 사회복지가 경제성장에 도움이 되는 기능을 강조했다. 생산적 복지는 사회복지가 경제성장을 촉진하고 지원할 수 있는 사회투자의 기능을 강조했다. 정부는 공공부조와 고용보험에서 조건부 수급과 자활지원을 강조했다. 사실 오랫동안 한국의 사회보장제도는 다른 동아시아 국가와 유사하게 경제성장을 우선시하는 생산주의적 전통을 가지고 있었다.[13)]

유럽 국가들과 마찬가지로 최근 한국은 세계경제의 통합, 정보경제의 확대, 저숙련 일자리의 확대, 노동시장의 양극화, 고령화 사회의 등장,

13) 지난 수십 년 동안 한국 정부는 사회보장제도의 확대보다 공공보건, 교육 등 주로 미래의 경제발전에 필요한 사회지출에 관심을 가졌다. 오랫동안 젊은 세대가 부모를 부양하는 전통을 유지하고 있으며 높은 저축률로 노후를 개인적으로 준비하는 경향이 강하다. 따라서 가족은 개인적 복지를 위한 투자의 주요 자원이다.

이혼율의 증가, 저출산의 압력에 직면하고 있다(양재진, 2007). 노인의 평균수명은 증가하고 있지만 연금제도가 미약하고 노인의 경제적 기반은 취약하다. 청년은 새로운 일자리를 구하는 데 많은 어려움을 겪고 있으며, 특히 자신들의 교육 경력과 기대 수준에 맞는 일자리를 구하기 힘들다. 또한 여성의 자녀양육의 부담이 커서 직장생활과 가정의 균형을 유지하기 힘들다. 반면에 더 좋은 직업을 얻기 원하고, 새로운 직업으로 이동하려는 기대가 커지고, 더 나은 사회서비스를 받기 원하는 대중의 기대는 급속도로 커지고 있다. 아직 유럽 수준만큼 복지에 대한 기대가 높지는 않지만 복지제도에 대한 기대감은 점점 상승하는 추세이다. 이에 한국의 선거에서도 유권자의 복지에 대한 기대에 반응하는 공약이 주요 쟁점이 되고 있다.

1998년 이후 한국의 사회지출은 급속하게 확대되었다. 2007년 한국의 복지지출은 국내총생산(GDP) 대비 6% 수준을 넘어섰다. 앞으로 2030년에는 유럽 수준에 도달할 것으로 예상된다. 2007년 한국의 고용률은 63% 수준으로 북유럽 국가에 비해 낮은 편이지만, 독일 등 코포라티즘 체제의 국가와 비슷한 수준이다. 2006년 한국의 공식 실업률은 3.5% 수준으로 북유럽 국가의 수준이지만 고용률은 매우 낮다. 이는 높은 교육 수준에 비해 원하는 일자리를 갖지 못한 청년 인구의 자발적 실업률이 높기 때문이다. 남녀의 고용률을 비교하면, 남성에 비해 여성의 고용률이 낮은 편이다. 여성의 고용률은 급속도로 증가했지만, 여성의 시간제 노동 비율은 남성에 비해 매우 높다. 국가의 유아교육 지원은 증가했지만, 아직도 가족의 자녀 보육에 대한 부담은 매우 크다. 여성 고용률의 지속적인 증가를 위해서는 아동 양육에 대한 정부의 지원이 더욱 필요하다. 정부의 지원으로 여성의 유급노동이 확대되면 경제성장에 긍정적 영향을 줄 것으로 예상된다.

1960년대 이후 한국의 고도성장에는 매우 높은 수준의 진학률, 과학교육, 대학생 비율의 지속적인 증가가 긍정적인 영향을 미쳤다. 또한 정부가 주도하는 연구개발(R&D) 투자는 한국 기업의 급속한 성장에 큰 영향을 주었다. 최근에는 대기업이 주도하는 민간부문의 참여로 이루어지는 높은 연구개발비용의 지출이 스웨덴의 수준에 도달했다. 이를 통해 첨단기술과 중간기술 생산재의 수출은 유럽 국가와 경쟁할 만한 수준이다.

한국은 연구개발과 교육에 대한 투자를 강조한다는 점에서는 유럽의 사회투자정책을 이미 실행하고 있다고 평가할 수도 있다. 김대중 정부 이후 복지체제의 지속적인 발전을 통해 경제성장과 사회적 연대를 동시에 추구하는 정책을 잇달아 발표했다. 2000년 김대중 정부는 '생산적 복지'를 국정지표를 설정하면서 개인의 자활을 지원하는 복지정책을 강조했다. 2006년 노무현 정부가 추진한 '동반성장전략'과 '비전2030'의 핵심적 정책 방향도 이와 유사한 것으로 보인다. 정부가 출간한 〈비전2030〉은 "이제 복지가 제대로 되지 않으면 지속가능한 성장도 어려운 시대에 접어들었습니다. 성장과 복지가 함께 가는 동반성장의 국가발전 패러다임이 필요합니다. 무엇보다 복지는 소비가 아니라 미래를 위해 사람을 키우는 투자라는 인식 전환이 중요합니다"라고 강조했다. 그러나 이러한 비전의 선언에는 사회투자정책의 구체적 내용과 프로그램이 제시되지 않았다.[14] 아직 한국은 유럽 국가에 비하면 복지재정과 사회서비스 프로그램이 매우 부족한 상황이다. 청년, 노인, 여성 등 취약계층을 위한 지원도 부족하며 사회경제적 격차는 점점 커지고 있다는 지적도 많아지고 있다.

2007년 노무현 정부는 임기 1년을 남기고 사회투자정책을 적극적으로

---

14) 2003년 노무현 정부는 집권한 이후에 공공보육과 육아지원 정책을 대폭 강화했다. 그리고 건강보험에 대한 정부의 재정 지원을 확대하여 보장성 비율을 높였으며 아동에 대한 복지도 확대했다. 그러나 노무현 정부는 집권 전반기에 복지국가의 강화를 위한 청사진과 구체적인 전략이 부족했다. 노무현 정부가 제시한 '참여복지'는 매우 모호한 개념이었으며 복지정책의 우선순위와 명확한 행동계획이 없었다. 만약 2004년 총선 이후 여당이 추진하여 커다란 정치적 공방을 일으켰던 '4대 개혁' 입법 대신 공교육, 공공보건, 공공보육 등 사회투자적 복지정책을 적극적으로 추진했다면 복지제도의 토대가 더욱 강화되었을 것이다.

추진하겠다고 발표했다. (너무 뒤늦은) 새로운 계획은 인적 자본, 의료, 사회보호, 미래의 성장을 지원할 사회투자의 주요 프로그램을 포함했다. 하지만 사회투자전략의 제한적인 예산에 비해 집중적 사업계획이 불분명하여 새로운 정책의 취지도 제대로 알려지지 못했고 구체적 성과도 만들지 못했다(양재진 외, 2008: 113). 사회투자전략이 성공을 거두기 위해서는 구체적 목표를 설정하고 사업의 성공을 통해 정치적 지지를 확대해 나가는 노력이 필요하다. 사회투자정책을 제대로 실행하기 위해서 당장 대규모 조세인상을 추진하는 대신 경제성장을 통해 중기적으로 프로그램의 재정 확보를 이룰 수 있다. 그러나 더 많은 재정을 확보하기 위해서는 조세인상이 필요할 수도 있는데, 이러한 경우를 대비해서 정부는 강력한 대중적 지지를 유지해야 한다. 노무현 정부는 복지정책의 확대를 증세의 문제로 연결시키면서 근본주의적 시각을 드러냈지만, 이는 결국 사회복지가 곧 조세부담을 증대할 것이라는 우려만 키워 복지를 위한 정치적 동원을 방해하는 어리석음을 범했다.

2008년 집권한 이명박 정부는 '능동적 복지'를 내걸고 평생복지, 예방적 맞춤형 복지, 시장 기능 활용한 서민생활 안정, 사회적 위험에서 벗어난 안전한 사회를 강조했다. 또한 복지재정 투자가 성장기반 강화로 이어지는 선순환 구조를 구축하겠다는 목표를 내세웠다. 특히 아동, 청소년의 빈곤과 질병의 예방 및 조기 차단을 위한 집중투자로 미래의 복지수요를 근본적으로 감소시키겠다고 주장했다. 이는 사회투자정책과 비슷한 발상처럼 보이지만 실제로는 7% 수준의 높은 경제성장을 이룩하면 사회복지는 절로 이루어질 것이라는 논리였다. 결국 2009년 예산안에서 효율성, 경쟁, 민간자원 활용의 원칙이 강조되면서 복지예산의 증가가 억제되어 많은 우려가 발생했다. 2009년 보건복지예산은 지난해에 비해 약 9% 증가했지만 국민연금, 건강보험, 기초노령연금 등 기존 제도의 확대 시행에 따른 자연 증가분을 제외하면 새로운 복지예산은 약 1% 수준이라는 지적을 받았다. 또한 상당수의 복지관련 대선 공약이 집권 이후 사라지거나 축소되어 사회복지는 경제성장에 비해 한참 뒤로 밀려난 형국이다. 그러나 2008년 금융위기 이후 경제가 악화되어 저소득층을 위한 긴급지원이 필요한 지금 이 시점에서 정부는 복지재정과 사회투자에 관한 정책과 프로그램을 강화해야 할 것으로 보인다.

앞으로 복지국가로서 한국이 지속가능하기 위해서는 보편적 복지제도의 확대와 함께 사회투자전략의 강화가 절실하게 필요하다. 한국에서 사회투자전략의 핵심 목표로 (1) 경제성장과 인적 자본 투자의 선순환, (2) 기회의 평등을 통한 사회적 이동성의 제고 등 두 가지 중요한 과제를 제시할 수 있다. 첫째, 인적 자본 투자를 통한 고용률의 증대에는 교육의 질적 향상, 평생학습체제 구축, 예방적 건강서비스 강화가 필수적이다. 한국은 이미 인적 자본 투자에서 비교적 상당히 높은 국제적 기준을 유지하고 있다. 이에 비해 공공보건 분야는 더 지속적인 투자 프로그램이 필요하다. 공공보건 분야의 성장을 위한 투자는 우수한 노동력 확보에 긍정적 효과를 얻을 수 있다. 둘째, 사회적 이동성을 확대하기 위해서는 취약계층, 취약지역의 아동복지 강화, 기초생활보장 강화, 자활지원 정책이 필요하다. 직업훈련을 강화하는 것만으로는 경제활동을 하는 연령층의 빈곤문제를 효과적으로 해결하지 못할 수 있다.

사회투자전략이 인적 자본 투자와 고용가능성을 강화하고 사회적 이동을 촉진할 수 있는 장점을 가지고 있는 데 비해, 최근 지속적으로 증가하는 빈곤율에 효과적으로 대처하지 못한다는 지적도 있다(김영순, 2007). 노동시장의 분절화가 진행되면서 경제활동인구 간의 임금격차가 점점 커지고 있는 현실도 주목해야 한다. 1997년 외환위기가 발생한 이후 상당수의 노동력은 불안정한 상태가 되었고 임금 수준이 매우 낮은 노동자도 증가했다. 실업자와 고령은퇴자 가운데 전혀 공공부조를 받지 못하는 경우도 많다. 이에 따라 소득불평등은 점차 확대되고 있으며 사회·경제적 양극화는 심각한 사회문제가 되고 있다.[15] 사회투자전략은 잠재적 생산력을 가진 집단을 주요 대상으로 설정한다. 동시에 생산성이 적은 사회집단의 욕구도 지속적으로 상승하는데, 고령자와 퇴직자의 연금, 장애인을 위한 복지혜택은 지속적으로 정치적 압력이 될 가능성이 크다. 사회의 불평등을 줄이기 위해서는 경제활동 가능인구 이외에도 실업자와 고령자, 장애인을 위한 복지제도가 효과적으로 가동되어야 한다.

7. 맺음말 : 사회투자전략의 새로운 방향

한국의 사회투자정책에 대한 관심은 유럽 국가의 새로운 정책변화와 유사한 점을 가지고 있다. 우리는 유럽의 경험에서 유용한 시사점을 발견할 수 있다. 하지만 해외 경험을 한국에 도입하기 위해서는 한국의 현실을 적절하게 고려하는 노력이 필요할 것이다. 유럽의 복지국가는 오랜 역사를 가지고 있다. 수혜대상을 보편주의 원칙에 따라 결정하고 사회지출의 비중이 매우 높다. 이에 비해 한국의 복지제도는 최근에 도입되었으며, 형식적으로는 보편주의를 유지하고 있으나, 사회보험 위주의 보수주의적 운영으로 사회지출의 비중은 매우 낮은 편이다. 또한 복지국가에 대한 인식이 낮은 편이어서 복지재정의 확보를 위해 조세의 증가를 추진할 수 있는 정치적 기반이 매우 취약하다.

유럽과 한국의 사회투자전략의 주요목표도 일정한 차이가 있다. 1990년대 이후 전통적 복지국가가 쇠퇴하면서 등장한 유럽 국가의 사회투자전략은 주로 아동, 청소년, 한부모 가정에 집중되고 있다. 하지만 한국

15) 1980년대 이후 전 세계적으로 소득불평등의 수준이 증가하고 있다. 유럽 대부분의 국가들에서 (스페인을 제외하고) 하위 10%에 대한 상위 10%의 비율이 1980년 4.86%에서 2000년 3.89%로 증가했다. 최근 '양극화'로 자주 불리는 불평등의 급속한 증가에 대한 우려가 증가하고 있다. 2004년 임금 불평등은 다시 1980년 수준에 근접했다. 사회지출이 상대적으로 낮으며, 예산이 고령층 또는 경제활동 연령층 가운데 발생하는 빈곤에 대해 거의 영향을 주지 않는 방식으로 사용된다는 지적이 많다.

의 경우에는 청년실업, 비정규직, 취업여성에 대한 지원이 시급한 상황이다. 따라서 한국의 사회투자전략은 정부의 재정능력, 전달체계의 운영, 정치적 지지의 동원 등 다양한 요소를 함께 고려하여 정책의 우선순위를 정해야 한다. 유럽에서 성공한 사회투자정책을 모두 한꺼번에 추진하려고 한다면 재원이 분산되어 효과적인 집행도 어렵고, 성공적인 사업성과가 나타나지 않는다면 다른 사업의 추진도 어려울 것이다. 따라서 효과적인 사회투자전략의 성공을 위해서는 몇 가지 점을 신중하게 고려해야 한다.

첫째, 보편주의적 복지제도의 확대는 장기적 목표로 추구하는 동시에 경제성장을 지원할 수 있는 사회투자정책을 추진해야 한다. 우선 한국의 사회투자전략은 인적 자본 투자로 고용률을 높이고 노동력의 이동성을 강화하는 적극적 노동시장정책을 실행해야 한다. 한국의 경제성장은 인적 자본에 대한 투자에 지원받았으며, 모든 활용 가능한 인적 자본을 이용하는 것이 바람직하다. 유럽 국가에서 추진되고 있는 '유연안정성'은 광범위한 훈련과 좋은 급여를 포함하는 일자리들 사이의 빠른 이동성을 촉진하는 수단이다. 이러한 접근법은 복지제도와 역동적인 노동시장을 결합하려는 의도로 추진되었다. 특히 영국에서 청년실업을 해결하기 위해서 집중적으로 '뉴딜 프로그램'을 통해 직업훈련을 강화한 사례는 주목할 만하다.

둘째, 사회투자전략의 성공적 진행을 위해서는 '집중' 전략을 통해 성공적인 성과를 만들어야 한다. 특히 많은 사람들의 정치적 지지를 이끌어낼 수 있는 공공교육 분야에 대한 사회투자정책을 집중적으로 고려해야한다. 교육에 대한 국민적 관심이 크기 때문에 아동보육, 공교육 강화, 평생학습체제 등 생애주기별 사회투자정책은 핵심과제가 될 수 있다. 공공보육의 전면화를 장기적 목표로 추구하되, 우선 여성근로자를 우선적으로 지원해야 한다. 현재와 같은 소득 수준에 따른 지원체제는 고등교육을 받은 여성의 경제활동은 적절하게 지원하지 못한다. 중학교와 고등학교 수준의 공교육의 질을 개선하는 한편, 수월성 교육과 다양한 교육 욕구를 수용해야 한다. 우수한 교사를 확보하고 공교육의 질을 개선하지 않는다면 사교육비 부담의 증가로 인한 교육격차를 해소하지 못할 것이다. 대학교육의 수준을 획기적으로 향상시키고, 모든 학생들을 위한 등록금 지원을 확대해야 한다. 대학 교육의 산학협력체제와 평생교육체제를 더욱 강화하여 활성화와 노동이동성의 강화를 효과적으로 지원한다.

셋째, 한국의 사회투자전략은 여성의 경제활동을 지원하고 자녀양육의 부담을 감소시키기 위한 적극적인 아동보육정책을 실행해야 한다. 이를 통해 고용의 양성평등을 보장하고, 자녀를 양육하는 여성에 대한 사회적 지원을 확대해야 한다. 이는 장기적으로 미래의 다음 세대 경제성장을 이끌 어린이를 위한 사회투자이기도 하다. 최근 유럽의 많은 국가들은 균등한 기회와 부모친화적 직장의 실행사례를 법률로 만들기 위해 노력했다. 또한 아동양육을 위한 공적 지출과 사적 지출에 대한 보조금 지급에 상당한 정부예산을 투자했다. 이에 따라 유급노동에서 여성이 차지하는 비율이 증가했으며, 한부모 가정의 빈곤은 줄어들고 있다. 또한 맞벌이 가구가 증가할수록 낮은 임금을 받는 빈곤가정의 비율은 감소할 것이다. 여성을 유급노동으로 전환하는 사회투자전략은 자녀양육의 부담을 줄여주고 출산율을 높이는 데 긍정적 영향을 줄 것이다.

넷째, 사회투자전략의 효과적 실행을 위해서는 사회적 합의를 만들어야 한다. 중앙정부와 지방정부는 다양한 사회집단, 이해관계자, 전문가 집단과 사회적 협의를 수행할 수 있는 거버넌스(*governance*) 체제를 구축해야 한다. 중앙정부 차원에서 노사정위원회는 노동조합, 경영자, 정부, 시민단체, 전문가가 한데 모여 경제정책 이외에도 사회정책을 조정하고 결정하는 과정을 운영해야 한다. 사회적 합의는 사회투자정책의 효과적 운영을 지원하는 한편 장기적으로 안정적인 실행을 뒷받침할 수 있는 요소이다. 덴마크에서는 유연안정성 모델을 집행하기 위해서 지방정부가 노동시장위원회를 구성하여 노사가 공동으로 주요정책을 협의하여 결정한다. 한국에서도 사회투자정책의 효과적인 조정을 위해 다양한 정부 부처 간 협의, 지역별 협의를 적극적으로 활용해야 한다.

제7장

한국형 투자국가를 위한 구체적 전략 및 개혁과제

우 준 희*

1. 해외투자정책의 전략 및 개혁과제

해외투자의 확대는 새로운 성장동력을 확보할 수 있는 주요한 수단임에도 불구하고 국내 투자의 대체효과 및 산업공동화에 대한 우려로 인한 부정적 측면을 고려하지 않을 수 없다. 그러나 해외투자의 확대가 가져올 수 있는 부정적 효과에 지나치게 민감하여 그것을 소홀히 하는 것은 바람직하지 않다. 앞으로 한국이 추진해야 할 해외투자정책의 기본 방향은 투자확대로 인한 국내의 부정적 파급효과를 방지하고 그 피해를 최소화하기 위한 제도적 조건을 마련함과 동시에 국내 투자의 활성화를 병행하여야 하며, 또한 해외투자의 확대가 국내 경제에 미치는 긍정적 기능을 최대한 이용하는 것으로 구체화되어야 한다.

* 고려대학교 정치외교학과 BK21 한국정치학의 세계화 교육연구단 연구교수.

1) 산업공동화에 대한 대책

산업공동화란 일반적으로 "제조업의 생산거점이 해외로 이전됨에 따라 국내고용이 감소하고 중장기적으로는 기술면에 있어서 경쟁력이 저하하며 국제수지가 악화하는 상황"(通商産業省, 1989)으로 정의되기도 하고 "국내의 생산 활동 일부가 해외로 이전됨에 따라 국내의 고용기회, 부가가치생산이 감소함과 동시에 새로운 기술혁신을 창출하는 기회도 감소하여 이노베이션이 정체함으로서 결국 일국의 경제성장이 정체하는 현상"(若林隆平, 《國際經濟學》, 岩波書店, 1996)으로 정의되기도 한다.

산업공업동화가 가지는 문제는 그것이 해외직접투자 그 자체의 당연한 결과라기보다는 국내 생산축소와 공장폐쇄 등을 전제로 한 해외 이전이 성장잠재력의 급속한 상실과 대량실업을 초래할 수 있다는 데 있다. 우선, 해외이전으로 인한 제조업공동화에 대처하기 위해서는 장기적으로 기존의 산업발전정책에 대한 근본적인 제고가 필요하다. 과거 해외투자정책은 무역정책 혹은 통상정책의 범위 내에서 결정되는 것이 일반적이었으나 앞으로의 해외투자정책은 해외투자가 국내 생산시설 및 산업입지에 어떤 영향을 미치는지를 동시에 고려하는 방향으로 진행되어야 할 것이다. 특정 산업이나 기업의 비용경쟁력에만 의존할 것이 아니라 대외적 성숙도와 국내 기반, 주변 산업과의 연관성, 대기업과 중소기업의 하청 및 납품 관계, 대기업과 중소기업의 생산성 격차 등을 고려하여 산업발전정책과의 연계하에 추진될 수 있어야 한다. 현재 한국경제가 겪고 있는 대기업과의 생산성 격차와 불평등한 하청관계는 국내에서 경쟁력을 상실한 중소기업들에 장기적인 비전 없이 해외로 이전할 동기를 부여하고 있다. 그러나 이 같은 현상은 중소기업의 역량배양을 방해할 뿐 아니라 그들의 국내 입지가 더욱 악화되는 결과를 초래한다. 사양산업의 해외 이전도 마찬가지이다. 따라서 해외투자정책은 단순히 비용경쟁력에만 의존할 것이 아니라 산업간 균형발전과 중소기업의 역량 강화 등 국내

산업발전전략과의 연계 속에서 확대되어야 할 것이다.

둘째, 한계기업이나 취약기업의 해외진출이 가져올 고용불안정을 해소하기 위해 정부는 취업알선 및 직업훈련 활성화 등을 골자로 한 적극적인 노동정책을 충실히 수행해야 한다. 생산시설만 해외로 이전하는 이전적 해외투자는 국내 생산을 위축시킬 우려가 있기 때문에 최대한 억제하고, 국내 생산 및 수출을 유발하는 생산적 해외투자가 확대되도록 지원해야 한다. 또한 생산시설의 해외 이전에 대한 정보공유와 대책활동이 노동계와 산업계를 중심으로 한 관련단체들 간에 일상적으로 추진되도록 지원해야 한다.

2) 국내투자의 활성화 방안

해외투자정책은 국내투자의 활성화 정책과 병행되어야 한다. 만일 그렇지 못하다면 국내에서 투자처를 상실한 기업들이 해외로 빠져 나가 국내 산업의 공동화 문제를 심화시킬 우려가 있다.

국내투자를 활성화하기 위해서는 몇 가지 방안이 고려되어야 한다. 첫째, 투자에 걸림돌이 되는 불필요한 기업규제를 개선하는 것이다. 기존 상법, 공정거래법 등에서 국내투자의 활성화를 방해하는 요소들의 폐지를 검토하고 시장기능을 강화하면서도 외부통제시스템을 통해 이를 사후적으로 감독하는 방안을 적극적으로 검토해야 한다. 동시에 지역균형발전정책을 통해 전국에 걸쳐 기업하기 좋은 환경을 구축하려는 노력이 병행되어야 한다. 특히 중소기업들이 지역별로 특색 있는 클러스터 차원에서 사업영역을 확대하고 경쟁력을 확보할 수 있도록 규제가 아닌 지원으로서 그들의 역량개발을 개발할 수 있어야 할 것이다.

둘째, 노동시장의 유연안정성(*flexicurity*)을 제고해야 한다. 먼저 노동시장의 유연화를 위해 그것을 제약하는 법과 제도를 수정해야 할 것이다. 법정퇴직금제도는 법정연금제로 개편하고 동일노동이라도 근속연수에 따라 임금수준이 달라지는 연공급제를 직무급제로 전환하는 것도 한 방법이다. 그리고 노동시장 유연화를 추구함과 동시에 개개인의 고용가능성을 높여 직업적 안정성을 향상시키기 위한 적극적 노동시장정책을 확대해 가야 할 것이다.

셋째, 기업하기 좋은 풍토를 조성할 수 있어야 한다. 기업은 경쟁력 향상에 주력하는 동시에 경영의 책임성과 투명성, 불법적인 행위에 대한 자율통제를 강화해야 할 것이다. 또한 사회적 공헌을 통해 이윤을 사회적으로 환원하기 위한 노력을 경주함으로써 반 기업정서의 해소를 도모해야 한다. 한편 정부는 리더십을 구축하여 전환기의 고통과 갈등을 최소화하려 노력해야 한다. 조세정책은 물론 복지정책 등을 공공부문의 일자리를 창출하고 사회적 임금, 즉 각종 실업 수당, 의료, 연금 등 실질적 임금보전분이 노사간 합의에 의해 결정될 수 있도록 지원함으로써 구조조정과 노동시장 유연화, 양극화 문제 등에 대한 사회적 합의를 도출할 수 있어야 한다.

3) 전략적 해외투자 확대

전략적 해외투자는 앞서 지적한 바대로 산업공동화에 대한 대책, 그리고 국내투자의 활성화 방안과의 연계 속에서 확대되어야 한다. 그렇게 될 때 자본 및 기업 이탈에 따른 단기적 부정적 영향을 장기적 효과로 대체할 수 있다. 국내적으로 산업공동화에 대한 대책과 국내투자의 활성화 방안이 마련되면 국내 산업의 경쟁력 강화와 해외투자의 글로벌 시너지 효과가 동시에 달성될 수 있다. 이 밖에도 해외투자의 확대는 다음과 같은 몇 가지 구체적인 전략들을 필요로 한다.

첫째, 지역별, 국가별로 전략적인 투자정책을 마련할 필요가 있다. 민관학 협동연구를 통해 지역별·국가별 산업구조 및 경제발전 수준 등을 고려한 지역별·국가별 해외진출전략을 수립하는 것이다. 예를 들어 중국 등 BRICs 국가를 비롯해 급성장하는 신흥시장에서는 시장선점효과가 높은 금융, 통신, 유통 등 서비스분야의 해외진출을 적극 지원하는 것이 유리하다.

둘째, 자원민족주의 확산에 따른 에너지 및 자원 확보의 어려움을 극복하기 위한 자원개발형 해외직접투자를 확대해야 한다. 2006년 11월 출시된 유전개발펀드와 같이 다양한 자원개발펀드를 개발하고 대개도국개발차관(EDCF), KOICA 기술원조사업 등을 통해 유망한 해외자원 개발 프로젝트 지원을 확대해야 할 것이다. 또한 석유공사·가스공사의 자원개발사업에 재정 투·융자를 확대하는 방법도 고려되어야 한다(이강호, 2008).

셋째, 신규 투자처로 북한을 적극 활용할 수 있어야 한다. '2007남북정상선언'은 남북관계에 획기적 전기를 마련하였다. 따라서 북한의 노동력과 한국의 자본, 기술의 결합을 통해 노동집약적 산업 등 국내 산업구조 재편의 기회로 활용하고 장기적으로 한반도 경제권을 형성하기 위한 협력을 강화해야 할 것이다.

2. 해외투자유치정책의 전략 및 개혁과제

한국의 외국인 투자는 오랫동안 국내 기업을 육성하고 경쟁으로부터 보호하려는 정부정책에 의해 크게 제한되었다. 그러나 한국 경제의 고도성장이 정착되면서 외국 자본과 기술의 도입이 절실해졌고 이에 금융 및 세제상의 혜택을 제공하면서 외국기업의 국내 진출을 장려하게 되었다. 그러나 외국기업이 국내에 진출하여 기업 활동을 하고 이를 통해 국내 고용과 기술 이전에 도움을 주는 긍정적 효과는 유치 자체만으로 달성될 수 있는 것이 아니다. 해외투자에서와 마찬가지로 외국인직접투자의 유치가 긍정적 효과를 발휘하기 위해서는 산업정책, 지역균형발전정책 등 국가발전전략과의 정합성이 요구된다. 그리고 이 과정에서 국내 기업과 산업들에 대한 파급효과를 면밀히 따져봐야 할 것이다. 외국인직접투자를 적극적으로 유치하려는 노력으로 최근에는 제조업뿐만 아니라 서비스 분야에서도 외국기업의 진출이 활발해지고 있다. 이것은 국내 서비스 산업의 경쟁력 향상을 가져올 수도 있지만 선진국의 많은 국가들이 아직도 서비스 분야의 개방을 신중히 생각하는 것에서 알 수 있듯 무조건적인 규제의 완화가 능사는 아니다. 따라서 개방의 폭과 속도는 산업별 특성과 국내에의 파급 효과를 고려해 결정되어야 하며 개방의 비용을 분담할 수 있는 사회적 안전망의 구축이 병행되어야 한다.

1) 국내 기업에 대한 역차별의 해소

외국인직접투자의 유치와 관련해서 국내 기업에 대한 역차별의 문제는 국내 기업의 활력 및 투자의욕을 떨어뜨리고 자본과 노동의 해외 이전을 가속화시켜 국민 경제의 성장잠재력을 훼손시킬 수 있다는 점에서 유치전략과 동시에 고려되어야 할 중요한 사안이다. 한국은 과거 부실기업 처리와 관련 규제를 통해 국내 기업에 대해서는 매매를 할 수 없도록 억제한 반면 외국기업은 국제 기준에 맞추어 규제 없이 매매가 가능하도록 함으로써 파장을 불러일으켰다. 또한 공장부지, 세제혜택, 주택 및 교육 등과 관련해서도 외국기업에 비해 국내 기업이 부당한 대우를 받고 있다는 비판이 제기되었다. 국내 기업들이 투자하기 어려운 조건을 유지하면서 외국기업에 대해서는 일방적인 규제완화를 시행하는 것은 우수한 국내 기업들이 해외로 빠져나갈 유인을 제공한다. 국내 기업은 외국기업과 동등한 조건하에서 경쟁할 수 있어야 한다. 따라서 외국인직접투자 유치는 국내 기업들의 국내투자를 활성화할 수 있는 여건을 충족함과 동시에 전략적으로 확대될 필요가 있다.

2) 투자유치 환경의 개선

투자유치는 국내 기업에 대한 역차별 문제, 그리고 일부 외국계 자본의 단기 자본회수 행태가 논란을 빚고 있기는 하지만 기본적으로 투자유치국에 미치는 부정적 효과를 상쇄하고도 남는 긍정적 효용을 가져다주는 것으로 평가되고 있다. 자본유입과 고용증진, 기술 이전, 국내 시장의 성장, 산업구조의 고도화가 이에 해당한다. 특히 한국의 경우 실제 외국인투자기업의 고용 및 생산성 향산, 연관 산업에의 발전 기여효과가 국내 기업보다 큰 것으로 나타나고 있다.

〈표 7-1〉에서 보는 것처럼, 외국인 투자기업 1사당 평균 고용인원이 2002년 370명에서 2005년에는 412명으로 증가했고, 100인 이상 기업의 1사당 평균 고용인원도 국내 기업이 285명인 데 반해 외국인 투자기업은 700명대를 유지하고 있어 외국인 투자기업이 2배 이상 높은 것으로 나타났다. 외국인직접투자는 국내 연관 산업의 발전에도 기여하는 바가 큰 것으로 나타났다. 한국개발연구원(KDI)의 연구에 따르면 외국인투자기업은 같은 산업은 물론 산업간 파급효과, 특히 후방효과가 월등하다. 즉 동일 산업과 후방산업에 속한 기업들의 생산성을 촉진시키는 데 기여한다는 것이다. 산업 내 후방효과를 고려할 때 외국기업 유치 시 가급적 부가가치 사슬이 소비자 쪽에 더 가까운 완성품 제조업에 집중하는 것이 효과적인 것으로 나타났다.

또한 외국인직접투자는 해외직접투자로 퇴출된 경쟁력 상실 저부가가치업종의 자리를 첨단 고부가가치업종으로 대체함으로써 차세대 경제성장 동력을 확보하는 수단이 될 수 있다. 성장잠재력 확충방안으로 더 적극적이고 전략적인 외국인투자유치가 요구되는 이유가 바로 여기에 있다. 고부가가치 첨단산업은 전 세계 모든 국가의 전략적 투자유치 분야다. 싱가포르, 중국 등은 첨단업종 유치를 위해 더 나은 환경을 제공하려고 노력중이다.

〈표 7-1〉 1사당 평균 고용인원 변동 추이

(외투기업과 국내기업의 비교, 단위: 명)

	2002년	2003년	2004년	2005년
전체 외투기업	370	395	401	412
제조업	358	375	378	397
서비스업	401	438	451	448
100인 이상 외투기업	707	717	698	706
100인 이상 국내 기업	284	282	285	-

자료: 한국은행.

그렇다면 외국인 투자유치를 확대하기 위한 환경은 어떠해야 하는가? 첫째, 친기업적(*Business-friendly*)이고 세계적 관행에 통용되는 비즈니스 환경의 창출이 필요하다. KOTRA의 외국인 투자기업을 대상으로 한 투자환경에 대한 조사(〈외국인투자기업경영실태〉)에 따르면, 외국인투자기업들의 만족도는 낮게 나타난다. 세무, 노무 등 경영 환경에서뿐만 아니라 교육, 교통, 주거 만족도도 낮은 편이었다. 세무의 경우 가장 큰 불만은 조세정책의 일관성 결여에서 나타났다. 법을 소급해서 적용, 과세한다거나 적용 시점에서 해석을 달리하는 경우 투자환경에 대한 예측가능성, 안정성을 떨어뜨리는 결과를 가져올 수 있다. 사전심사청구제를 확대하여 기업의 예측가능성을 제고하고 공표를 통해 결과를 공유하는 것이 외국인 투자자의 신뢰를 확보할 수 있는 방법이 될 수 있을 것이다.[1)]

둘째는 산업경쟁력이다. 유치국은 산업구조고도화를 달성하기 위해 외국인 투자유치를 원하지만 투자국은 한 국가의 산업경쟁력을 보고 투자를 결정한다. 산업경쟁력의 한 측면으로 투자국은 특정 산업의 대기업과 중소기업 간 관계에도 주목한다. 대기업과 중소기업 간 불공정한 하

1) 사전심사청구제는 기업의 요청에 의해 어떤 행위가 특정 법률의 적용 대상인지 여부를 판단하여 결과를 당사자에게 통지하고 홈페이지에 공표하는 제도이다. 일본은 법령적용 사전확인제(No Action Letter)를 실시하고 있다.

도급 거래나 종속적 하청관계는 해외경영활동의 예측가능성과 한국 기업에 대한 신뢰를 떨어뜨릴 수 있다. 따라서 대기업과 중소기업 간에 수평적 네트워크의 정착이 이루어져야 한다.

3) 국가별 투자유치전략의 마련

현재 한국에 대한 미국의 외국인직접투자를 산업별로 보면, 전체 투자금액의 약 60%가 서비스업에 집중되어 있다. 따라서 미국에 대해서는 한국의 경쟁력이 취약하고 미국의 관심이 높은 서비스 분야 및 고등기술 집약적인 부품, 소재 산업의 투자를 유도하는 것이 바람직하다. 단 서비스업의 경우 국내 서비스산업에의 영향을 고려해 개방의 폭과 속도를 조절해야 할 것이다. 또한 최근 들어 중국으로부터의 외국인투자 유입이 늘고 있다. 한미 FTA를 활용하여 대미수출을 증대시키고 중국으로의 역수출을 확보하기 위해서이다. 이에 한국은 중국을 전략적으로 이용할 필요가 있는데 예를 들면 중국과 입지적으로 가까운 지역에 중국의 투자를 활성화할 수 있는 투자자유지역을 건설하는 것도 하나의 방법이 된다.

투자자유지역에 대해서는 법인세·소득세를 대폭 개선(예: 10년간 면제, 이후 5년간 50% 감면)하거나[2] 관세인하를 검토해야 한다(예: 자본재 10년간 면제).[3] 그러나 외국인 투자기업에 대한 이 같은 유인책에는 내국민에 대한 역차별을 해소할 수 있는 방안이 동시에 마련되어야 한다. 또한 국내 저임금 근로자를 보호하고 고용을 증대시키는 차원에서 일정 비율 이상 내국민을 고용할 때 보조금을 지급하는 방안을 검토하는 것도 바람직하다.

---

2) 현행 감면율은 외국인투자지역이 최초 5년 100%, 이후 2년 50%이며, 자유무역지역·경제자유구역이 최초 3년 100%, 이후 2년 50%이다. 두바이는 경제자유구역 외국인투자기업에게 50년간 법인세 면제를 실시중이다.

3) 현재 외국인투자지역·경제자유구역은 3년간 면제이다.

4) 국내 산업, 국내 연구소와의 연계 및 기술이전 지원

외국계 기업의 유치와 함께 입주기업과 관련이 있는 외국의 학교와 연구소를 유치하여 산학연계를 활성화하는 것은 국내 기업, 국내 연구소와의 연계 속에서 기술이전의 확대를 꾀할 수 있다. 현지화 지원 프로그램을 개발, 지원하여 국내 업체, 연구소와 기술개발 협력, 인적 자원 교류를 활성화함으로써 국내 산업의 경쟁력 향상과 고용증대를 동시에 추구할 수 있다.

3. 사회투자정책의 전략 및 개혁과제

1997년 외환위기 이후 한국 경제의 개방성이 높아지고 지식기반경제로의 전환이 이루어진 가운데 나타난 여러 가지 사회·경제적 문제들은 신속한 사회·경제정책적 대응을 필요로 했다. 특히 노동시장의 유연화가 진행되면서 나타난 근로계층의 근로빈곤(*working poor*)과 만성 실업은 새로운 사회문제로 등장하고 있으며 고령화와 저출산이라는 인구학적 변화 역시 새로운 사회적 위험의 대두를 가속화하고 있다(Taylor-Gooby, 2006).

무엇보다 중요한 것은 이러한 문제들이 한국 경제의 성장잠재력을 크게 훼손하고 있다는 데 있다. 한국 사회에서 사회정책은 오랫동안 재정적 보수주의의 차원에서 비용으로 인식되었다. 그러나 대내외적인 환경의 변화와 한국 경제가 직면한 현재의 위기상황은 사회정책이 비용이 아닌 투자로서 인식될 필요성을 확대시켰다. 이제 한국 사회에서 경제정책과 사회정책은 서로 분리된 것이 아닌 서로가 서로를 보강하는 것으로 인식될 필요가 있으며, 이를 위해서는 경제와 복지가 선순환을 이룰 수 있는 새로운 국가발전패러다임을 구축해야 한다.

세계화로 인한 개방화, 서비스 산업화와 지식기반경제로의 이행과정에서 해외투자와 외국인직접투자의 성공적 유치는 새로운 성장동력을 확보할 수 있는 유용한 수단이 된다. 그러나 개방의 피해를 최소화할 수 있는 사회적 안전망과 개방의 효과를 더욱 극대화할 수 있는 인적 자원, 사회적 인프라가 없다면 해외투자와 외국인직접투자의 유치가 한국 경제에 지속적인 성장을 가져오는 데는 한계가 있을 것이다.

사회투자는 교육 및 인적 자원에의 투자, 근로활성화, 그리고 사회적 안전망의 확충 등을 통해 개방화의 시대에 해외투자와 외국인직접투자가 안고 있는 기능적 갭을 메워주며, 그것들이 지속적인 성장으로 연결될 수 있는 사회적 자본을 형성한다. 나아가 연대와 사회통합을 달성하게 함으로써 개방으로 인한 비용을 사회적으로 분담하고 이익을 공유케 하는 데 긍정적인 역할을 담당한다.

1) 고용능력제고 전략 : 인적 자원에 대한 투자

유럽의 많은 국가들에서 사회투자전략은 좌-우 정부의 이념적 논의를 넘어 세계화와 산업구조의 변화라는 현실 속에서 고용과 복지문제를 성장친화적으로 해결할 수 있는 현실적 대안으로 인정받고 있다. 사회투자 개념에 입각한 사회투자전략은 세계화와 지식기반경제, 그리고 생산인구의 감소라는 변화된 환경하에서 경제성장(경제정책)과 복지(사회정책) 사이의 선순환구조를 형성하기 위한 전략이다. 그 구체적으로 전략들은 크게 몇 가지로 나눠 볼 수 있으나 우선 근로자의 고용능력을 제고하는 전략의 필요성을 언급하고자 한다.

근로자의 고용능력제고(*empowering*) 전략은 근로자가 세계화와 지식기반사회라는 환경의 변화 속에서 도태되지 않도록 인적 자원에 대한 투자를 증대시키는 전략을 의미한다. 인적 자원개발의 방법 중 가장 중요한 것은 전통적인 학령기를 넘어 유아기부터 고령기까지 생애주기에 걸쳐 교육과 훈련의 기회를 제공하는 것이다. 영·유아기의 공공보육(아동의 발달 교육), 초·중·고등교육(정규과정의 교육), 그리고 직업훈련, 나아가 직무와 연관된 평생학습체제를 통해 그 기회를 확대하고 강화함으로써 노동력의 질을 향상시키고 경제성장의 동력을 확보한다는 것이다.

한국 경제는 현재 고용의 위기를 겪고 있다. 높은 실업률도 문제지만 노동시장에서 인력수급의 불일치 현상이 나타나는 것도 문제이다. 산업화가 급속이 진행된 까닭에 과거에도 산업구조의 변화와 성장속도에 따른 인력수급의 불일치 현상이 나타났으나 산업구조가 심화되면서 첨단부문과 주변부문의 양극화 현상이 악화되었다. 이 과정에서 인력공급체계인 교육제도와 직접훈련제도가 산업구조의 변화에 상응하도록 제도적으로 연계되고 발전되지 못하여 청년실업의 급증, 외국인 노동자의 급속한 유입, 산업경쟁력의 약화 등 산업과 노동시장의 다양한 측면에서 문제가 야기되었다(양재진 외, 2008). 따라서 교육제도와 직업훈련 체계가 산업구조의 변화에 따른 노동시장의 인력수요에 부응할 수 있도록 개편될 것이 요구된다.

이를 바탕으로 고용능력제고를 위한 구체적 전략들을 언급하면 다음과 같다. 첫째, 생애주기에 걸쳐 필요한 보육, 교육, 직업능력개발 등 양질의 인적 자원개발에 필요한 시스템이 구축되어야 한다. 영유아 보육 시설의 확충, 질 높은 공교육과 방과 후 프로그램, 대학교육의 사회적 정합성 제고(연구중심과 교육중심의 이원적 특성화), 직무와 연계된 평생학습체계 구축, 고령자 직업훈련 및 고용촉진 서비스 등이 이에 해당한다.

둘째, 노동시장의 분단성을 약화시키는 정책이 필요하다. 예를 들면 노동시장 내부에 존재하는 여성이나 비정규직 등에 대한 불합리한 차별과 지위이동의 장벽을 줄이기 위한 보상체계의 개편을 들 수 있다.[4] 또

4) 노동시장 내의 분절을 완화하고 이동성을 높이기 위해서는 연공급제가 아닌 직무급제로의 전환이 요구된다. 연공급제는 동일노동이라도 근속연수에 따라 임금이 달라진다. 이는 임금이 직무가치와 숙련도를 반영하지 못하며 노동시장의 유연

한 정규직과 비정규직 간, 대기업과 중소기업 간 직업능력 격차를 완화하기 위해 비정규직 근로자와 중소기업 근로자에 대한 직업능력개발 프로그램을 확대해야 한다.

셋째, 사회적 보육이 확대되어야 한다. 취약계층, 특히 취약아동에 대한 적성수준의 보육과 교육을 사회적으로 제공할 필요가 있다(Esping-Andersen, 2006). 한국에서 가구규모별 최저생계비 이하를 기준으로 한 아동의 절대빈곤율은 1996년 3.6%이던 것이 2000년 7.7%, 2004년 8.8%로 지속적으로 증가했다(보건복지부, 2006). 사회투자국가의 핵심 전략은 인적 자본에 대한 보편적 투자를 높이고 이를 통해 해당 사회에서 인적 자본의 질을 배가시키는 데 있다. 따라서 미래의 인적 자본인 아동을 위한 배려는 매우 중요한 과제이며, 빈곤의 대물림과 기회의 불평등, 사회이동성의 고착을 막기 위해서도 반드시 풀어야 할 과제이다.

2) 근로활성화전략 : 경제활동에의 (재)참여 유도

근로활성화전략은 비활성화되어 있던 잠재적 근로계층의 고용을 향상시킬 수 있는 사회정책적 전략을 의미한다. 그리고 시장으로부터 소외된 계층에 대한 보호보다는 이들이 시장으로 복귀할 수 있도록 하는 데 비중을 둔다.

또한 근로계층별로 여성의 사회진출을 지원하는 공보육과 출산 및 육아제도, 실업자의 근로복귀를 목표로 설계된 교육, 훈련 및 상담 서비스, 고령자나 장애인의 지속적인 고용을 유인하는 고용보조금제도 등이 이에 해당한다(Esping-Andersen, 2002). 근로능력은 있으나 노동시장에서 경쟁력이 떨어지는 장애인, 빈곤층, 고령, 여성 등 취약집단들도 고용을 매개로 복지문제를 해결하고 삶의 질을 높일 수 있도록 하는 것이다.

성을 떨어뜨린다. 따라서 연공급이 아닌 직무급제로의 전환을 통해 숙련도와 능력에 따른 보상이 이루어질 수 있는 여건을 마련해야 한다.

또한 근로활성화전략은 사회보험 등 사회보장제도에 의해 실업자의 소득을 보상하는 소극적 노동시장정책이 아닌 실업자 혹은 잠재실업자를 노동시장으로 유도할 수 있는 적극적 노동시장정책의 일환이라 할 수 있다. 그리고 노동시장의 유연화를 추구하면서도 개개인의 고용가능성을 높이고 동시에 노동자의 직업적 안정성도 향상시키려는 유연안정성과 맥을 같이 한다.

오늘날과 같은 저출산, 고령화 사회에서는 과거 비활성화되어 있던 노동력을 활성화시키는 것이 경제의 잠재성장률 유지에 필수적 과제가 되었다. 여기서는 노동시장에의 참여를 유도할 수 있는 유인체계를 중심으로 근로활성화전략의 구체적 과제를 제시하고자 한다.

첫째, 여성의 고용률을 제고하기 위한 정책이 요구된다. 여성은 임신과 출산으로 인한 노동시장으로부터의 일탈과 경력단절, 양육과 자녀교육 및 노인돌봄의 책임을 부담시키는 제도적 환경 등으로 인해 구조적으로 비활성화되어 있다. 보육지원정책의 경우 현재와 같이 전업주부와 취업여성을 구분하지 않는 방식을 개선하여 취업여성에게 더 나은 혜택을 줄 수 있도록 할 필요가 있으며 여성을 고용하는 데 드는 비용부담(예를 들면 유급휴가 등)을 사회화하는 것이 필요하다. 이 밖에도 노동시장에서의 차별(임금격차, 직종 분리 등 성 분절) 금지, 고용보조금을 통한 경력단절 방지 등을 위한 정책적 조치가 요구된다.

둘째, 복지프로그램에 의존하여 살아가는 이들을 노동시장으로 재통합시켜야 한다. 취약계층을 고용하는 기업에게 고용보조금을 지급하여 일자리를 늘리거나 공공서비스와 관련한 일자리를 정부가 직접 제공하여야 한다.

셋째, 실업자에 대한 활성화조치를 포함해야 한다. 실업자가 적극적으로 구직활동을 수행할 수 있도록 지원하고, 필요할 경우 훈련을 통해 숙련도를 높여 안정적인 근로생활이 가능하도록 도와주어야 한다. 중요한 것은 여기서 실업자가 실업급여와 고용서비스에 대한 권리를 갖는 동시에 적극적으로 구직활동을 수행할 의무도 가진다는 점이다. 한국의 경우 실업급여 수급자의 권리의식은 매우 높은 반면, 그것과 관련하여 적극적으로 구직활동을 할 의무에 대한 인식은 매우 낮다. 따라서 현재와 같은 형식적 실업인정제도에서 벗어나 적극적 구직활동의 입증에 대한 심사 등 실업인정과정을 강화해야 한다. 동시에 고용지원센터의 취업알선서비스 강화도 긴요한 과제이다. 직장순환제도 실업자의 노동시장 참여를 유도하는 한 가지 방법이 될 수 있다. 직장순환제는 재직자의 휴가(육아, 교육훈련 등)로 비어 있는 일자리를 실업자로 대체하는 제도이다. 이를 통해 사용자는 직원의 훈련 참여로 숙련 향상을 도모할 수 있고, 실업자는 일시적인 취업으로 현장경험을 쌓음으로써 정규 일자리로의 재취업 가능성을 높이며, 사회 전체적으로는 노동력의 이동성이 증진되어 노동시장유연성을 제고시키는 효과가 있다(양재진 외, 2008).

넷째, 근로활성화전략은 고용능력 제고전략과 병행되어야 한다. 활성화전략만을 추진할 경우 단순히 저임금노동자를 양산하는 결과를 가져올 가능성이 높다. 교육과 훈련을 통한 직업능력개발은 활성화전략을 통해 노동시장에 유입된 이들이 장기적인 일자리를 가질 수 있도록 도와주어 경제성장에 기여한다. 스웨덴, 덴마크가 실업상태에 있다고 해서 무조건 실업급여를 제공하지 않고 이를 직업훈련과 연계시킨 것은 바로 직업능력개발이 장기적으로 더 나은 결과를 가져온다고 믿었기 때문이다.

3) 사회적 안전망의 확충

사회적 안전망의 확충은 사회정책의 보호적 기능 강화를 의미한다. 대내외적 환경의 변화로 사회정책은 투자적 기능이 매우 중요해지고 있다. 그러나 사회구성원들이 질병, 산재, 실업, 노령, 빈곤 등 사회적 위험에 노출되었을 때 소득이 중단되지 않고 최소한의 삶을 유지할 수 있도록 보편주의적 사회안전망을 구축하는 것 역시 간과되어서는 안 될 일이다.

장기적으로 보았을 때 보편주의와 최저생계보장 역시 지속가능한 성장을 가능케 하는 토대가 되기 때문이다. 그리고 무엇보다 사회통합의 측면에서도 더욱 그 중요성이 증대되고 있다.

첫째, 사회적 서비스와 사회적 일자리의 창출이 필요하다. 한국에서 사회서비스의 공급은 수요에 비해 크게 부족하고, 주로 가족에 상당부문 의존하고 있는 것이 현실이다. 그러나 경제활동에 대한 여성의 참여확대는 가족에 의한 서비스제공을 어렵게 하고 있다. 새로운 사회적 위험의 출현과 국민소득의 향상으로 욕구별로 다양한 사회서비스의 공급이 요구되나 이를 충족시켜 줄 수 있는 기제는 형성되어 있지 않다(강혜규, 2007). 서비스 인력 양성을 위한 공식적 인력수급기제도 마련되어 있지 않고 서비스 욕구를 파악할 시스템도 형성되어 있지 않다. 사회서비스에 대한 수요증대를 고려할 때 사회서비스 분야에서 상당한 인력을 흡수해야 한다. 정부는 몇 년 전부터 '사회적 일자리'정책을 국정과제로 택하였다. 그리고 2007년 7월부터는 '사회적 기업 육성법'에 따라 사회서비스 일자리의 확대 가능성이 더 커졌다고 볼 수 있다. '사회적 기업'이란 비영리단체와 영리회사의 중간 형태로 영업활동을 수행하면서 취약계층에 대한 일자리와 사회서비스를 제공하고, 창출된 이익을 사회적 목적에 재투자하는 기업형태를 의미한다. 앞으로는 민관협력을 통해 사회적 기업을 더 많이 육성하는 것이 필요하다. 또한 서비스 이용권(바우처) 제도를 활용하여 구매력을 보전해야 하고 사회서비스 전달을 위한 인력 및 시설, 전달체계 등 제반 인프라를 구축해야 한다. 이에 더해 사회서비스 제공인력의 전문성을 높이는 교육훈련, 사회서비스 공급자로 진입하는 데 대한 철저하고 공정한 심사, 기존 공급자에 대한 주기적 평가를 위한 품질관리체계를 정비하는 것도 필요하다.

둘째, 건강에 대한 투자를 강화해야 한다. 사회구성원의 건강 수준은 사회 노동생산성의 수준으로 연결된다. 질병의 발생은 치료를 위한 노동력 손실과 기회비용을 증대시킨다. 의료제도의 1차적 목표는 권리로서의 건강을 확보해주는 것이지만 신체적, 정신적 건강은 생산성 증대의 기반이 되어 경제성장의 원동력이 된다. 따라서 건강에 대한 사회적 지출은 인적 자본형성을 위한 건전한 사회투자가 된다(Green, 1992). 이러한 점에서 국가는 예방, 건강행태 개선 차원의 건강증진 시스템을 구축해야 한다. 이를 위해서는 건강증진과 질병예방 관련 서비스 항목에 대해 건강보험급여를 확대하는 것이 바람직하다. 빈곤층을 위한 의료급여제도는 사회통합과 연대감을 통해 '사회적 자본'의 구축을 도울 수 있다. 국민건강을 유지, 향상시키는 것은 그 자체로서도 가치를 지니지만, 국가의 생산성 증대와 경제력 향상을 위한 '인적 자본', 그리고 사회통합과 안정을 통한 '사회적 자본'을 창출하게 된다는 점에서 더 큰 의미가 있는 것이다.

셋째, 고위험 집단에 대한 투자의 확대가 요구된다. 숙련기술 수준이 낮고 저임금 노동에 종사하는 여성, 한부모 가정, 빈곤아동, 노인, 장애인 등 실업과 빈곤에 빠지기 쉬운 고위험집단을 지원하는 프로그램이 운영되어야 한다. 취약계층, 취약지역의 아동복지 강화, 장애인활동 보조 지원사업 강화, 장애인 등록제도와 고용서비스 전달체계의 연계, 기초보장 강화, 자활지원 정책이 필요하다.

한국은 1960년대 이후 정부주도에 의한 수출지향 산업화 전략을 통해 20년 만에 산업화를 완성하는 압축적 성장 또는 한강의 기적을 이룩하였다. 그러나 민주화가 이루어진 후에는 이른바 규제되지 않은 시장(*un-regulated market*)의 힘에 의해 정실자본주의적(*crony capitalism*) 성장이 이루어졌다(김병국·임혁백, 2000). 또한 세계화가 본격적으로 진행되는 과정에서는 서비스부문 수출의 취약성, 외국인직접투자의 부족, 그리고 개방으로 인해 발생하는 사회적 갈등조절능력의 취약함을 드러내었다. 특히 97년 외환위기 이후의 신자유주의 모델은 경제성장과 고용, 그리고 사회통합을 만족스럽게 결합시키지 못하였다. 이제 한국은 선진국을 모방하고 따라잡는(*catch-up*) 발전전략이 아닌 세계화 시대에 지속가능하고 질 높은 성장을 달성할 수 있는, 우리의 조건에 맞는 발전전략을 창조할 필요가 있다. 그것은 친투자적이지만 동시에 반복지적인 신자유주의적 시스템에 완벽하게 포섭되지 않으면서 이윤을 창출할 수 있는 조건을 만드는 것이다.

한국이 지향해야 할 투자국가의 핵심은 투자를 통한 성장과 분배, 그리고 사회적 대타협의 선순환구조를 만드는 것이다(임혁백·우준희, 2008). 한국형 투자국가 모델은 지속적인 성장동력으로서 해외투자, 외국자본의 투자유치, 그리고 성장잠재력 및 사회통합의 달성수단으로서 사회투자를 핵심요소로 한다. 여기서 해외투자와 투자유치는 세계화 시대에 능동적이고 전략적으로 세계시장에의 참여를 통해 지속적인 성장동력을 확보하기 위해 필수적이다. 또한 사회투자는 개방의 긍정적 효과를 극대화하고 개방이 가지고 올 수 있는 부정적 영향을 최소화하기 위한 사회적 연대 및 사회통합의 의미를 지니고 있다. 동시에 사회정책이 분배뿐 아니라 경제 성장 잠재력을 제고하고 새로운 성장을 가능케 하는 하나의 투자라는 신개념을 담고 있다.

세계화로 인한 개방화와 서비스 산업화, 그리고 지식기반경제로의 이행과정에서 개방의 피해를 최소화하면서 그 효과를 극대화하기 위해서는 우리의 실정에 맞는 새로운 투자모델이 마련되어야 하며 그것은 경제적 투자와 사회적 투자를 유기적으로 연결시켜 사회경제적 선순환 구조를 만들어내는 데 있다.

참고문헌

강혜규, 2007, "한국 사회서비스 정책의 현황과 서비스 확충의 과제", 〈보건복지포럼〉 제 125호.

경남발전연구원, 2007, 《2007년도 해외사례조사 자료집》.

국민경제자문회의, 2006, 《동반성장을 위한 새로운 비전과 전략》.

국토연구원, 2008, 도시혁신지원센터 세계도시정보 홈페이지, http://ubin.krihs.re.kr.

권 율, 2003, "싱가포르의 신국가비전에 대한 평가와 시사점", 〈세계경제〉, 대외경제정책연구원.

금융경제연구원, 2006, 〈서비스 산업의 신성장 동력 가능성 분석〉, 한국은행.

기획재정부 국제경제과, 2008, 〈8년 상반기 중 해외직접투자 동향〉, 기획재정부.

김득갑, 2008, "한국의 자원확보전략: 원유를 중심으로", 〈CEO information〉, 삼성경제연구소.

김병국 · 임혁백, 2000, "동아시아 정실자본주의의 신화와 현실: 한국, 대만, 태국", 〈계간 사상〉 여름.

김병철, 2008, "두바이, 우리가 본받을 만한가?", 〈아시아경제〉 2008. 2. 4.

김연명, 2007, "사회투자정책과 한국 사회정책의 미래", 〈한국사회정책학회 등 주최 심포지엄 발표문〉, 한국사회복지학회.

______, 2007, 《한반도 경제론: 새로운 발전모델을 찾아서》, 파주: 창비.

김영순, 2007, "사회투자국가가 우리의 대안인가?", 〈경제와 사회〉 제 74호.

김윤태, 2005, "영국 복지국가의 전환: 사회정책의 한계와 전망", 〈사회복지정책〉 제 21집, pp. 189~216.

김종일, 2002, 《복지에서 노동으로: 노동중심적 복지국가의 비판적 이해》, 서울: 일신사.

김홍인, 2007, "중동을 넘어 세계의 허브항으로 도약하는 두바이항", 〈해양한

국〉 5월, 한국해사문제연구소.

대외경제연구원, 2007, “일본기업의 해외사업 전개 동향과 시사점”, 〈NEP 지역경제 포커스〉 1(6).

대한상공회의소, 2006, 《한국과 OECD국가의 잠재성장률 비교와 시사점》, 대한상공회의소.

두바이정부 홈페이지, 2008, http://www.dubai.ae.

두바이투자청(Dubai Statistics Center), 2008, 홈페이지 http://www.dm.gov.ae.

두바이홀딩(Dubai Holding), 2008, 홈페이지 http://dubaiholding.com/en/.

박복영 · 박철형, 2007, “중동 산유국의 산업다각화 동향과 평가: UAE의 사례를 중심으로”, 〈KIEP 지역경제 포커스〉, 대외경제정책연구원.

박상태, 1997, 《관세정책의 변천과 평가》, 한국조세연구원

박순우 · 최영, 2007, “영국복지개혁의 사회투자전략에 관한 연구”, 〈사회복지정책〉 제 30권.

박의범 · 노전표, 1996, “싱가포르 서비스 외국인직접투자에 관한 연구”, 한국무역학회 1996년 정례학술발표대회 발표논문.

배정호, 2005, 〈최근 중 · 일 관계와 갈등요인 분석〉, 통일연구원.

______, 2007, 〈아베정권의 국내정치와 대외전략 및 대북전략〉, 통일연구원.

산업연구원, 2005, “우리나라 성장주도 산업의 변화 추이와 특징”, 산업연구원

산업자원부, 2003, “한국의 해외투자정책 현황과 과제”, 산업자원부

삼성경제연구소, 2006, “일본기업의 해외투자 전략 변화: ‘차이나+1’을 모색하는 일본기업”, 〈SERI 경제포커스〉 제 94호, 2006. 5. 29.

______, 2006, 《한국 경제 20년 재조명》, 삼성경제연구소.

시오노 나나미, 1996, 《바다의 도시 이야기: 베네치아 공화국 1천 년의 메시지, 하》, 파주: 한길사.

심현정, 2007, “2011년 러시아의 자동차 판매 4백만 대에 이를 듯”, 〈수은해외경제〉 4월호, 한국수출입은행.

싱가포르무역관, 2008, “싱가포르 경제현황 및 투자유치정책”, 〈싱가포르무역관 홍보자료〉, 2008. 5.

______, 2008, “싱가포르 대외투자와 무역관 투자유치”, 〈싱가포르무역관 홍보자료〉, 2008. 5.

아탈리, 자크, 2007, 양영란 역, 《미래의 물결》(*Une breve histoire de l'avenir*), 서울: 위즈덤하우스.

안의정, 2008, 《두바이, 비전과 창조의 리더십: 라시드에서 모하메드까지》, 서울: 미래사.

양재진, 2005, "한국의 발전모델과 국가 관료제: 민주적 발전조합주의의 모색", 한국행정학회 2005년 추계학술대회 발표논문.

______, 2006, "사회투자국가론과 한국에의 적용가능성 검토", 한국행정학회 2006년 동계학술대회 발표논문, 서울대 행정대학원.

______, 2007, "사회투자국가가 우리의 대안이다", 〈경제와 사회〉 제 75호.

______외, 2008, 《사회정책의 제 3의 길: 한국형 사회투자정책의 모색》, 서울: 백산서당.

에너지경제연구원, 2004, "동북아 에너지 협력 연구", 에너지경제연구원.

______, 2006, "통합가스공급시스템 추진에 따른 동시베리아 및 극동 러시아의 가스도입방안 연구", 에너지경제연구원.

윤성학, 2008, 《러시아 에너지가 대한민국을 바꾼다》, 서울: 뿌쉬낀하우스.

이강호, 2008, "성장동력확보를 위한 투자국가 구축 전략", 좋은정책포럼 월례토론회 발표논문.

이성규, 2008, "러시아 동부지역의 에너지자원 개발 전략과 한·러 협력", 대외경제정책연구원.

이성봉·신동화·이병한, 1998, "주요국의 외국인투자 유치정책과 시사점: 영국, 싱가포르, 말레이시아", 〈대외경제정책연구〉 겨울호, 대외경제정책연구원.

이순철 외, 2006, 〈인도 진출 한국기업의 경영실태와 현지화 전략 연구〉, 대외경제연구원.

이순철·최윤정, 2007, 〈한국의 주요국별·지역별 중장기 통상전략: 인도〉, 대외경제원구원.

이영희, 2008, "UAE 두바이, 2006년도 FDI 전년대비 13.4% 증가", KOTRA 홈페이지 해외투자 최신뉴스, 2008. 4. 27.

이재영 외, 2008, 〈러시아 동부지역 개발 전략과 한국의 진출 방안〉, 대외경제정책연구원.

이재영·채욱 외, 2007, 〈러시아의 WTO가입과 한국의 무역투자 증진방안〉,

대외경제연구원.

이재영 · 한종만 외, 2007, 〈한국의 주요국별 · 지역별 중장기 통상전략: 러시아〉, 대외경제연구원.

임성훈 · 김학민, 2004, "외국인투자유치정책 수립 메커니즘과 각국 사례연구: 영국, 싱가포르, 말레이시아, 아일랜드, 한국의 투자유치정책 사례를 중심으로", 〈국제지역연구〉 8(2).

임채원, 2008, 《공화주의적 국정운영》, 파주: 한울아카데미.

임혁백, 2005, "세계질서의 변화와 한반도 구상: 동북아시대의 한반도 공간구상과 균형발전전략", 국가균형발전위원회.

______, 2008, "21세기 한국 국가 관리의 최적모델과 방향," 연세대 국가관리연구원 2008년도 춘계학술대회 발표논문.

______ 외, 2007, 《사회적 경제와 사회적 기업》, 서울: 송정.

장하준, 2008, "두바이에서 진정 배워야할 것", 〈조선일보〉 2008. 1. 28.

전병유 외, 2006, 〈미래 한국의 경제사회정책 패러다임 연구〉, 한국노동연구원.

전병유 · 어수봉 외, 2005, 〈고용 없는 성장에 대한 대응전략 연구(1)〉, 한국노동연구원 연구보고서.

조판기, 2007, "작은 어촌에서 세계도시로 성장한 두바이", 국토연구원, p. 312 .

한국은행 경제정책팀, 2008, "외국인직접투자가 설비투자 및 고용에 미치는 영향", 한국은행.

한국은행, 2004. 3, 《산업연관분석해설》.

LG경제연구원, 2007. 3, 〈Japan Insight〉 제 22호.

Burgansky, Alexander and Irina Elinevskaya, 2007, *Russian gas: It ain't Oil*, Renaissance Capital.

Yudina, Anna, 2007, "Russian Oil & Gas Sector Report", Raiffeisen CentroBank.

Bernard, P. and G. Boucher, 2007, "Institutional Competitiveness, Social Investment, and Welfare Regimes", *Regulation & Governance*, 2007 from Blackwell Synergy.

Blair, Tony, 1998, *The Third Way: New Politics for the New Century*,

London: Fabian Society.

BP, 2007, *Statistical Review of World Energy*, British Petroleum.

Department of Social Security, 1998, *New Ambitions for Our Country: A New Contract for Welfare*, London.

Dubai Investments Newsletter, Dubai Investment Reports Net Profit of AED 1035 Billion for Half Year Ended 30 June 2008.

Dubai Statistics Center, 2007, "Foreign Direct Trade of Dubai Emirate 2006~2007".

Ellingsen, G., W. Likumahuwa and P. Nunnenkmp, 2006, "Outward FDI by Singapore: A Different Anima?" United Nations, *Transnational Corporations* 15(2).

Dufour, P. and I. Morrison, 2005, "The State of the Social Investment State in the Field of Employment Policy", *Canadian Journal of Career Development* 4(1), Special Issue: Welfare to Work, pp. 1~9.

EIA, 2006, *Annual Energy Outlook 2006*, US Energy Information Administration.

Esping-Andersen, G., 1990, *The Three Worlds of Welfare Capitalism*, New Jersey: Princeton University Press.

______, 1999, *Social Foundations of Postindustrial Economies*, New York: Oxford University Press.

______, 2002, *Why We Need a New Welfare State*, New York: Oxford University Press.

______, D. Gallie, A. Hemerijk and J. Myles, 2002, *A New Welfare Architecture for Europe: Why We Need A New Welfare State*, New York: Oxford University Press.

Ferrera, M., A. Hemerijck and M. Rhodes, 2001, "The Future of the European 'Social Model' in the Global Economy", *Journal of Comparative Policy Analysis* 3, pp. 163~190.

Financial Times, 2008. 2. 19, 2008. 3. 3

Giddens, Anthony, 1998, *The Third Way: The Renewal of Social Democracy*, Cambridge: Polity Press.

______ and Patrick Diamond, 2005, *The New Egalitarianism*, Cambridge: Polity Press.

Green, A, 1992, *An Introduction to Health Planning in Developing Countries*, New York: Oxford University Press.

H. M. Treasury, 1997, *Securing Britain's Long-Term Economic Future: Pre-Budget Report*, London: Her Majesty's Stationery Office (HMSO).

______, 1998a, *Steering A Stable Course for Lasting Prosperity: Pre-Budget Report*, London: HMSO.

______, 1998b, *Delivering Economic Stability: Lessons from Macroeconomic Policy Experience*, London: HMSO.

Huber, E. and J. D. Stephens, 2001, *Development and Crisis of the Welfare State: Parties and Policies in Global Markets*, Chicago: Chicago University Press.

Im, Hyug Baeg, 2008, "How Could Korea Be a Regional Power in East Asia?: Building Northeast Asian Triad", Paper presented at Sentosa Roundtable for Asian Security 2008, Sentosa Resort and Spa, Singapore, January 17~18.

IMF, 1994, *Government Statistical Yearbook*.

______, 2007, "United Arab Emirates: 2007 Article IV Consultation", IMF Country Report No. 07.

Investment Corporation of Dubai, 2008, http://www.icd.gov.ae/.

Iversen, T., 2005, *Capitalism, Democracy, and Welfare: The Changing Nature of Production, Elections, and Social Protection in Modern Capitalism*, New York: Cambridge University Press.

______ and A. Wren, 1998, "Equality, Employment, and Budgetary Restraint: The Trilemma of the Service Economy", *World Politics* 50, pp. 507~546.

Jensen, Rolf, 1999, *Dream Society: How the Coming Shift from Information to Imagination Will Transform Your Business*, New York: McGraw Hill.

Jenson, Jane and Denis Saint-Martin, 2003, "New Routes to Social

Cohesion?: Citizenship and the Social Investment State", *Canadian Journal of Sociology*.

Lindert, P. H., 2004, *Growing Public: Social Spending and Economic Growth Since the Eighteenth Century*, Cambridge and New York: Cambridge University Press.

Lister, Ruth, 2004, "The Third Way's Social Investment State", Jane Lewis and Rebecca Surender eds., *Welfare State Change: Towards a Third Way?*, Oxford: Oxford University Press.

Midgley, J., 1999, "Growth, Redistribution, and Welfare: Toward Social Investment", *Social Service Review* March, pp. 3~21.

Mogensen, Klaus Æ., 2006, *Creative Man: The Future Consumer, Employee and Citizen*, Copenhagen: Copenjagen Institute for Peace Studies.

OECD, 1997~2004, *Main Economic Indicators*, Paris: OECD.

______, 2005, *Extending Opportunities: How Active Social Policy Can Benefit Us All*, OECD.

Perkins, Daniel, Lucy Nelms and Paul Smyth, 2004, "Beyond Neo-Liberalism: The Social Investment State?", Social Policy Working Paper No. 3, Brotherhood of St. Laurence and Center for Public Policy, University of Melbourne.

Katzenstein, Peter J., 1985, *Small States in World Markets*, Ithaca: Cornell University Press.

Pierson, Paul, 2001, "Post-Industrial Pressures on the Mature Welfare State", in Pierson, Paul ed., *The New Politics of the Welfare State*, New York: Oxford University Press.

RPI, 2006, *FSU Oil and Gas Statistic Yearbook*.

______, 2006, *Russian Natural Gas on Global Markets: Capabilities and limits*.

Taylor-Gooby, Peter, 2004, "New Risks and Social Change", Peter Taylor-Gooby ed., *New Risks, New Welfare: The Transformation of the European Welfare State*, Oxford: Oxford University Press.

______, 2009, "European Welfare Reform: The Social Investment Welfare

State", In *Social Policy at a Crossroad*, Sang-Hyop Lee, Andrew Mason and Kwangeon Sul (eds.), KDI Press, Seoul.

Timonen, Virpi, 2004, "New Risks-Are They Still New for the Nordic Welfare State?", Peter Taylor-Gooby ed., *New Risks, New Welfare: The Transformation of the European Welfare State*, Oxford: Oxford University Press.

Titmuss, Richard, 1974, *Social Policy*, London: George Allen and Unwin.

UNCTAD Handbook of Statistics, 2008, "7.3 Foreign Direct Investment: Inward and Outward Flows and Stocks" 중에서 UAE부분 참조, http://stats.unctad.org/Handbook/TableViewer/tableView.aspx?ReportId=1923, 검색일: 2008. 8. 13.

UNCTAD, 2004~2006, "World Investment Report".

United Nations, 2006, *Transnational Corporations* 15(2), Aug. (New York and Geneva), http://www.unctad.org/en/docs/iteiit20062_en.pdf.

싱가포르 통계청, 2007, "Foreign Direct Investment in Singapore, 1995~2005", *Statistics Singapore Newsletter* Sep., http://www.singstat.gov.sg/, 검색일: 2008. 8. 12.

岡田邦生, 2008, 《ロシアビジネス成功の法則》, 東京: 稅務經理協會.

經濟産業省 通商政策局, 2006. 3. 23, 〈グローバル經濟戰略〉.

プレ·ムモトワニ/坂田修次, 2008, 《インドビジネス》, 東京: 日刊工業新聞社.

JETRO, 2002, 《2002年度ジェトロ貿易投資白書》.

______, 2005, 《2005年度ジェトロ貿易投資白書》.

______, 2006, 《2006年度ジェトロ貿易投資白書》.

______, 2007, 《2007年度ジェトロ貿易投資白書》.

경제산업성, 2006, 《通商白書2006》.

______, 2007, 《通商白書2007》.

通商産業省, 1989, "共存的競爭への道ーグローバリゼーション・レポート".

若林隆平, 1996, 《國際經濟學》, 岩波書店.

信用中央金庫, 2006. 3, "ベトナム投資環境: 最近狀況", 〈アシア業務室情報〉 Vol. 45.

Владимир Милов & Иван Селивахин, 2005, Проблемы энергетической политики. Московский центр Карнеги. Рабочие материалы. No. 4.

Марта Олкотт, 2005, Владимир Путин и Нефтяная политика России. Московский центр Карнеги. Рабочие материалы. No. 1.

찾아보기

ㄱ

가교국가 23, 34
강대국 42
강소국 42
강중국 42
개방 37
개방체제 59
개방화 51
경상수지 91, 95
경제개발청(EDB) 178
경제자유지역(free zone) 32, 207
경제정책 35, 65
고도성장모델 77
고령화 52, 63, 74
고용 없는 성장 67
고용능력제고(empowering) 279
고용불안정 63
고용의 질 60
고위험 집단 253
구빈법(Poor Law) 229
구사회적 위험 230
구조조정 26
국가경쟁력위원회(CSC) 170
국가최저임금제 237
국내산업의 공동화 81
국민국가 24
국제경쟁력 58
국제분업구조 62
국제에너지기구(IEA) 136
국제원자재 96
국제표준화 118
규제되지 않은 시장 39, 59
규제완화 29, 37, 80, 85, 258
그린필드 70
근로계층 52
근로연계복지 237, 258
근로의욕 74

근로활성화전략 281
글로벌 경쟁력 61
급여체계의 활성화 242
기능적 갭 35, 51, 89
기독민주적 유형 232
기독민주주의 모델 55
기든스(Giddens, A.) 36
기업지배구조 35

ㄴ · ㄷ

남성 부양자 모델 230
낮은 곳을 향한 경쟁 34
네덜란드병 36
노동 이동성 251, 266
노동시장 39
—경직성 41
—유연화 63, 76, 86
—의 경직성 63
뉴딜 정책 235, 253, 265
능동적 복지 262
대외적인 시장개방 35
독일병 36
동반성장전략 75, 261
동북아 에너지 협의체와 TAES 147
두바이 투자개발청 218
드림사회 53

ㄹ · ㅁ · ㅂ

렌-마이드너 모델 233
리스본 전략 254
리프킨(Rifkin, J.) 37
린더르트(Lindert, P. H.) 228
매개국가 23
무역수지 95
무역투자입국 113, 123
미국에 의한 평화 24
미국의 표준 24
민영화 35
발전모델 57, 75
법인세 32
베니스 18
보편주의 원칙 264
복지
—국가 263
—사각지대 74
—전달체계 36
—협약 235
불균형 성장 59
불필요한 노동력 38
비역전성 36
비전2030 53, 75, 87, 261
비즈니스 허브화 전략 165
빈곤율 244, 263
빈곤층 246

ㅅ

사전심사청구제 276
사회민주적 유형 233
사회보험 52, 88
—으로서의 복지 35
사회서비스 51, 68, 88
사회안전망 37, 89, 241
사회자본 76
사회적

—경제 37
—기업 284
—기업(제 3섹터) 37
—배제 52
—서비스 284
—시민권 35
—신뢰 88
—안전망 62, 85, 283
—인프라 37, 89
—일자리 284
—임금 36
—자본 35, 88, 285
—책임성(CSR) 46
—포용전략 246
—형평성 232
사회정책 35, 65, 78
사회통합 35, 59, 63, 77, 79, 88, 235, 244
사회투자 88, 228
—국가 18
—정책 34, 213, 240
산업
—경쟁력 50
—공동화 19, 82, 270
—구조 고도화 49, 66, 169, 275
—구조조정 41, 82
—정책 48, 58, 78, 84, 273
—화 36
새로운 사회적 위험 230
생산네트워크 60
생산적 복지 36, 87, 259
생산적 해외투자 45
서비스 산업화 51, 68, 86
선순환구조 39
선진화 36
성장과 분배의 선순환 78
성장의 하적효과 60
성장잠재력 57, 60, 63, 65, 66, 68, 74, 79, 278
성장친화적 분배구조 77
세계의 표준 24
세계화 25, 88, 130
소득
—불평등 263
—세 32
—수지 96
—재분배 35
수출경쟁력 25
스티븐스(Stephens, J. D.) 228
시민임금 37
신경제정책 105
신자유주의 모델 55
신자유주의 유형 232
실업급여 38, 235, 251
실업보험제도 52

ㅇ

아시아 에너지 파트너십 144
아시아 프리미엄 157
아이버센(Iversen, T.) 228
아탈리(Attali, J.) 23
양극화 60, 76
에너지
—동맹 138

—안보 46, 131, 146, 160
—연결통로 148, 152
—외교 145
—의존도 132, 136
—자원 125, 130, 135, 138
—투자 48, 125, 129
—협력 137, 145
—확보 전략 125
에스핑엔더슨(Esping-Andersen, G.) 231, 246
역차별 49, 84
연대재 37
영국병 36
외국인직접투자 69, 78
유비쿼터스 복지 54
유연안정성(flexicurity) 38, 82, 242 265, 271
유치전략 85
의료보험제도 52
이전적 해외투자 45
인수합병형 투자 70
인적 자본 35, 68, 76, 87 88, 236, 242, 265
인적 자본투자 51
일시적 실업 245
일을 향한 복지 237
잃어버린 10년 25

ㅈ · ㅊ

자원민족주의 127
자주원유 125
장기적 실업 245
재분배 74, 227
재취업교육훈련 38
재훈련 37, 54
저임금 63, 94, 114, 167
저임금 근로자 51
저출산 52, 63, 74
적극적 노동시장정책 233, 237 250, 265, 272
적극적 복지 234
전략적 경제계획(SEP) 169
제 3의 길 36, 233
조건부 수급제 252
주주자본주의 35
중계국가 23
중추국가 23
지속가능한 성장 40, 59, 77
지식기반경제 51, 86
지역균형발전정책 48, 84, 273
지역무역협정 61
지표원유 155
직무급제 272
직업훈련 52, 88, 121 235, 244, 253, 263
차이나+1전략 27, 95, 102, 108, 120
창조적 사회 53
초과이득세 238
취약계층 75
친기업적 50

ㅋ · ㅌ

카터 독트린 134
케인스주의(Keynsianism) 247

케인지언 복지국가 18, 87
탈규제 22
탈산업사회 231
탈상품화 232
테일러구비(Taylor-Gooby, P.) 231, 243, 249
토건국가 18
통상국가 17, 22
통화주의 237, 240
투자
—국가 18
—유치 26, 69, 194
—의욕 74
—입국 91, 113, 122
—자유지역 50
—환경 97, 114, 120
트라일레마 231

ㅍ · ㅎ

패권국가 24
퍼킨스(Perkins, D.) 235
평생학습 54
평생학습체제 263, 265
프로슈머 26
피어슨(Pierson, P. H.) 231
한국형 투자국가 모델 89
한국형 투자모델 77
한미 FTA 40
한반도 경제권 48
해외투자 78
—국가 18
—유치국가 18
형평성 있는 성장 35
활성화 244, 247, 250, 253, 266
후버(Huber, E.) 228

기타

ASEAN 59, 98, 114, 120
BRICs 국가 28, 61, 93
FDI 196
flexibility(유연한 노동시장) 38
Green Field 194
IMF 35, 126
IT혁명 25, 37, 113
JETRO 98
ODA 27, 108, 120
OPEC 153
R&D 37
TANF 252
UNCTAD 83
WTO 58, 94

필자 약력

■ 임혁백

서울대학교 정치학과 졸업
미국 시카고 대학 정치학 석사 및 박사
미국 조지타운대학, 듀크대학, 스탠퍼드대학 초빙교수
미국 민주주의재단(National Endowment for Democracy) 초빙연구원
이화여대대학교 정치외교학과 교수
좋은정책포럼 공동대표
현재 고려대학교 정치외교학과 교수, 정책대학원 원장, 평화연구소 소장, BK21 한국정치학의 세계화 교육연구단 단장, 세계정치학회(ISPA) 집행위원

주요 저서 및 논문
《신유목적 민주주의: 세계화 · IT혁명 시대의 세계와 한국》
《시장 · 국가 · 민주주의: 한국 민주화와 정치경제이론》
《세계화시대의 민주주의: 현상·이론·성찰》
《세계화와 신자유주의: 이념·현실·대응》(편저)
Corporatism and Korean Capitalism (공저)
Consolidating Democracy in South Korea (공저)
Religious Organizations and Democratization: Comparative Case Studies in Contemporary Asia (공저)

■ 배 정 호

연세대학교 정치외교학과 졸업
일본 동경대학 정치학 석사, 박사
일본 동경대학 객원교수, 통일부 정책자문위원
국방부 정책자문위원, 한일포럼 위원
현재 통일연구원 국제관계연구센터 소장

주요 저서 및 논문
《일본의 국가전략과 안보전략》, 《21세기 한국의 발전구상과 대북전략》
《탈냉전시대 전환기의 일본의 국내정치와 대외전략》

■ 윤 성 학

고려대학교 노어노문학과 졸업
연세대학교 대학원 정치외교학과 석사, 박사
대우경제연구소 연구원, UzDaewoo Bank 연구원
러시아 IMEMO Korean Studies Center 연구원, 좋은정책포럼 사무국장
현재 대외경제정책연구원(KIEP) 연구원

주요 저서 및 논문
《러시아 비즈니스》, 《중앙아시아 비즈니스가이드》
《러시아 에너지가 대한민국을 바꾼다》

■ 김윤태

고려대학교 사회학과 졸업
영국 케임브리지대학교 발전학 디플로마
영국 런던정치경제대학(LSE) 박사, 고려대학교 아세아문제연구소 선임연구원
미국 컬럼비아대학교 객원연구원
한국개발원(KDI) 국제정책대학원 초빙연구위원
국회정책연구위원, 국회도서관장
현재 고려대학교 인문대학 사회학과 교수

주요 저서 및 논문
《제3의 길》, 《재벌과 권력》, 《변화의 바람》, 《소프트 파워 시대》,
《사회학의 발견》, 《교양인을 위한 세계사》, 《자유시장을 넘어서》,
Entrepreneurs and Bureaucrats, 《현대 사회학 이론》(공역)

■ 박용수

연세대학교 경제학과 졸업
고려대학교 정치외교학과 석사, 박사
서강대학교 사회과학연구소 연구교수, 좋은정책포럼 연구2팀장
현재 연세대학교 국가관리연구원 연구교수

주요 저서 및 논문
《세계화와 한국의 국가 시민사회》(공저)
"민주화이후 한국의 규제개혁의 정치", "1990년대 이후 한반도 안보환경의 변화"
"1990년대 이후 남·북한 민족주의의 특성"

■ 지 은 주

이화여자대학교 정치외교학과 졸업 및 동대학원 졸업
고려대학교 정치외교학과 박사
國立臺灣大學 정치학과 방문연구원, 미국 듀크대학 정치학과 방문연구원
고려대학교 정치외교학과/정책대학원 강사
현재 고려대학교 평화연구소 연구실장/연구교수

주요 저서 및 논문
《대만의 독립문제와 정당정치》, 《갈등의 정체성》(역서)
"동북아 공동체를 위한 지역정체성과 민족주의"
"중국 공산당 제 17차 당대회와 양안관계"
"中國對臺灣的軟實力策略"

■ 우 준 희

고려대학교 행정학과 졸업
고려대학교 정치외교학과 석사, 박사
좋은정책포럼 연구 1팀장, 서울디지털대학 겸임교수
고려대학교 정치외교학과/정책대학원 강사
현재 고려대학교 정치외교학과 BK21 연구교수

주요 저서 및 논문
"일본의 산업구조조정정책과 정책네트워크의 다양성"

나남커뮤니케이션스 ⑥

주) 나남 나남의 책은 쉽게 팔리지 않고 오래 팔립니다 2009

943 위대한 피아니스트
쇤베르크/윤미재(이화여대) 역
944 한국인 이해의 개념틀
조긍호(서강대) 저
946 민족과 국가
로버트 거/이신화(고려대) 역
954 일본 - 성장과 위기의 정치경제학
손 열(중앙대) 저
957 광고매체기획론
박현수(단국대) 저
958 정보체계론
권기헌(경희대) 저
959 미디어와 정보사회
오택섭(前 고려대)·강현두(前 서울대)·최정호(울산대) 공저
963 영상콘텐츠산업론
공용배(단국대) 저
968 콘텍스트 브랜딩
아쿠츠 사토시·이시다 시게루/휘닉스커뮤니케이션즈 마케팅플래닝본부 역
970 사회과학데이터 분석법 I
최현철(고려대)·오택섭(前 고려대) 공저
971 사회과학데이터 분석법 II
최현철(고려대)·오택섭(前 고려대) 공저
972 노사관계와 국가경쟁력
이원덕(한국노동연구원) 외
973 기호학 마케팅 커뮤니케이션
장마리 플로슈/김성도(고려대) 역
975 경제사
김준호(대전대) 저
976 영상이미지의 구조
주창윤(서울여대) 저
978 언론과 명예훼손 소사전
이재진(한양대) 저
981 지역사회복지론
표갑수(청주대) 저
982 미디어 인터뷰
박성희(이화여대) 저
984 세계화와 문화
존 톰린슨/김승현(고려대)·정영희(고려대 강사) 공역

986 한국저널리즘 관행연구
이재경(이화여대) 저
987 정책평가기법 - 편익분석론
김홍배(한양대) 저
988 리영희: 살아있는 신화
김만수(대전대 강사) 저
989 방송·통신융합 이해
김국진(정보통신정책연구원) 저
990 장애인복지실천론
김미옥(이화여대) 저
995 카피라이팅론
김동규(동명정보대) 저
996 반민특위 연구
이강수(정부기록보존소) 저
997 저널리즘: 위기·변화·지속
이민웅(한양대) 저
999 광고 What & How
이화자(호남대) 저
1004 폭력과 싸우고 근본주의와도 싸우기
김진석(인하대) 저
1006 사회구조와 행위
김용학(연세대) 저
1007 사회복지 질적 연구방법의 이론과 활용
에드먼드 셔먼·윌리엄 리드 편/유태균(숭실대)·이선혜(중앙대)·서진환(성공회대) 공역
1008 한말애국계몽운동의 사회사
신용하(前 서울대) 저
1009 한국의 문화유산
최정호(前 연세대) 저
1010 증보 신채호의 사회사상연구
신용하(前 서울대) 저
1014 커뮤니케이션 이론
세버린·탠카드/박천일(숙명여대)·강형철(숙명여대)·안민호(숙명여대) 공역
1015 학교와 사회복지실천
한인영(이화여대)·홍순혜(서울여대)·김혜란(서울대) 공저
1019 사회복지연구조사방법론
김환준(계명대) 저
1022 민주주의는 실패한 신인가
한스헤르만 호페/박효종(서울대) 역

1023 일상문화읽기: 자기성찰의 사회학
일상문화연구회
1025 환경이 아프면 몸도 아프다
시민환경연구소 환경보건위원회 편
1026 브레이크아웃
마틴 러스/임상균(ING은행) 역
1027 수화의 이해와 실제
이준우(나사렛대)·남기현(나사렛대) 공저
1030 비언어적 커뮤니케이션론
김우룡(前 외대)·장소원(서울대) 공저
1031 대통령의 무혈혁명
조용중(성곡언론문화재단 이사) 저
1035 한국권력구조의 이해
진영재(연세대) 편저
1036 영원한 재야 대인 홍남순
홍남순평전 간행위원회 편
1038 한국사회 이해의 새로운 패러다임
송호근(서울대) 편
1042 강대국 국제정치의 비극
존 미어셰이머/이춘근(자유기업원 부원장) 역
1043 사회복지실천이론의 이해와 적용
연세사회복지실천연구회 역
1045 표류하는 한국경제, 활로는 없는가
윤건영(연세대) 외 공저
1048 남북경제통합론
박상봉(미래한국신문) 저
1049 질병의 사회심리학
알랜 래들리/조병희(서울대)·전신현(한국디지털대) 공역
1051 영상경제학
브루스 M. 오웬·스티븐 S. 와일드맨/최양수(연세대) 역
1052 현대 중국의 대외경제정책
오용석(경성대) 저
1054 세상은 꿈꾸는 사람들의 것이다: 참여연대 실천경영론
박원순(아름다운 재단) 저

나남커뮤니케이션스 ⑧

주) 나남　나남의 책은 쉽게 팔리지 않고 오래 팔립니다　2009

1138 **땅은 사유재산이다**
김정호(자유기업원 원장) 저

1139 **디지털시대의 방송편성론**
한진만(강원대), 심미선(순천향대) 외 공저

1140 **직업으로서의 학문**
막스 베버/전성우(한양대) 역

1141 **사회문제와 사회복지**
표갑수(청주대) 저

1142 **파워브랜드를 만드는 광고전략**
김원규(Communications 'of Cours') 저

1143 **미국법 오해와 이해**
이수형(동아일보) 저

1145 **후진타오 시대의 중국정치**
조영남(서울대) 저

1146 **한국언론인물사상사**
조맹기(서강대) 저

1148 **한국의 법문화**
김정오(연세대) 저

1151 **정보화시대의 신성장국가론**
홍성걸(국민대), 윤석만(포스코) 외 공저

1152 **마케팅커뮤니케이션의 통합과 온광고론**
김일철(동의대), 돈 E. 슐츠(미국 노스웨스턴대) 공저

1153 **복지국가의 태동**
송호근(서울대), 홍경준(성균관대) 공저

1155 **황우석사태와 한국사회**
김세균·최갑수(서울대), 홍성태(상지대) 외 공저

1156 **민족일보연구**
김민환(고려대) 저

1157 **노예의 길**
프리드리히 A. 하이에크/김이석(국회예산정책처) 역

1158 **종교사회학의 이해**
이원규(감리교신학대) 저

1159 **방송대본 이렇게 써라**
한소진(드라마 작가) 저

1160 **여성과 자유**
웬디 맥엘로이 편/서은경(AFX NEWS) 역

1167 **한국 세기 뛰어넘기**
권태준(前 서울대) 저

1168 **정신보건과 사회복지**
양옥경(이화여대) 저

1171 **도선국사 풍수비법**
리귀홍(전통풍수지리학회장) 저

1174 **인간·경제·국가 ①, ②**
머레이 N. 라스바드/전용덕(대구대), 김이석(국회예산정책처) 공역

1176 **공공의료제도의 치명적 위험**
리처드 A. 엡스타인/안진환(인트랜스번역원) 역

1179 **다시 광장에서**
송호근(서울대) 저

1181 **민주주의와 법원의 위헌심사**
존 하트 일리/전원열(대법원 재판연구관) 역

1188 **현실주의 국제정치학**
이춘근(자유기업원 부원장) 저

1189 **복지재정과 시민참여**
김태일(고려대), 박정수(이화여대), 이재원(부경대) 외 공저

1190 **직업으로서의 정치**
막스 베버/전성우(한양대) 역

1191 **북미핵협상**
남찬순(순천향대 초빙교수) 저

1193 **유학자의 성찰**
윤사순(고려대 명예교수) 저

1196 **디지털 크로스로드**
조나단 넥터라인, 필립 와이저 공저/정영진(법무법인 율촌 변호사) 역

1198 **상상력에 엔진을 달아라**
임헌우(계명대) 저

1199 **역사에 대한 예의**
전진우(동아일보) 저

1201 **광고카피창작론**
김병희(서원대) 저

1203 **자원봉사론**
남기철(동덕여대) 저

1204 **부와 빈곤의 역사**
존 P. 파웰슨/권기대(돌 미디어 대표) 역

1205 **IPTV**
김국진(미디어미래연구소 소장), 최성진(서울산업대) 공저

1206 **경제사회학이론**
박길성(고려대), 이택면(한국여성개발원) 공저

1216 **친구와의 서신 교환선**
니콜라이 고골/석영중(고려대) 역

1217 **민주시민의 도덕**
로버트 프리먼 버츠/김해성(강원대) 역

1218 **다른 것이 아닌 것**
니콜라우스 쿠사누스/조규홍(한국중세철학회) 역

1219 **세계시민주의와 민족국가**
프리드리히 마이네케/이상신·최호근(고려대) 공역

1220 **폭력에 대한 성찰**
조르주 소렐/이용재(전북대) 역

1224 **기사쓰기 워크북**
하준우(동아일보) 저

1225 **서구자유주의의 융성과 쇠퇴**
앤서니 아블라스터/조기제(진주교대) 역

1228 **글로벌 브랜드 커뮤니케이션**
마리케 드 무이/김유경(외대)·전성률(서강대) 역

1233 **휴머니즘론**
박호성(서강대) 저

1235 **이념의 힘**
복거일(소설가) 저

경기도 파주시 교하읍 출판도시 518-4 TEL : 031)955-4600 FAX : 031)955-4555 www.nanam.net

나남커뮤니케이션스 ⑨

주) 나남

나남의 책은 쉽게 팔리지 않고 오래 팔립니다

2009

237 **법철학**
아르투어 카우프만/
김영환(한양대) 역

241 **영국소설의 위대한 전통**
F. R. 리비스/
김영희(한국과학기술원) 역

242 **프랑스 농촌사의 기본성격**
마르크 블로크/
이기영(동아대) 역

243 **새로운 편집디자인**
임헌우·한상만(계명대) 공저

244 **현대사회 사상과 법**
김정오(연세대) 저

247 **독일론**
마담 드 스탈/
권유현(서울대 인문학연구소) 역

248 **농업생명공학의 정치경제학**
잭 클로펜버그 2세/
허남혁(대구대 강사) 역

249 **화해와 내셔널리즘**
와카미야 요시부미/
김충식(가천의과학대학) 역

250 **선녀여왕 1, 2**
에드먼드 스펜서/
임성균(숙명여대) 역

252 **afkn 키드의 미국 들여다보기**
유재용(MBC) 저

253 **민주화 이후의 한국언론**
임상원(고려대 명예교수)·
김민환(고려대) 공저

255 **영국의 정부시스템 개혁**
최종만(행정자치부)

256 **중심지이론**
발터 크리스탈러/안영진(전남대)·
박영한(서울대 명예교수) 공역

257 **생존에서 존엄으로**
장은주(영산대) 저

258 **한국방송 80년 그 역사적 조명**
정진석(외대)·박영한(서울대) 외
공저

259 **어린이와 청소년이 함께 읽는 백범일지**
김구 저

1260 **라오콘**
고트홀트 에프라임 레싱/
윤도중(숭실대) 역

1266 **IMF 10년, 한국사회 다시보다**
박길성(고려대) 저

1279 **날카로운 첫키스의 추억**
김종인(부산대) 저

1280 **작은 개혁이 성공한다**
윤승모(동아일보) 저

1281 **국제커뮤니케이션**
황상재(한양대) 외 공저

1282 **한국의 정치**
이정복(서울대) 외 공저

1283 **현대 PR론**
최윤희(수원대) 저

1284 **숲길**
하이데거/신상희(건국대 연구교수) 역

1285 **언어이론**
카를뷜러/지광신(연세대)·
최경은(연세대 연구교수) 공역

1286 **한국형사소송법**
이영란(숙명여대) 저

1287 **말하기 ①, ②**
빌름 르펠트/김지홍(경상대) 역

1289 **헤겔 자연철학 ①, ②**
헤겔/박병기(전남대) 역

1291 **신학요강**
토마스 아퀴나스/박승찬(가톨릭대) 역

1292 **한국의 세 번째 기적**
정범모(한림대 석좌교수) 저

1295 **미국 사회과학의 기원 ①, ②**
도로시 토스/백창재(가톨릭대)·
정병기(서울대) 공역

1299 **숭배에서 강간까지**
몰리 해스켈/이형식(건국대) 역

1300 **새로 태어난 여성**
엘렌 식수/이봉지(배재대) 역

1301 **아나운서 임택근**
김민환(고려대) 저

1302 **방송통신융합시대의 문화콘텐츠**
최혜실(경희대) 저

1303 **역사의 신(속)**
김준엽(사회과학원) 저

1306 **나와 중국(속)**
김준엽(사회과학원) 저

1308 **자연종교에 관한 대화**
데이비드 흄/이태하(세종대) 역

1309 **주권과 순수성**
프래신짓트 두아라/한석정(동아대) 역

1310 **추의 미학**
카를 로젠크란츠/조경식 역

1313 **유대전쟁사 ①, ②**
요세푸스/박정수(성결대)·
박찬웅(연세대) 공역

1316 **소유와 자유**
리차르 파이프스/
서은경(AFX NEWS) 역

1317 **공간개념**
막스 야머/이경직(백석대) 역

1319 **일제시대 언론사 연구**
김민환(고려대) 저

1320 **동유학안 ①~⑥**
하겸진 편

1323 **영혼-정신-하나**
플로티노스/조규홍(한국중세철학회) 역

1328 **이승만과 김구 ①~③**
손세일(전 동아일보) 저

1330 **아르세니예프의 생애**
이반 부닌/이항재(단국대) 역

1331 **사해문서 ①, ②, ③, ④**
F. 마르티네즈/E. 티그셸라아르
영어편역/강성열(호남신학대) 역

1335 **시장경제와 화폐금융제도**
안재욱(경희대) 저

1336 **한국케이블TV 산업정책론**
이상식(계명대) 저

1337 **리바이어던 ①, ②**
토마스 홉스/진석용(대전대) 역

1341 **근대적 몸과 탈근대적 증상**
김종갑(건국대) 저

경기도 파주시 교하읍 출판도시 518-4 TEL : 031)955-4600 FAX : 031)955-4555 www.nanam.net

나남커뮤니케이션스 ⑩

주) 나남

나남의 책은 쉽게 팔리지 않고 오래 팔립니다

200

1343 **퍼스의 기호학**
찰스 샌더스 퍼스/김동식(육사)·이유선(군산대 연구교수) 공역

1344 **중국의 권력승계와 정책노선**
전성홍(서강대)·조영남(서울대) 공저

1345 **사회변동과 한국가족법**
김성숙(숙명여대) 저

1347 **여성복지의 실천과 정책**
김인숙(가톨릭대)·정재훈(서울여대) 공저

1348 **회귀분석**
김두섭(한양대)·강남준(서울대) 공저

1349 **중국외교연구의 새로운 영역**
김태호(한림국제대학원대) 외 공저

1350 **매스커뮤니케이션이론(5판)**
데니스 맥퀘일/양승찬(숙명여대)·이강형(경북대) 공역

1351 **코르테스의 멕시코제국 정복기 ①, ②**
코르테스/김원중(서울대 강사) 역

1354 **보건복지정책론**
문창진(포천중문의대) 저

1355 **한국근현대사회와 국제환경**
신용하(이화여대 석좌교수) 저

1358 **교육적 오락물과 사회변화**
아빈드 싱할 외/배현석(영남대) 역

1359 **루이 14세와 베르사유 궁정**
생시몽/이영림(수원대) 역

1361 **딜레마와 제도의 설계**
소명진(대구대) 외 공저

1362 **서양과학의 기원들**
데이비드 C. 린드버그/이종흡(경남대) 역

1365 **공작부인이야기**
제프리 초서/김재환(한림대) 역

1366 **분류체계의 수사학**
하인리히 F. 플렛/양태종(동아대) 역

1367 **정의의 타자**
악셀 호네트/문성훈(서울여대) 외 공역

1368 **레프 톨스토이 ①, ②**
빅토르 쉬클롭스키/이강은(경북대) 역

1370 **섹슈얼리티와 위험연구**
조병희(서울대) 저

1371 **미디어 경제경영론**
알바란 외 편/김동규(건국대) 외 공역

1373 **지향성-심리철학 소론**
존 R. 설/심철호(한중대) 역

1374 **진리와 정당화**
위르겐 하버마스/윤형식(프리랜서) 역

1375 **풍경식 정원**
헤르만 퓌르스트 폰 퓌클러무스카우/권영경(고려대 강사) 역

1376 **광고비평방법**
김병희(서원대) 외 공저

1378 **누구의 과학이며 누구의 지식인가**
샌드라 하딩/조주현(계명대) 역

1379 **현대 커뮤니케이션 사상사**
조맹기(서강대) 저

1381 **신문, 컨텐츠 제국**
박명식(동아일보) 외 공저

1385 **포토저널리즘(개정판)**
이병훈(고려대 겸임교수) 저

1386 **코드 2.0**
로렌스 레식/김정오(연세대) 역

1387 **다문화사회, 한국**
양옥경(이화여대) 외 공저

1389 **변증법적 이성비판 ①, ②, ③**
장 폴 사르트르/박정자(前 상명여대) 외 공역

1392 **아담 비드**
조지 엘리엇/이미애(서울대) 역

1393 **신유목적 민주주의**
임혁백(고려대) 저

1394 **다윈 진화고고학**
마이클 오브라이언·리 라이맨/성춘택(경희대) 역

1395 **인간은 섬이 아니다**
존 던/김명복(연세대) 역

1397 **촛불에 길을 잃다**
고종원(조선일보) 외 공저

1398 **미디어정책 개혁론**
로버트 W. 맥체스니/최현철(고려대) 외 공역

1399 **분열된 서구**
위르겐 하버마스/장은주(영산대) 외 공역

1400 **원전 36계에서 배우는 경영의 지혜**
유엽 편저/박윤식(북경 LG빌딩 고문)

1401 **크로스위치**
덴츠/휘닉스커뮤니케이션즈 역

1402 **애착**
존 보울비/김창대(서울대) 역

1403 **한반도 상생프로젝트**
남성욱(고려대) 외 공저

1404 **디자인방법론**
스티븐 톨레슨/한상만·임헌우(계명대) 공역

1406 **다중적 근대성의 탐구**
쉬무엘 N. 아이젠스타트/임현진(서울대) 외 공역

1407 **진기한 나라, 중국**
데이비드 E. 먼젤로/이향만(가톨릭대)·장동진(연세대)·정인재(서강대 명예교수) 공역

1408 **기자가 본 한국현대사 현장**
김인수(사상타임스) 저

1409 **지구촌 시대의 평화와 인권**
박경서(이화학술원 석좌교수) 저

1410 **아서 왕의 죽음 ①, ②**
토마스 말로리/이현주(감리교신학대)

1412 **공업입지론**
알프레트 베버/안영진(전남대) 역

1414 **5·16과 10·26**
이만섭(前 국회의장) 저

1415 **뉴 스토리, 뉴 스타일**
송상근(동아일보)·박재영(고려대) 공

1420 **신화철학 ①, ②**
프리드리히 W. J. 셸링/김윤상·심철민·이신철 공역

1425 **그린비즈니스**
소영일(연세대)·김성준(법무법인 産經) 공저

1426 **뉴미디어와 정보사회**
오택섭(前 고려대)·강현두(前 서울대)·최정호(울산대 석좌교수)·안재현(KAIST) 공저

1450 **언론 의병장의 꿈**
조상호(나남) 저

경기도 파주시 교하읍 출판도시 518-4 TEL : 031)955-4600 FAX : 031)955-4555 www.nanam.net